dtv

John Cleese, bekannt als Mitglied der Komikergruppe Monty Python und wunderbar neurotischer Hauptdarsteller in ›Ein Fisch namens Wanda‹, verfaßte zusammen mit dem Familientherapeuten Robin Skynner eine allgemeinverständliche Einführung in die Familientherapie, in der Fragen zur Sprache kommen wie »Warum mußte ich gerade dich heiraten?« oder »Was macht ihr beiden eigentlich da drinnen?«. Themen wie Kindererziehung, Eheleben und Familienkrach werden auf ungewöhnliche und originelle Weise dargestellt – als Gespräch zwischen Therapeut und Klient. Ergänzt wird der lehr- und unterhaltsame Dialog durch die witzigen Illustrationen von Bud Handelsman. Der Familientherapeut John Framo urteilte: »Dieses wunderbare Buch enthält mehr Weisheit über die Natur der Ehe und des Familienlebens als all die akademischen Bücher.«

Robin Skynner, studierte Medizin am University College Hospital in London und wurde zu einem Wegbereiter der Familientherapie in England. Er ist Mitbegründer sowohl des Institute of Group Analysis als auch des Institute of Family Therapy in London. Zahlreiche Buchveröffentlichungen.
John Cleese, 1939 geboren, machte sein Abitur an der Clifton College Sports Academy, unterrichtete zwei Jahre lang und studierte dann Jura. Anschließend wurde er Komiker.

Robin Skynner, John Cleese

... Familie sein dagegen sehr

Eine Lebensform im Dialog

Aus dem Englischen von
Annegret O'Dwyer

Mit Zeichnungen von Bud Handelsman

Deutscher Taschenbuch Verlag

Für Prue und Barbara

Ungekürzte Ausgabe
Januar 1998
Deutscher Taschenbuch Verlag GmbH & Co. KG, München

Titel der englischen Originalausgabe:
Families and how to survive them
Methuen, London 1983
ISBN 0-452-27066-9

ISBN 3-87387-288-9
Umschlagkonzept: Balk & Brumshagen
Umschlagbild: © Monika Fioreschy
Gesamtherstellung: C. H. Beck'sche Buchdruckerei, Nördlingen
Gedruckt auf säurefreiem, chlorfrei gebleichtem Papier
Printed in Germany · ISBN 3-423-08425-1

Inhalt

Einführung: Warum wir dieses Buch geschrieben haben

JOHN Vor zehn Jahren habe ich mit meiner Gruppentherapie angefangen. Dafür gab's zwei Gründe: Erstens hatte ich schon seit zwei Jahren dauernd Grippe – Erkältungen eben –, und kein Arzt konnte mir helfen. Schließlich meinte ein Arzt, das sei wohl psychosomatisch! Zur selben Zeit hatte ich auch enorme Probleme in meiner ersten Ehe und war mir bewußt, daß ich diese Verwirrungen nie allein klären könnte. Ich wußte irgendwie, ich habe nicht das richtige intellektuelle Werkzeug, um allein damit fertigzuwerden. Natürlich war ich als guter Brite absolut nicht begeistert davon, in die wundersame Welt der Seelenonkels einzutreten. Aber trotz allen Mißtrauens begann ich dann doch eine Gruppentherapie mit Robin Skynner und seiner Frau Prue, die als Therapeuten zusammenarbeiteten. Da saßen ungefähr zehn Leute im Kreis und redeten – und das jeden Donnerstagnachmittag, dreieinhalb Jahre lang! Aber schon nach einem Jahr machte ich die wohl größte Entdeckung meines Erwachsenenlebens: Durch dieses sehr intime Zusammensein mit den anderen wurden einige meiner ureigensten Überzeugungen zum ersten Mal total in Frage gestellt – wie zum Beispiel die Mann-Frau-Beziehung. Und ich begann darüber nachzudenken, ob die Traditionen und Wertvorstellungen, mit denen ich in Weston-super-Mare groß geworden war, wirklich für mein jetziges Leben noch angebracht waren. Heute, mehr als fünf Jahre nach Beendigung meiner Therapie, kann ich ehrlich sagen, daß mir die Gruppe enorm geholfen hat. Zunächst verschwanden die physischen Symptome – die dauernden Erkältungen sind vorbei. Aber viel wichtiger, meine psychischen Einstellungen haben sich verändert, ich leide nicht mehr unter Streß, sondern habe gelernt, Streßsignale zu erkennen und damit umzugehen. Die Ideen und Methoden der Familientherapie, die Prue und Robin benutzen, halfen mir also sehr, und ich glaube, daß viele Leute sie auch faszinierend finden werden. Aber da viele Leute weder Zeit noch Bedürfnis haben werden, selbst in Therapie zu gehen und es diese neuen Gedanken sonst nur in sehr trockenen Fachbüchern gibt, schlug ich Robin vor, doch zusammen ein Buch für den Laien zu schreiben. Und voilà – hier ist es!

ROBIN Bei mir fing dieses Unternehmen mit meinem Onkel Fred an. Als mein Sachbuch über Familientherapie 1976 erschien, hatte der Verlag allen meinen Verwandten ein Exemplar geschickt. Onkel Fred hatte fast sein ganzes Leben in einem kleinen Dorf in Cornwall verbracht, ein kleiner Geschäftsmann, der sich nie für Psychologie oder Pädagogik interessiert hatte. Daher war ich zunächst sehr erstaunt, als er mir erzählte, daß er mein neues Buch nicht nur gelesen, sondern es auch sehr hilfreich gefunden hätte. Er meinte schmunzelnd: »Nimm's mir nicht übel, man würde an so was normalerweise ja gar nicht denken, aber wenn man's so aufgeschrieben sieht, ist es ganz einleuchtend – einfach normaler Menschenverstand, oder?« Damals begann ich darüber nachzudenken, wenn ein einfacher Mann wie Fred aus einem Sachbuch so viel ihm Hilfreiches herausnehmen konnte, welchen Effekt dann ein speziell für Laien geschriebenes Buch haben könnte. Daher stimmte ich sofort zu, als John Cleese mir vorschlug, eine allgemein verständliche Einführung in die Familientherapie zu schreiben. Natürlich ist es enorm schwer, so viele Forschungsergebnisse, Theorien, Meinungen unter einen Hut zu bringen. Doch ich hoffe, daß diese erst kürzlich entdeckten Mechanismen, die in Familien wirksam sind, für alle Leser genauso faszinierend sein werden wie für uns und Ihnen auch so viel Nutzen bringen, wie wir und unsere Familien erfahren haben.

1 Warum mußte ich gerade *dich* heiraten?

JOHN Beginnen wir mit einer einfachen Sache ... Warum heiraten Leute eigentlich?

ROBIN Weil sie verliebt sind.

JOHN Ach, hör doch auf.

ROBIN Nein, ganz im Ernst.

JOHN Nun ja, aber dieser Verliebtheitsmechanismus ist doch sehr merkwürdig. Ganz gewöhnliche, rationale Leute wie zum Beispiel Computerprogammierer und Buchhalter, die tagaus, tagein glücklich vor sich hin programmieren und buchhalten, sehen plötzlich in einem Zimmer voller Leute jemanden im Gedränge und denken blitzartig: »Das ist der Mensch, der für mich geschaffen wurde, deshalb werde ich den Rest meines Lebens mit ihm verbringen.« Das grenzt doch ans Okkulte!

ROBIN Vielleicht sagen dir die Bräuche von vor dreihundert Jahren besser zu, als Eltern die Ehen aus Vernunftgründen wie Land, Geld und Karriere arrangierten. Sie fanden, »Verliebtsein« sei die schlechteste Basis einer Ehe, ein Rezept für Unheil!

JOHN Ja, Samuel Johnson hat einmal gesagt, daß alle Ehen vom Lord Chancellor arrangiert werden sollten, ohne dabei die Wünsche der Beteiligten in Betracht zu ziehen.

ROBIN Ich wollte damit sagen, daß wir heute heiraten können, wen wir lieben, der uns wirklich glücklich machen kann.

JOHN Und wir haben die höchste Scheidungsrate in der Geschichte.

ROBIN Da wir beide einen Beitrag zu dieser Statistik geliefert haben, sollten wir uns dazu besser nicht allzu kritisch äußern.

JOHN Tut mir leid, wenn das so klang. Ganz im Ernst, ich finde, die Scheidung wird unterschätzt. Sie gibt einem doch Einblicke in die schwierigen Aspekte der Ehe, in die heikleren Seiten sozusagen, die sich Leute, die dreißig Jahre glücklich verheiratet sind, gar nicht vorstellen können. Aber trotz alledem, geschieden oder nicht, hier sind wir, Millionen von uns, wir paaren uns einfach so weiter und denken: »Das ist der, der für mich bestimmt ist.« – Was geht denn hier vor sich, Herr Doktor?

ROBIN Worum dreht es sich denn deiner Meinung nach beim Sich-Verlieben?

John Es ist offensichtlich sehr viel mehr als nur sexuelle Anziehung. Ein ernsthafter Liebhaber ist ja auch mehr als nur ein Freund, den du sexuell attraktiv findest. Aber was dieses gewisse Etwas ausmacht, weiß ich nicht. Ich habe das noch nirgendwo erklärt gefunden. Die Leute lächeln sich nur wissend an, sagen: »Zwischen denen hat es gefunkt«, und wechseln das Thema. Also, was ist es?

Robin Nun, ich denke, der Grund, warum wir von jemandem zutiefst angerührt sind, ist der, daß der andere uns selbst grundsätzlich ähnlich ist – im psychischen Sinne.

John Aber die Weisen sagen doch: Gegensätze ziehen sich an.

Robin Das stimmt nicht. Oder falls doch, dann nur, weil es Gegensätze zu sein *scheinen*. Was Leute wirklich anzieht, ist ihre Ähnlichkeit, genauer, eine Ähnlichkeit in einem der grundsätzlichsten Aspekte – dem ihrer Familiengeschichte.

John Meinst du damit, daß all die Leute, die heirateten, um ihren Familien zu entrinnen – und das passiert ja immer noch –, in gewisser Weise trotzdem ihre Familien mit sich bringen – psychologisch gesehen?

Robin Genau.

John Moment mal. Ich wußte zum Beispiel lange Zeit gar nicht viel von der Familie meiner ersten Frau, dieses Thema klammerten wir einfach aus.

Robin Hast du ihr von deiner erzählt?

JOHN Ich glaube nicht, nein.

ROBIN Vielleicht war euch gerade das gemeinsam.

JOHN Ich verstehe nicht, was du meinst.

ROBIN Vielleicht war der Grund, weshalb ihr beide nicht über eure Familien geredet habt, der, daß eure Eltern nicht über ihre Familien redeten. Mit anderen Worten, vielleicht ähnelten sich eure Familiengeschichten in diesem Punkt.

JOHN Das ist mir einfach zu konstruiert, um überzeugend zu sein. Auf alle Fälle »kribbelt« es, bevor man Familieninformationen austauscht.

ROBIN Das stimmt.

JOHN Du stimmst mir zu?

ROBIN Laß mich das etwas genauer erklären. Ich muß sagen, daß diese Entdeckung mich wohl am meisten überrascht hat, als ich sie im Verlauf meiner jahrelangen Arbeit mit Familien gemacht habe, und erst nach und nach konnte ich akzeptieren, daß es wirklich zutraf. Aber der eindrücklichste Beweis dafür ist die Übung zum Familiensystem. Ich habe sie zum ersten Mal 1973 erlebt, als einige amerikanische Familientherapeuten, die uns besuchten, diese Übung vorführten. Sie ist jetzt Teil unserer Ausbildung am Institut für Familientherapie.

JOHN Was bezweckt diese Übung denn?

ROBIN Sie soll zeigen, warum Paare einander auswählen in einem Raum voller Leute! Und mir hat sie deutlicher als je klargemacht, wie unbewußte Anziehungskraft wirkt und was dahintersteckt.

JOHN Du willst sagen, die Übung zeigt, wie wir einander aussuchen, ohne etwas voneinander zu wissen?

ROBIN Ja. Die Familientherapie-Studenten machen diese Übung ganz früh – am besten, wenn sie sich noch gar nicht kennen. Sie kommen in einer Gruppe zusammen und werden gebeten, sich jemanden auszusuchen, der sie an ein Familienmitglied erinnert, oder aber jemanden, von dem sie glauben, daß er eine »Lücke« in ihrer Familie ausfüllen könnte. Und jetzt kommt das Interessante – sie dürfen nicht sprechen, während sie aussuchen. Sie stehen nur auf, wandern herum und sehen sich die anderen an. Wenn alle jemanden ausgesucht haben, wenn alle sich zu Paaren zusammengefunden haben, sollen sie eine Zeitlang miteinander reden, damit sie herausfinden, warum sie einander gewählt haben. Wir bitten sie, ihren familiären Hintergrund zu vergleichen. Dann wird jedes Paar gebeten, ein weiteres Paar auszuwählen und eine Vierergruppe zu bilden. Anschließend werden sie gebeten, sich wie eine Familie zu organisieren, abzustimmen, wer welche Rolle in der Familie spielen will. Dann sprechen sie miteinander darüber, was genau in ihrer Familie dazu geführt hat, daß sie gerade diese Entscheidungen getroffen haben. Zuletzt berichten sie der ganzen Gruppe, was sie entdeckt haben.

JOHN Und was kommt dabei heraus?

ROBIN Daß sie irgendwie drei Leute ausgesucht haben, deren Familien ähnlich funktionierten wie ihre eigene.

JOHN Was meinst du mit »ähnlich funktionierten«?

ROBIN Nun, sie finden heraus, daß sie alle vier aus Familien kommen, die es schwierig fanden, einander Zuneigung zu zeigen oder Ärger auszudrücken oder Neid; oder in denen es oft fast inzestuöse Beziehungen gab; oder in denen erwartet wurde, daß alle immer optimistisch oder guter Laune sind. Oder es stellt sich heraus, daß alle vier Väter hatten, die in den entscheidenden Lebensjahren der Kinder von der Familie getrennt waren, oder daß diese Familien einen großen Verlust erlitten hatten oder eine ähnliche Veränderung erlebten, als sie alle etwa im gleichen Alter waren.

JOHN Könnte es nicht einfach sein, daß die Leute nach solchen Gemeinsamkeiten suchen?

ROBIN Nein, diese Erklärung ist nicht stichhaltig für die zahlreichen verbindenden Ähnlichkeiten, die gefunden werden. Ich weiß, es klingt unwahrscheinlich für einen Außenstehenden, aber es ist wirklich verblüffend, wenn man es erlebt.

JOHN Aber was ist mit den »Mauerblümchen«? Wie erklärst du dir diejenigen, die von niemandem gewählt werden?

ROBIN Komischerweise waren es gerade die Mauerblümchen, die mich am Ende überzeugt haben, daß hier etwas Außergewöhnliches vor sich ging. Als ich zum ersten Mal diese Übung für zwanzig Familientherapie-Studenten leitete, machte ich mir plötzlich Sorgen, daß die, die erst zum Schluß zusammenfinden würden, sich als Ausgestoßene empfinden könnten. Als ich daher später die Gruppen darum bat, über die entdeckten Familienähnlichkeiten zu berichten, habe ich die Mauerblümchengruppe bis zuletzt aufgespart, denn ich ängstigte mich etwas vor ihren Reaktionen. Aber sie waren genauso fasziniert wie die anderen Studenten. Sie hatten entdeckt, daß sie alle entweder Pflegekinder waren oder adoptiert oder in

Kinderheimen aufgewachsen. In der Kindheit fühlten sie sich alle als Ausgestoßene und hatten einander in dieser Übung sicher wie Schlafwandler gefunden.

JOHN Du hast also entdeckt, daß jedes Mal, wenn du diese Übung machst, die Studenten einander auswählen wegen einer bemerkenswerten Anzahl an Übereinstimmungen in ihrem familiären Hintergrund – ihrer Familiengeschichte und den Einstellungen, die die Familienmitglieder hatten.

ROBIN Genau.

JOHN Aber wie hängen die Gründe, warum sie einander auswählten, damit zusammen, warum *wir* uns ineinander verlieben?

ROBIN Auf ganz grundsätzliche Weise. Schau mal, es gibt eine Menge Gründe, warum Paare zusammenfinden, und die meisten sind leicht verständlich. Henry Dicks, einer der Pioniere der Familientherapie, hat sie auf drei Hauptkategorien reduziert. Erstens: gesellschaftlicher Druck, wie zum Beispiel Klassenzugehörigkeit, Religion und Geld. Zweitens: bewußte persönliche Gründe wie gutes Aussehen, gemeinsame Interessen, Gründe, aus denen man sich bewußt mit jemandem zusammenschließt. Drittens: diese unbewußte Anziehungskraft, die man den »Funken« nennt.

JOHN Aha, dann demonstriert die Übung also diese dritte Kategorie und sagt uns, daß Leute einander unbewußt aussuchen, weil ihre Familien ähnlich funktionierten. Stimmt das?

Robin Ja, genau. Denk dran, daß unsere Studenten nach einer Person suchen sollten, die sie an jemanden in ihrer eigenen Familie erinnert beziehungsweise eine Lücke in ihrer Familie füllt. Und doch sind sie alle Fremde, es kann keine ererbte Ähnlichkeit im Aussehen oder im Charakter sein. Und das Erstaunliche ist eben, daß sie, nur indem sie einander anschauen, sich trotzdem Leute aussuchen, die erstaunliche Ähnlichkeit in Kindheitserlebnissen und spezifischen Familienproblemen aufweisen.

John Mit anderen Worten, wir tragen unsere Familien mit in uns herum und senden Signale aus, die es anderen mit ähnlichem Hintergrund ermöglichen, uns zu erkennen.

Robin Und wenn wir uns mit solchen Leuten zusammentun, schaffen wir unsere eigenen Familien in gewisser Weise neu. Das ist schon ein bißchen erschreckend, oder?

John Das kann man wohl sagen! Ich weiß zwar, daß du als Psychiater an die Vorstellung gewöhnt bist, daß unbewußte Kräfte unser Verhalten beeinflussen. Für mich als Laien ist es allerdings ein ganz schöner Schock festzustellen, wie oft wir etwas tun, ohne die Gründe für unser Verhalten auch nur zu ahnen. Wenn ich zum Beispiel nur an all die Informationen denke, die wir dauernd voneinander ablesen – und das alles völlig unbewußt!

Robin Es ist schon außergewöhnlich, wie viele Signale wir von den Menschen empfangen, die uns über deren Charakter und daher über ihre Familien informieren.

John Kannst du diese Signale näher erklären?

Signale

Robin Wir alle geben laufend Informationen darüber, was für Leute wir sind. Das zeigt sich in unserem Gesichtsausdruck und in der Art, wie wir unseren Körper benutzen – der Begriff »Körpersprache« ist ja in jüngster Zeit sehr populär geworden.

John Körperhaltung, Kleidung, Bewegungen, Gesten ...

Robin Und nicht nur, welche Bewegungen wir machen, sondern auch, *wie* wir sie machen, wie oft und so weiter.

John Das verstehe ich alles, aber ich sehe trotzdem noch nicht, wie diese Signale auf das Familienleben dieser Person hinweisen sollen.

ROBIN Wir haben doch alle ein Gespür dafür, was Leute in einem bestimmten Moment fühlen, nicht wahr? Wir können beurteilen, ob sie freundlich oder feindlich gesinnt sind, guter oder schlechter Laune und so weiter. Nun, neben diesen ständig wechselnden Gefühlen, mit denen wir dauernd umzugehen haben, hat jeder ihm eigene, beständige Gefühle oder Grundeinstellungen.

JOHN Die von unserer ureigensten Persönlichkeit herrühren, meinst du? Man ist eben verdrießlich, ungebärdig, ein kleiner Märtyrer oder so etwas.

ROBIN Genau. Und diese Grundgefühle zeigen sich dann in der Körperhaltung, im Gesichtsausdruck und in der für uns typischen Bewegungsweise. Nimm einen depressiven Menschen, er wirkt kraftlos, gleichgültig und schlurft umher. Und da er jahrelang ein trauriges Gesicht gemacht hat, wird er auch dementsprechende Falten bekommen, die wir sofort erkennen. Das gleiche gilt für einen lebenslustigen Typ, der viel lacht – er wird Lachfalten kriegen. Er bewegt sich auch zumeist anders, positiver, eifriger, irgendwie aufrechter. Ein manischer Typ wird sich eher sprunghaft bewegen, gestreßt aussehen und oft einen starren Augenausdruck haben.

JOHN *Dieses* Aussehen kenne ich sehr gut! Genauso fühle ich mich unter Streß – und ich benutze das auch oft ganz bewußt in meinen Rollen. Die Augen stehen etwas raus, und die Muskeln um die Stirn und das Kinn sind gespannt.

ROBIN Hast du bemerkt, daß meine Augen auch oft so aussehen?

JOHN Nein, noch nie. Erstaunlich, aber das ist mir nie aufgefallen.

ROBIN Witzig ist, daß ich bei der Familiensystem-Übung auch so einen Partner fand und wir zusammen dann noch ein anderes Paar ausgewählt haben, das die gleichen Augen hatte – eben diese etwas starren Augen, aber das haben wir erst hinterher gemerkt!

JOHN Meinst du, wir verstehen uns gut, weil unsere starrenden Augen anzeigen, daß wir einen ähnlichen Familienhintergrund haben?

ROBIN Sehr gut möglich. Wir werden diese Ähnlichkeiten im *Auge* behalten, während wir weitermachen.

JOHN Da fällt mir gerade ein, daß ich vor ein paar Jahren Mädchen mit solchen Augen sehr attraktiv fand. Aber komischerweise waren sie längst nicht mehr so anziehend, sobald mir das auffiel. Und ich bin sicher, jemand in meiner Familie hatte auch solche Augen. Und das bringt mich zum nächsten Punkt, den ich nicht so ganz verstehe. Du sagst, daß die Persönlichkeit oder, wie du es nennst, die beständigen Gefühle anzeigen, wie unsere Familie war. Warum eigentlich? Was ist denn da das Verbindungsglied?

ROBIN Schau mal, jede Familie hat gewöhnlicherweise eine ganz bestimmte Art, in der sie mit Gefühlen umgeht. Die Leute neigen dazu, manche Gefühle als »gut« und andere als »schlecht« einzustufen. Daher werden die Familienmitglieder die »guten« leicht ausdrücken können, aber die »schlechten« zu verbergen suchen. Entweder sie stehen Gefühlen sehr mißtrauisch und distanziert gegenüber oder natürlich und entspannt. So entwickelt jede Familie ihr eigentümliche gefühlsmäßige Einstellungen, und alle Mitglieder teilen dieselben emotionalen Gewohnheiten.

JOHN Und neigen dazu, die gleichen Signale auszusenden und ein bißchen ähnlich auszusehen?

ROBIN Ja, es ist eben nicht nur Vererbung, die Familienmitglieder einander ähneln läßt. Selbst adoptierte Kinder sehen oft bald in mancher Hinsicht wie die anderen Familienmitglieder aus.

JOHN Also, nun zusammenfassend: Wir signalisieren durch unseren Gesichtsausdruck, unsere Körperhaltung, Bewegungsweisen et cetera einen gewissen emotionalen Zustand, den wir mit den anderen Mitgliedern unserer Familie gemeinsam haben. Und Leute aus ähnlichen Familien empfangen diese Signale und sprechen darauf an.

ROBIN Genau. Das ist es, was uns die Familiensystem-Übung zeigt.

JOHN O.k., aber ich verstehe noch etwas anderes nicht. Du hast gesagt, daß Leute, die einander in dieser Übung auswählen, zur gleichen Zeit, oft im gleichen Alter, die gleiche Erfahrung gemacht haben – du hast hierfür als Beispiel einen abwesenden Vater oder einen Todesfall genannt. Wie paßt das denn zu dem, was du gesagt hast?

ROBIN Nun, versuchen wir doch, was wir aus der Familiensystem-Übung gelernt haben, anders auszudrücken. Wir können doch sagen, daß jemand, der Probleme mit einer gewissen Stufe seiner Entwicklung hatte, jemanden attraktiv finden wird, der auch mit dieser Entwicklungsstufe nicht klargekommen ist.

JOHN Das sieht mir nicht wie eine andere Betrachtungsweise aus, sondern mehr wie eine ganz neue und damit gar nicht verwandte Vorstellung!

ROBIN Nein, es steht schon in Beziehung mit dem Vorhergehenden. Gib mir nur ein paar Minuten lang Zeit, und ich will es dir erklären.

JOHN Was hast du eben gesagt über Probleme mit einer gewissen Entwicklungsstufe?

ROBIN Nun, wenn jemand eine Stufe in seiner Entwicklung verpaßt hat, dann wird wahrscheinlich die Person, von der er sich angezogen fühlt – die eine ähnliche Familiengeschichte hat – auch dieselbe Stufe verpaßt haben.

JOHN Also weißt du, es ist schwer, das alles auf einmal zu verstehen … Vielleicht könntest du uns erklären, was du eigentlich mit »Entwicklungsstufe« meinst. Dann kann ich vielleicht verstehen, wie man eine verpassen kann.

Entwicklungsstufen

ROBIN Du kannst das Leben als eine Serie von Entwicklungsstufen ansehen, die wir durchlaufen müssen. Und während wir jede dieser Stufen durchleben, lernen wir gewisse Dinge. Und vielleicht müssen wir wirklich die Lektion jeder einzelnen Stufe lernen, bevor wir für die nächste reif sind.

JOHN Gib mir doch Beispiele von einigen frühen Stufen.

ROBIN Nun, wir alle brauchen als Kinder beständige, verläßliche Liebe und Aufmerksamkeit. Normalerweise spielt die Mutter die wichtigste Rolle, wenn wir noch klein sind.

JOHN Und was lernen wir daraus?

ROBIN Nun, wenn unsere Mütter nicht richtig für uns sorgen konnten, dann haben wir nicht gelernt, für andere zu sorgen.

JOHN Wirklich?

ROBIN Ja, das stimmt. Wenn sie uns keine guten, warmen Gefühle entgegengebracht haben, haben wir auch nicht viele solcher Gefühle, die wir weitergeben können.

JOHN Ich verstehe. Aber der Gebrauch des Wortes »lernen« ist merkwürdig in diesem Zusammenhang.

ROBIN Weißt du, eine ganze Menge »lernen« ist nicht bewußtes Lernen. Das gilt vor allem in der Kinderzeit, wenn das meiste Lernen ja noch Nachahmung ist, Leute kopieren, besonders natürlich die eigenen Eltern. Und wenn dir eine Erfahrung nicht vermittelt wird, ist es natürlich später schwieriger für dich, sie anderen zu übermitteln – zu wissen, was richtig ist.

JOHN Was ist die nächste Stufe?

ROBIN Wenn wir beginnen, unsere Unabhängigkeit und den eigenen Willen zu entwickeln, dann brauchen wir liebende Festigkeit und Kontrolle von unseren Eltern. Zu dieser Zeit ist der Beitrag des Vaters besonders wichtig.

JOHN Und von ihm lernen wir ...?

ROBIN Selbstdisziplin, ohne die wir nie ein gutes Verhältnis zu Autorität gewinnen können. Wir werden sie nicht gut akzeptieren können, uns dagegen auflehnen und uns darüber ärgern, daß wir sie doch brauchen. Und wir werden auch Autorität nicht gut ausüben können. Wir werden schwanken zwischen allzu schwachem, unentschlossenem Handeln und plötzlicher rigider Willkür, die unsere Stärke beweisen soll.

JOHN Willst du damit sagen, daß ein Politiker, der sein ganzes Leben lang Rebell war, sich nur schwer behaupten könnte, wenn er je an die Macht käme?

ROBIN Entweder das, oder er wäre sehr autoritär. Allerdings würde er seinen Entscheidungen das Mäntelchen der Demokratie umhängen.

JOHN Wenn die Eltern ihre Autorität jedoch liebend, aber bestimmt ausgeübt haben …

ROBIN Dann wird das Kind als Erwachsener fähig sein, sich mit anderen zu beraten, seine Entscheidung zu treffen und zu ihr zu stehen. Er wird seine Meinung auch ändern können, wenn Fehler offenbar werden.

JOHN Wir weichen vom Thema ab. Nenn mir noch eine Entwicklungsstufe.

ROBIN Nun, wir brauchen Brüder und Schwestern oder Freunde, mit

denen wir spielen und auf die wir auch Rücksicht nehmen lernen. So lernen wir auch, das Auf und Ab des Lebens besser hinzunehmen, das Gehänseltwerden, das Ausgeschlossensein, uns zu behaupten und so weiter. Einzelkinder oder älteste Kinder, die oft mehrere Jahre ohne Konkurrenz aufwachsen, lernen diese Lektionen nicht so gut und haben daher später Probleme.

JOHN Ja, richtig. Ich war ein Einzelkind und habe ganz bestimmt diese Stufe verpaßt, weil ich nicht viele gleichaltrige Freunde hatte. Als ich dann mit acht Jahren in eine größere Schule ging, fiel es mir sehr schwer, Freunde zu finden, und ich bin ganz schön gepiesackt worden. Nun ja, das hat auch irgendwann mal aufgehört.

ROBIN Aha, dann hast du die Lektion doch gelernt, wenn auch ein bißchen später. Dann gibt es noch die Stufe, bei der man über das andere Geschlecht lernt. Kinder, die diese Erfahrung verpaßt haben, wie zum Beispiel ein Mädchen, das ohne Vater und Brüder groß wird, oder ein Junge, der seine Pubertätszeit in einem Jungeninternat verbringt, werden später unsicher in ihrem Verhalten sein.

JOHN Wir werden immer autobiographischer! Ich habe das englische public-school-System durchgemacht und habe dann mit achtzehn Jahren entdeckt, daß Mädchen von einem anderen Stern kommen. Ich habe Jahre gebraucht, um mit dieser elenden public-school-Schüchternheit fertig zu werden. Du weißt doch, wie das geht: Man sitzt mit Mädchen im Restaurant und versucht sie zu beeindrucken, indem man ihnen die Geheimnisse der Börse erläutert, während man dauernd den Ellbogen in der Butter hat.

ROBIN Ja, genau. Dieser Mangel an Kontakten mit dem anderen Geschlecht während des Erwachsenwerdens macht aber Leute nicht nur nervös und linkisch, sondern führt auch zu völlig unrealistischen Erwartungen. Daher werden sie oft in ihren Beziehungen sehr enttäuscht.

Dann ist die nächste Stufe das Abnabeln von unseren Eltern. Auch das ist sehr schwer zu lernen, wenn man sich als Teenager nicht einer Gruppe Gleichaltriger anschließen kann. Menschen ohne diese Möglichkeit neigen dazu, sich an ihre Eltern zu klammern. Selbst wenn sie später heiraten sollten, machen sie Eltern aus ihren Partnern und klammern sich an sie, anstatt von ihren eigenen gleichgeschlechtlichen Freunden Unterstützung zu holen.

JOHN O.k. Ich glaube, ich verstehe jetzt, was du mit »Entwicklungsstufen« meinst. Man muß auf jeder dieser Stufen eine Lektion ler-

nen. Was passiert aber, wenn man eine Stufe verpaßt? Hat man dann ein Leben lang mit diesen Erfahrungen Probleme?

Robin Nicht unbedingt. Wenn man eine Stufe verpaßt, kann man sie später immer noch nachholen und die Lektion dann lernen. Wie du zum Beispiel gelernt hast, leichter Freundschaften zu schließen und dich besser zu verteidigen, als du auf eine größere Schule kamst. In ähnlicher Weise wird jemand, dessen Vater früh gestorben ist, nach »Ersatz« suchen. Er wird sich zum Beispiel einem Onkel, Lehrer oder Jugendgruppenleiter anschließen, der sich ihm zuwendet und ihm eine Vatererfahrung vermittelt. Oder ein Junge, dessen Familie ihn zu eng an sich gebunden hatte und ihm das Spielen mit anderen Kindern verwehrte, weil sie eventuell nicht gut genug wären, wird diese Erfahrungen nachholen und mit anderen Leuten umgehen lernen, wenn er zu arbeiten beginnt oder studiert.

John Auf dieser späteren Stufe kann er mit Hilfe seiner Gruppenmitglieder unabhängiger werden.

Robin Ja, du siehst, wenn wir eine Stufe verpassen, können wir sie später immer wieder nachholen, indem wir versuchen, eine Ersatzerfahrung zu machen.

John Aber man sucht doch solch eine Ersatzerfahrung wohl nicht absichtlich, oder?

Robin Nein. Das stimmt, es ist normalerweise nicht etwas, was man plant und ausführt – besonders, wenn man noch sehr jung ist. Es geschieht einfach, weil man sich angezogen fühlt, man braucht es, so wie wir etwas zum Essen brauchen, wenn wir hungrig sind. Daher profitiert man von solch einer Ersatzerfahrung, wenn sie sich bietet. Aber ich erinnere mich, daß ich, als ich elf war und auf eine andere Schule überwechselte, mich ganz bewußt dafür entschied, mich anzustrengen und mehrere Freundschaften zu schließen, weil ich das eben in der anderen Schule nicht gemacht hatte.

JOHN Welche anderen Stufen hast du denn verpaßt?

ROBIN Zum Beispiel war mein Vater nie bestimmt genug mit mir, weil er sich nie gut mit seinem Vater verstanden hatte, als er ein Junge war. Das hat bei mir ein Autoritätsproblem verursacht. Aber später hat mir die Disziplin in der Air Force sehr geholfen.

JOHN Mein Vater war einfach zu nett zu mir, und ich habe nie erlebt, wie es ist, wenn jemand grob oder wütend mit mir ist. Und als es dann später vorkam, hat es mich ziemlich verletzt.

ROBIN Meinst du, du hast diese Lektion später lernen können?

JOHN Nur in gewissem Grad. Um Fernsehserien zu machen, war eine gewisse Disziplin notwendig, denn wenn sie nicht pünktlich fertig waren, gab es einfach einen schwarzen Bildschirm. Auch als ich mich für einen Film über Managementschulung vorbereitete, mußte ich meine Ansichten über manches ändern. Ein Film über Entscheidungsprozesse zum Beispiel hat mich dazu gezwungen, alle meine Konzepte von Autorität zu überdenken. Aber das sind ja ganz klägliche Ersatzerlebnisse, die die wirkliche Erfahrung nur schwer ersetzen können. Trotzdem habe ich, glaube ich, schon etwas gelernt daraus, denn ich kann jetzt manchmal bewußt hart und ärgerlich mit meiner Tochter sein, damit sie sich nicht so davor erschreckt wie ich. Und sie hat schon prima gelernt, damit umzugehen – sie »panikt« nicht. Ich glaube, daher ist sie auch viel zäher, als ich in ihrem Alter war.

ROBIN Bedauerst du, daß du nicht zur Armee mußtest?

JOHN Ehrlich gesagt, ja, aber das ist wahrscheinlich nur, weil ich jetzt sicher davor bin. Aber vermutlich wirst du mir ein paar Wochen bei unseren Spezialeinheiten empfehlen?

ROBIN Es ist nie zu spät für eine Ersatzerfahrung, mein Junge!

JOHN Falls das stimmt, beantworte mir das folgende: Wenn wir uns so *angezogen* fühlen von diesen Ersatzerlebnissen, die es uns ermöglichen, Lektionen aufzuarbeiten, die wir verpaßt haben – wieso hat denn dann eigentlich noch *irgend jemand* Schwierigkeiten?

Das Verbergen einer verpaßten Stufe

ROBIN Wenn wir eine Stufe versäumen, dann können wir die verpaßten Lektionen nachlernen, indem wir ein Ersatzerlebnis suchen, o.k.?

JOHN Richtig!

ROBIN Nun, es gibt da aber etwas, das uns davon abhalten kann, diese Erfahrungen nachzuholen. Und zwar wenn wir vorgeben, nichts verpaßt zu haben – indem wir verbergen, daß wir in gewisser Weise versagt haben, erwachsen zu werden.

JOHN Weil wir uns deshalb schämen?

ROBIN Ja. Während wir aufwachsen, schämen wir uns, daß wir eine frühere Entwicklung nicht vollzogen haben. Und je älter wir werden, desto mehr schämen wir uns natürlich, daß wir die Grundlagen nicht fest gefügt haben. Wir kämen uns albern und kindisch vor, wenn es offenbar würde.

JOHN Und deshalb verbergen wir es vor anderen Leuten.

ROBIN Nun, am Anfang verbergen wir es vor den anderen, aber später wird es zur festen Gewohnheit, und wir verbergen es schließlich vor uns selbst.

JOHN Vor uns selbst? Du willst damit sagen, wir wissen nicht einmal mehr selbst von dem Problem?

ROBIN Ja. Und wenn du vor dir selbst nicht zugibst, daß du eine grundlegende Erfahrung versäumt hast, dann wirst du auch eine Ersatzerfahrung nicht suchen. Und genau die brauchst du, um das Problem zu lösen.

JOHN Ja, aber ich verstehe nicht, wieso das Verheimlichen des Problems vor anderen dazu führen kann, daß wir es selbst nicht mehr wahrnehmen.

ROBIN Das Gefühl ist uns peinlich, oder?

JOHN Ja.

ROBIN Wir hätten es lieber gar nicht, dieses Gefühl. Nun, in der Außenwelt können wir unsere Aufmerksamkeit verteilen, wie wir wollen, etwas beachten oder ignorieren, wie es uns gerade gefällt.

Dasselbe können wir auch in unserem Kopf machen, mit unseren Gedanken und Gefühlen. Wir können gewisse Gedanken und Gefühle vermeiden und lernen, uns schnell abzuwenden, sobald sie auftauchen. Tun wir das oft genug, wird die Vermeidungshaltung so selbstverständlich, so instinktiv, daß wir sie nicht mehr durchschauen. Der amerikanische Psychiater Harry Stack Sullivan nannte diesen Prozeß »selektive Unaufmerksamkeit«.

JOHN Wenn wir uns also kaum bewußt sind, daß wir dieses bestimmte Gefühl vermeiden...

ROBIN Dann ist der nächste Schritt, daß wir vergessen, daß es überhaupt da ist. Es ist fast so, als hätten wir in unserem Kopf eine Jalousie heruntergelassen, um dieses Gefühl auszusperren, dieses Gefühl, das wir nicht anschauen wollen, das wir meinen verbergen zu müssen.

JOHN Wir meinen, es wäre beschämend – eine Schwäche.

ROBIN Ja, und auch, weil wir uns einfach schlecht vorkommen.

JOHN Inwiefern schlecht? Im moralischen Sinn?

ROBIN Eventuell fühlen wir uns wirklich moralisch schlecht. Aber wichtiger ist, daß es sehr schlechte, schmerzhafte und unbequeme Gefühle verursacht, als ob wir nicht akzeptabel seien, nicht liebenswert.

JOHN Es geht uns »schlecht« durch dieses Gefühl, selbst wenn nur wir allein davon wissen. Deshalb schieben wir es hinter die Jalousie.

ROBIN Genau.

JOHN Kannst du mir anhand eines spezifischen Gefühls, zum Beispiel Ärger, zeigen, wie ein Kind lernt, es hinter die Jalousie zu stecken?

ROBIN Meinetwegen. In einer gesunden, normalen Familie kann jeder mal zornig werden, ohne daß das als Kapitalverbrechen angesehen wird. Vom Kind wird zwar erwartet, daß es seinen Ärger etwas kontrolliert, aber die Eltern werden nicht jedes Mal einen großen Aufstand machen. Das Kind lernt so, daß seine Reaktion normal ist, daß Ärger ausgedrückt werden kann, ohne daß es zerstörerisch und tödlich ist. Wenn die Eltern diese entspannte Einstellung gegenüber Ärger haben, kann das Kind sicher mit seinem eigenen Ärger experimentieren. Da sie ihm helfen, damit fertigzuwerden und es dabei unterstützen, lernt es den normalen Umgang mit Ärger innerhalb der gesellschaftlichen Erfordernisse.

JOHN Und wie läuft das alles falsch herum ab?

ROBIN Es gibt zwei Wege, wie das geschehen kann. Die eine Erklärung geht auf Freud und die frühen Analytiker zurück. Sie sagten, daß ein Gefühl blockiert – unterdrückt – wurde aufgrund eines »Traumas«.

JOHN Das ist ein einzelnes, aber sehr schmerzhaftes Ereignis.

ROBIN Genau. Nehmen wir zum Beispiel ein Baby, das ungewöhnliche Angst vor Zorn und Wut hat. Das einzelne schlechte Ereignis könnte gewesen sein, daß seine Mutter ins Krankenhaus mußte, gerade als es eine Menge Wutanfälle hatte. Es ist zu klein, um die wahren Gründe für das Verschwinden seiner Mutter zu verstehen, und denkt daher wahrscheinlich, daß sie es verlassen hat, weil es so wütend war, weil es sich so schlecht benommen hat. Und daher wird es nun immer große Angst haben, wenn es Ärger verspürt, anstatt aus dieser Phase herauszuwachsen und zu lernen, seinen Zorn zu kontrollieren, sich sicher und geliebt zu wissen, auch wenn es wütend ist. Zudem wird jedes spätere traumatische Erlebnis eine übertriebene Wirkung haben und diese Furcht verstärken. Zum Beispiel könnte während einer Rauferei der Gegner des Kindes durch Zufall schwer verletzt werden. Das Kind wird sich sofort selbst anklagen und glauben, daß es seine Schuld sei, und sein Ärger wird ihm immer furchterregender werden. Am Ende wird das Gefühl des Ärgers so unerträglich, daß es blockiert wird.

JOHN Das ist die Freudsche Erklärung. Aber ich habe gehört, daß du das mal als »Hollywoodstory« bezeichnet hast.

ROBIN Nun ja, es gibt ja auch wirklich ein großartiges Drama her. Aber wir wissen heute, daß dieselbe Blockierung ebenso in nicht so einleuchtender und dramatischer Weise stattfinden kann. Es kann ein sehr viel langsamer fortschreitender Prozeß sein. Unser Baby lernt bald, daß Ärger »schlecht« ist, weil der Rest seiner Familie sich so unwohl dabei fühlt, so unbehaglich und peinlich berührt.

JOHN Die ganze Familie empfindet Ärger als ein »schlechtes« Gefühl.

ROBIN Und daher empfängt das Kind diese Botschaft immer wieder. Es sieht auch, wie dieser Zorn seine Eltern bestürzt, wie sie einfach nicht damit fertigwerden können und daß sie es ignorieren, isolieren oder sogar attackieren, wenn es versucht, seinen Ärger auszudrücken. Schon bald wird es selbst Ärger als schlecht empfinden. Das Baby sieht, daß es nicht geliebt wird, wenn es verdrießlich ist. Da aber alle Kinder von ihren Eltern geliebt werden wollen und diese auch lieben und glücklich machen wollen, versucht das Kind, jedes Ärgergefühl vor ihnen zu verbergen.

JOHN Dann verbindet es also Zorn mit einer Furcht vor Zurückweisung durch die Eltern, was ja die schlimmste Angst für ein Kind sein muß.

ROBIN Ja, genau das meinte ich, als ich dir sagte, wie furchtbar schlecht man sich dabei fühlt. Natürlich fühlt sich das Kind jetzt auch als Lügner, denn es kann ja nicht es selbst sein. Es wird sich von seinen Eltern abgeschnitten fühlen, weil sie es nicht ganz akzeptieren – es muß ja so tun, als ob es keinen Zorn fühlte. Aber sich als Lügner zu empfinden ist nicht halb so schlimm wie abgelehnt zu werden. Deshalb wird es wahrscheinlich vorziehen, falsch, aber geliebt zu sein, als echt und zurückgewiesen.

JOHN Wenn von jetzt an etwas geschieht, das ein normales Kind zornig machen würde, dann wird dieses Kind seinen Zorn unterdrükken.

ROBIN Um ihn vor den Eltern zu verbergen. Aber danach verbirgt es ihn auch vor sich selbst, weil das seine einzige Möglichkeit ist, liebenswert zu sein. Ärger ist so »schlecht«, daß das Kind ihn nie zugeben kann, nicht einmal sich selbst gegenüber. Daher nimmt es die Gewohnheit an, seinen eigenen Ärger nicht zu bemerken, es lernt, ihn hinter die Jalousie zu stecken, und meint schließlich, daß es ihn gar nicht gibt.

JOHN Ich kann verstehen, wie dieser Lernprozeß vor sich geht, aber ich habe immer noch Probleme mit der Vorstellung, daß ganze Familien die gleichen Dinge hinter die Jalousie stecken.

ROBIN Sie neigen wirklich dazu. Du wirst entdecken, daß jede Familie einige Gefühle als »gut« und andere als »schlecht« ansieht. Die schlechten werden hinter die Jalousie verfrachtet, und die ganze Familie hat eine Art von unausgesprochenem, aber streng gültigem Abkommen, daß diese Gefühle hinter der Jalousie von niemandem bemerkt werden sollen. Jeder in der Familie tut so, als ob es sie nicht gäbe. Daher lernt jedes neue Kind, die gleichen Gefühle hinter die Jalousie zu stecken. Diese Gewohnheit wird einfach so weitergereicht in der Familie wie die Masern, völlig unbewußt, ohne daß irgend jemand den Mechanismus durchschaut.

JOHN Ich kann folgen, was die Kinder betrifft. Aber ich sehe nicht, wie das Muster ursprünglich entsteht. Warum sollten denn die Eltern dieselben Dinge hinter die Jalousie stecken? *Sie* sind doch schließlich nicht aus derselben Familie.

ROBIN Da hast du recht. Aber erinnerst du dich daran, daß ich sagte, wie Leute sich voneinander angezogen fühlen, weil sie dieselbe Stufe in ihrer Entwicklung verpaßt haben?

JOHN Ja. Und ich habe so das Gefühl, unser ganzes Geplauder dreht sich darum, zu erklären, warum das so ist.

ROBIN Genau. Aus diesem Grund werden Ehemann und Ehefrau dazu neigen, die gleichen Dinge hinter die Jalousie zu verfrachten. Aber ich kann das noch nicht ganz erklären, weil einige Teile des Puzzles noch fehlen, die ich dir gleich zeigen werde. Also, bitte hab noch einem Moment Geduld und halt den Mund.

JOHN Das ginge aber nicht bei Sir Robin Day, unserem scharfzüngigen Fernsehinterviewer.

ROBIN Weiß ich. Glücklicherweise hatte der gerade zu viel zu tun, und ich nehme mit dir vorlieb.

JOHN Na, vielen Dank. Also ..., wenn also die Eltern dazu neigen, dieselben Sachen zu verstecken, dann sehe ich ein, warum die Kinder das auch tun, sie lernen es ja von ihnen. Und das Resultat der Sache ist, daß die ganze Familie die gleichen Dinge hinter die Jalousie steckt. Sie werden alle denselben blinden Fleck entwickeln.

ROBIN Oder blinde Flecken. Es können ja mehrere Gefühle hinter der Jalousie sein.

JOHN O.k. Und verschiedene Familien haben verschiedenartige blinde Flecken?

ROBIN Ja. Jede Familie wird andere Gefühle verborgen haben oder auch eine andere Kombination von Gefühlen.

JOHN Und wie weiß ein Therapeut, welche Gefühle die Familie versteckt hat? Wie erkennt man denn den jeweiligen blinden Fleck?

ROBIN Eine ganz einfache, aber todsichere Antwort ist, daß sie alle bestreiten werden, das Gefühl zu haben, das sie versteckt haben. Wenn sie also sagen: »Oh, bei uns zu Hause ist nie jemand eifersüchtig«, dann weißt du, daß Eifersucht ein Familienproblem ist – Eifersucht ist vollkommen tabu für sie alle.

JOHN Ist das so einfach?

ROBIN Das ist der beste Dreh. Aber es gibt noch viele andere. Der Therapeut merkt bald, wie die Familie versucht, den blinden Fleck zu umgehen, ihn zu überspringen – sie wechseln schnell das Thema, wollen ihn partout nicht bemerken. Und es ist einfach faszinierend, daß dieser blinde Fleck, dieses Tabu, von einer Generation an die nächste weitergereicht wird.

JOHN Ohne daß das jemand merkt?

ROBIN Ja, denn wenn sie es wüßten, dann wäre das, was unter dem Teppich ist, ja nicht darunter, oder?!

JOHN Wie weißt du denn, daß es weitergereicht wird?

ROBIN Familientherapeuten sehen immer wieder genau das gleiche Phänomen, wenn sie die familiären Hintergründe von Patienten erforschen, um sie zu verstehen. Oder wenn wir Mitglieder verschiedener Generationen einer Familie zusammen sehen oder wenn wir unsere eigenen Familien näher betrachten. Es gibt auch schon Forschungsarbeiten darüber.

JOHN In Ordnung. Laß mich mal sehen, ob ich bis jetzt alles verstanden habe. Während wir aufwachsen, machen wir verschiedene Entwicklungsstufen durch, und in jeder dieser Phasen lernen wir andere Lektionen. Diese Lektionen haben meistens den Umgang mit Gefühlen zum Inhalt. Zum Beispiel lernen wir, wie wir mit den Gefühlen fertigwerden, die Autorität in uns wachruft. Oder wie wir mit denen umgehen, die das andere Geschlecht in uns weckt. Oder wir lernen, uns mit den Gefühlen auseinanderzusetzen, die wir empfinden, wenn wir uns von unseren Eltern loslösen.

Wir können jedoch eine Stufe verpassen. Dann können wir jedoch die Lektion später nachholen, indem wir nach einer Ersatzerfahrung suchen. Dadurch kommen wir dann sozusagen wieder zurück auf Kurs. Aber es kann auch was falsch laufen. Wenn wir eine Stufe verpassen und sie nicht durch eine Ersatzerfahrung nachholen, dann werden uns die Gefühle, mit denen wir nicht gelernt haben umzugehen, sehr unangenehm. Daher werden wir sie anfänglich vor anderen verstecken und schließlich vor uns selbst. Wir verfrachten sie hinter die Jalousie und merken nicht einmal mehr, daß sie überhaupt da sind.

Es gibt hauptsächlich zwei Gründe, warum wir nicht lernen, mit Gefühlen umzugehen und sie dann hinter die Jalousie stecken. Der erste ist, daß wir ein plötzliches Trauma erleiden – das heißt ein einzelnes dramatisches, sehr schmerzhaftes Ereignis. Der zweite und üblichere Grund ist, daß wir ganz langsam lernen, ein Gefühl zu verbergen, weil es ein Tabu in unserer Familie ist.

Jede Familie sieht einige Gefühle als schlecht an und versteckt sie. Das Kind lernt bald, das auch so zu machen, weil es ja riskiert, von den Eltern abgelehnt zu werden, wenn es diese Tabu-Gefühle zeigt.

Sie sind einfach »schlecht«, diese Gefühle. Dieses Verhaltensmuster wird so in der Familie weitergereicht.

ROBIN Und auch von einer Generation an die nächste. Vergiß das nicht. Denn wenn die Kinder den Umgang mit einem Gefühl nicht gelernt haben, werden sie auch ihren Kindern nicht helfen können, damit umzugehen.

JOHN Das stimmt natürlich. Aber was ist eigentlich so schlecht an diesem Tabuisieren?

ROBIN ... Wie bitte – wie meinst du das?

JOHN Nun, wenn du ein scheußliches Gefühl hast, mit dem du nicht fertigwirst und dich dadurch ganz schlecht fühlst – warum solltest du es dann eigentlich nicht ganz sicher verstecken und damit los sein?

ROBIN Aha! Weil diese Jalousien oft nicht richtig funktionieren und weil sie oft mehr Probleme machen als lösen.

Die fehlerhafte Jalousie

JOHN Wie funktioniert die Jalousie denn nicht richtig?

ROBIN Auf manche Art. Erstens rutscht sie manchmal einfach hoch und läßt das verbotene Gefühl raus. Zweitens braucht man eine ganze Menge Kraft, um die Jalousie an Ort und Stelle zu halten. Und drittens kann man nicht einfach ein Stück einer Persönlichkeit abschneiden, ohne daß das ganze System aus dem Gleichgewicht gerät.

JOHN Sehr schnittig gesagt, Herr Doktor – aber könnten wir das ein bißchen genauer wissen? Die Jalousie kann rutschen?

ROBIN Ja, besonders wenn wir müde sind oder krank oder ein bißchen viel getrunken haben. Dann kann das Gefühl entkommen. Und weil wir es ja kaum kennen, überrascht es uns ganz schön, und wir können es nur schwer kontrollieren. Daher sagen oder tun wir dann oft etwas sehr Häßliches, etwas für uns sehr »Untypisches«.

JOHN Ja, ich werde nie vergessen, wie mir das einmal passiert ist in deiner Gruppe. Es schien mir fast so, als ob das jemand anderes gesagt hätte, der mit mir gar nichts zu tun hatte. Und ich war ganz schön schockiert, als ich merkte, daß *ich* das gesagt hatte. Ich erinnere mich noch, wie sehr ich mich geschämt habe, weil es so dem

Bild widersprach, das ich von mir hatte, nämlich daß ich einfach nicht gemein bin.

ROBIN Das ist genau, was ich meine. Weil es ja normalerweise hinter der Jalousie ist, empfindet man es eben nicht als eigenes. Und manchmal explodiert dieses Gefühl wegen etwas ganz Nebensächlichem – es hat sich hinter der Jalousie angesammelt und platzt jetzt einfach heraus. Aber weil es nur um eine Kleinigkeit geht, scheint dieser Ausbruch lächerlich unangemessen, und wir sind beschämt, was natürlich ein Grund mehr ist, dieses Gefühl wieder mit Gewalt hinter die Jalousie zu drücken.

Aber das Gefühl kann auch in sehr viel versteckterer Form entweichen. Wenn wir jemanden nicht mögen, das aber hinter der Jalousie verborgen haben, dann vergessen wir eventuell seinen Namen oder seinen Geburtstag, treten »zufällig« ins Fettnäpfchen. Oder vielleicht verfolgen uns zerstörerische Phantasien über ihn, was wir dann sogar noch als Sorge um sein Wohlergehen ausgeben.

JOHN Als Sorge?

ROBIN O ja. Wenn eine Frau sich über ihren Mann ärgert, weil er zu spät zum Essen kommt und nicht angerufen hat, sieht sie ihn vielleicht in einen schweren Verkehrsunfall verwickelt und drückt damit ihren versteckten Zorn aus. Daß sie sich jedoch gleichzeitig vorstellt, die Unfallhilfe anzurufen, um sofort zur Stelle zu sein, drückt ihre positiven Gefühle aus. Ein unterdrücktes Gefühl kann in all diesen Formen entweichen, weil wir mit ihm nicht vertraut sind. Daher funktioniert es ein wenig wie ein Bandit – außerhalb unserer Kontrolle.

JOHN Und dann hast du auch noch gesagt, daß wir eine Menge Energie brauchen, um die Jalousie in Position zu halten?

ROBIN Ja, weil wir irgendwie die Gefahr spüren, in der wir sind, weil diese Gefühle, die hinter der Jalousie sind – Zorn, Eifersucht, Furcht und so weiter – ja herausrutschen könnten, wenn wir nicht ständig aufpassen. Daher ist ein Teil von uns immer auf der Lauer nach dem unsichtbaren Feind. Obwohl man nicht weiß warum, kann man sich nie ganz entspannen, und das strengt an und macht uns immer müde. Diese Gefühle lauern immer hinter der Jalousie, und die Anstrengung, sie außer Sicht zu halten, sie nicht bemerken zu müssen, ist verknüpft mit vielen psychosomatischen Krankheiten – Kopfschmerzen, Bauchschmerzen, Verdauungsstörungen, hohem Blutdruck, manchen Arten von Rheumatismus und so weiter.

JOHN Tja, ich habe ja auch zuerst mit meiner Therapie nur angefangen, weil mein Arzt einfach keine physische Erklärung für meine dauernde Grippe finden konnte und weil ich auch nicht verstehen konnte, warum ich immer so gestreßt war.

ROBIN Erinnerst du dich, was dann passierte?

JOHN Die Grippesymptome sind recht bald verschwunden und sind nie wieder zurückgekehrt. Der Streß hat sich nur langsam abgebaut – ich glaube, ich habe drei Jahre gebraucht, um auf ein einigermaßen normales Niveau zu kommen. Es ist trotzdem beeindrukkend, von Physiotherapeuten und Masseuren zu hören, wie erstaunlich viel Streß diese Leute als »normal« ansehen.

ROBIN Und es ist ganz »normal«, daß Familien eine ganze Menge hinter der Jalousie haben, wie wir schon gesagt haben.

JOHN Nun sag mir etwas über den dritten Grund, weshalb die Jalousie nicht richtig funktioniert – daß sie das Gleichgewicht der Persönlichkeit stört?

ROBIN Nun, *alle* unsere Gefühle sind nützlich für uns.

JOHN Alle?

ROBIN Ja, selbst die, die wir manchmal als negativ betrachten – aber nur dann, wenn wir sie unter Kontrolle haben. Daher ergeben alle diese Gefühle zusammen in einer gesunden Person ein Gleichgewicht. Aber wenn wir einige Gefühle aussperren, hinter der Jalousie verbergen, dann wird die ganze Balance gestört. Um es mal anders zu sagen: Das ausgesperrte Gefühl steht uns einfach nicht zur Verfügung, wenn wir es brauchen.

JOHN Das kann ich schon nachvollziehen, aber es fällt mir recht schwer, mir Zorn, Neid, Grausamkeit und so weiter als nützlich vorzustellen.

ROBIN Wenn sie verborgen sind, sind sie uns nicht nützlich. Dann haben wir keinen Bezug zu ihnen, und wir lernen nicht, mit ihnen umzugehen. Daher sind sie, wenn sie uns plötzlich überfallen, total unkontrolliert und zerstörerisch. Aber wenn wir sie nicht ausgesperrt haben, wenn sie uns bewußt sind und wir im Einklang mit ihnen sind, dann können wir sie kontrollieren.

JOHN Ich verstehe, daß sie dann nicht zerstörerisch sind, aber nützlich? Wie kann Zorn nützlich sein?

ROBIN Du würdest Zorn benutzen, um dich zu verteidigen, wenn jemand versucht, dich herumzuschubsen oder auszunutzen. Ohne Zorn kannst du dich in einer Notlage nicht verteidigen. Daher wird jemand, der seinen Zorn hinter die Jalousie gesteckt hat, äußerlich ganz schüchtern und furchtsam erscheinen und viel in der Gegend rumgeschubst werden, weil sein Zorn ihm nicht mehr zur Verfügung steht. Er kann sich einfach nicht richtig verteidigen.

JOHN Der ist viel zu nett?

ROBIN Und auch unglaubwürdig. Die Leute spüren, daß der Zorn irgendwo da ist. Und natürlich stimmt das, er ist ja hinter der Jalousie.

JOHN Gut. Aber wie kann einem Neid nützen?

ROBIN Neid ist in Ordnung, solange wir uns seiner bewußt sind. Denn dann bleibt er ja unter Kontrolle und wird durch andere Gefühle aufgewogen. Dann kann er uns nützlich sein für den Wettbewerb bei der Arbeit oder im Spiel, zum Beispiel im Nacheifern von jemandem, den wir bewundern.

JOHN Ja, das stimmt, wenn ich's bedenke. Ich bin auf Tom Stoppards Arbeit neidisch und auf Michael Frayn und Alan Ayckbourn – aber wirklich nur in dem Sinn, daß ich eines Tages auch mal so erfolgreich sein möchte. Aber Neid kann leicht sehr häßlich werden, oder nicht? Dann sitzt man nur rum und beneidet alle anderen ...

ROBIN Neid wird nur dann wirklich scheußlich, wenn man etwas mit aller Gewalt will, die Kluft zwischen dem Ziel und dem Machbaren aber so groß ist, daß man die Hoffnung aufgibt, sie jemals überbrücken zu können.

John Deshalb kann ich Mutter Teresa nicht leiden – jemand, der soviel heiliger ist als der Rest von uns, müßte wirklich ein bißchen angemeckert werden. Hoffentlich macht sich die Revolverpresse bald auf die Pirsch.

Robin Die würden doch nur ihre Zeit verschwenden!

John Das hat sie noch nie abgehalten. Damit wären wir bei der Grausamkeit. Kann die nützlich sein?

Robin Ja, weil wir manchmal jemandem weh tun müssen, um ihm einen Gefallen zu tun. Das ist sogar notwendig bei Leuten, die man sehr liebt. Vielleicht besonders nötig bei ihnen. Zum Beispiel müssen Eltern ihren Kindern helfen, langsam immer unabhängiger zu werden. Aber das verursacht natürlich immer ein gewisses Unbehagen bei den Kindern, da diese ersten Versuche in Richtung Unabhängigkeit ihnen normalerweise Angst einjagen. Wenn die Eltern es aber richtig machen, erlauben sie den Kindern, sich jedesmal ein bißchen ungemütlicher zu fühlen, damit sie ganz langsam lernen, dieser Angst zu begegnen und sie zu überwinden und dann Selbstvertrauen zu entwickeln.

John Sie müssen »aus Liebe grausam« sein, mit anderen Worten.

Robin Und wenn sie Grausamkeit ganz hinter die Jalousie verbannt haben, könnten sie das nicht, und das Kind würde nie wirkliche Unabhängigkeit gewinnen. Denk doch nur mal an den Chirurgen, der in menschliches Fleisch schneiden muß! Er könnte das bestimmt nicht, wenn er zimperlich wäre. Und als Psychiater muß ich manchmal Leute mit sehr schmerzhaften Erfahrungen konfrontieren, wenn sie sich wirklich mit ihren Problemen auseinandersetzen und sie bewältigen sollen – und ich kann noch nicht mal lokale Betäubung verwenden. Früher fand ich das viel schwerer als jetzt, weil ich nicht grausam sein wollte oder vielleicht fühlte, daß ich doch recht unbarmherzig war.

John Du sagst also, daß du deine Grausamkeit versteckt hattest, aber seit du dir dessen mehr und mehr bewußt wurdest, bist du ein besserer Therapeut geworden.

Robin Ja, ich glaube, das stimmt. Wenn ein Patient mit etwas Schmerzhaftem konfrontiert werden muß, versuche ich jetzt nicht mehr, mich davor zu drücken. Allerdings müssen wir uns darüber klar sein, daß diese Grausamkeit nicht gleichzusetzen ist mit Quälen.

John Wie ist es denn mit der Angst?

Robin Die ist lebensnotwendig!

John Wieso?

Robin Warte nur mal ab, bis du mit jemandem im Auto mitfährst, der keine Angst hat – dann merkst du das schnell genug.

John Gut, verstanden. Dann sind also alle unsere Gefühle nützlich, wenn wir uns ihrer bewußt sind und uns wohl dabei fühlen, denn dann können wir auch richtig mit ihnen umgehen. Aber wenn wir sie verstecken, sind sie erstens nicht verfügbar, wenn wir sie brauchen, und zweitens, wenn die Jalousie verrutscht und sie entkommen, sind sie manchmal recht gefährlich, weil wir eben keine Kontrolle über sie haben.

Robin Gut gesagt.

John O.k., du sagst also, wir alle haben diese Gefühle in uns.

Robin Ja, ich denke, die menschliche Natur ist bei allen Menschen ziemlich gleich. Alle haben dieselben Gefühle, genauso wie unsere Körper aus denselben Chemikalien bestehen. Wir alle haben Zuneigung, Eifersucht, Mut, Trauer, Entschlußkraft, Freude, Feigheit, Nettigkeit, Grausamkeit, Begierde, Schüchternheit und so weiter.

John Und wir alle haben einige versteckt. Wir alle?

Robin Ja – in gewisser Weise jedenfalls. Verschiedenartige Gefühlskombinationen verschwinden bei verschiedenen Leuten hinter der Jalousie.

Keine Zuneigung

Kein Zorn

Kein Mut

Bitte kein Sex

Keine Trauer

Keine Angst

JOHN Aha, denkst du etwa, dadurch, daß wir lernen, etwas hinter die Jalousie zu stecken, entwickeln wir eine ganz bestimmte Persönlichkeit?

ROBIN Genau. Daher sieht jemand, der alle Zuneigung versteckt hat, unfreundlich aus. Jemand, der den Zorn versteckt hat, sieht zu nett aus, um glaubwürdig zu sein. Wenn wir keinen Neid empfinden, sind wir zum Beispiel im Wettstreit unfähig, ohne Mut sind wir schüchtern, fehlende sexuelle Begierde macht uns unzugänglich, ohne Trauer sind wir manisch, der Verlust der Angst kann uns schrecklich gefährlich werden.

JOHN Eine letzte Frage: Hat Freud dieses Hinter-die-Jalousie-stecken als »Repression« bezeichnet und das Versteckte als »Unbewußtes«?

ROBIN Mehr oder weniger. Wir drücken den gleichen Gedanken in anderen Worten aus.

JOHN Warum?

ROBIN Nun, ich versuche eben nicht nur Freuds Gedanken zu berücksichtigen, sondern auch die anderer Familientherapeuten und Psychologen mit einzubeziehen, die eine ganze Menge neuer Gedanken beigesteuert haben. Wir beschreiben das alles im Moment noch etwas ungenau, aber ich glaube, das Wesentliche wird doch klar, daß nämlich dieses Wegschieben eines Teils unseres Bewußtseins ein sehr *aktiver* Prozeß ist. Und dieser Prozeß beginnt normalerweise mit dem absichtlichen Verbergen eines Gefühls vor unserer Familie, und später verlieren wir das Gefühl auch selbst aus den Augen. Trotzdem bleibt das Gefühl immer da und droht jeden Augenblick zu erscheinen.

JOHN Wenn die Jalousie – die Repression – nicht wirkt.

Anziehung

ROBIN Ich meine, wir haben jetzt genug Gedanken angesammelt, um zurückgehen zu können zu unserer ursprünglichen Frage, warum Paare, die sich anziehend finden, eine ähnliche Familiengeschichte, das heißt die gleiche Lücke in ihrer Entwicklungsgeschichte haben?

JOHN Nun, da wir ja annehmen, daß beide die gleiche Entwicklungsstufe verpaßt haben, werden sie auch Probleme mit den gleichen Gefühlen haben. Sie hätten den Umgang mit bestimmten Gefühlen auf der entsprechenden Entwicklungsstufe lernen sollen – taten es jedoch nicht.

ROBIN Genau. Und wenn beide mit den gleichen Gefühlen Schwierigkeiten hatten ...

JOHN ... haben beide sie auch versteckt: hinter die Jalousie gesteckt!

ROBIN Eureka. Deshalb finden sie einander so anziehend. Weil sie die gleichen Gefühle hinter der Jalousie haben und auch die gleichen äußeren Signale senden.

JOHN Wieso die gleichen Signale – menschliche Natur abzüglich der Dinge hinter der Jalousie?

ROBIN Richtig. Sie sehen einander an ... und passen perfekt zusammen. Sie sind wie füreinander geschaffen! Es ist einfach erstaunlich, wieviel sie gemeinsam haben! Und das stimmt ja auch! Sie sind wirklich ein perfektes Paar!

JOHN Genau, sie passen prima zusammen. Sie sind jedoch nicht von dem angezogen, was hinter der Jalousie ist, oder? Das stößt sie doch ab – das ist das Unaussprechliche?

ROBIN Da hast du schon recht. Es ist das Äußere, was sie anzieht, das Schaufenster sozusagen. Aber das ergibt sich ja erst aus dem, was verborgen ist.

JOHN Ich verstehe. Sie fühlen sich also angezogen von dem, was zu sehen erlaubt ist.

ROBIN Ja, weil sie da all jene Fähigkeiten und Gefühlshaltungen sehen, die sie gut zu finden gelernt haben. Noch besser: Der Partner hat ganz offensichtlich nicht solche Gefühle, die in der eigenen Familie und vor sich selbst versteckt wurden. Und das allerbeste: Der Partner lehnt solche Gefühle auch rigoros ab!

JOHN Aber was diese versteckten Gefühle betrifft, ist ihnen ja beiden beigebracht worden, sie nicht zu bemerken! Daher können sie die Fehler des anderen auch nicht erkennen.

ROBIN Genau so funktioniert das. Aber es gibt da noch etwas. Normalerweise empfindet man eine Art Faszination für die Gefühle, die hinter der Jalousie schlummern, also eine Mischung aus Anziehung und Grauen. Wenn es sich zum Beispiel um Grausamkeit handelt, liest man vielleicht Zeitungsberichte über Folter nochmals durch, obwohl man sich schlecht dabei fühlt und das Interesse vor dem Partner verheimlicht. Ist eine lüsterne Sexualität hinter der Jalousie verborgen, studiert man sorgfältig die »nackten« Tatsachen der Boulevardpresse, um mit jedermann darin übereinzustimmen, wie abstoßend es ist, was heutzutage alles publiziert wird. Versuch gar nicht, das logisch zu erklären, es dreht sich ja nicht um Gedanken, sondern um Gefühle – und alle Gefühle können widersprüchlich sein.

JOHN Du meinst also, wenn man nur einen Moment lang spürt, was hinter der Jalousie des Partners steckt, kann das zu unserer Anziehung beitragen?

ROBIN Vorausgesetzt, es bleibt nur eine Ahnung, ist es erregend und reizvoll. Wenn es mehr wäre, würde es abstoßen, gerade wie ein leichter Hauch von einem üblen Geruch anders wirkt als eine kräftige Nase voll. Aber dieses zweigleisige Denken ist schwierig zu verstehen, die linke Hand darf nicht wissen, was die rechte tut.

JOHN Aber ... warum soll ein Hauch Tabu eigentlich verlockend sein?

ROBIN Nun, obwohl wir natürlich alle von unseren Familien geliebt werden und sie in keiner Weise durch verabscheute Gefühle kränken wollen, haben wir doch auch ein großes Bedürfnis, ganz wir selbst und vollständig zu sein. Wenn wir uns angezogen fühlen von diesen versteckten Gefühlen des Partners, hoffen wir eigentlich, einen Teil von uns selbst wiederzufinden.

JOHN Der Verlust der Poesie war der Gewinn der Psychiatrie, Robin.

Hier haben wir also das junge verliebte Paar, voll glühender Bewunderung für die Auslagen in ihren jeweiligen Schaufenstern, das Auge tapfer abgewendet von den versteckten Fehlern und ein bißchen erregt vom leisen Hauch des Verbotenen. Aber warum kann dieser paradiesische Zustand nicht andauern?

ROBIN Weil wir die Jalousie einfach nicht immer genau in Position halten können. Das geht einen Abend oder ein Wochenende lang, aber wenn wir anfangen zusammenzuleben, schaut doch einiges darunter hervor. Und unser Partner scheint immer weniger der zu sein, den wir geheiratet haben.

JOHN Also, Doktor, ist es denn etwas *Gutes,* daß wir uns in Leute verlieben, die die gleichen Dinge verborgen haben wie wir? Oder sollten wir lieber dreihundert Jahre zurückgehen und unseren Eltern die Wahl der Ehepartner überlassen?

ROBIN Nun, der Vorteil ist, daß wir beide die gleichen Fehler haben – ohne eigenes Verschulden –, daher könnten wir mehr Verständnis füreinander haben.

JOHN Wahrscheinlich können wir auch darum die, in die wir verliebt sind, so gut durchschauen und fühlen so heftig mit ihnen – und trotzdem vertrauen wir ihnen?

ROBIN Ja, sie scheinen uns zu verstehen, unsere Schwächen zu sehen und uns trotzdem zu akzeptieren. Sie greifen uns nicht an, doch wir haben Angst, sie könnten es vielleicht tun, wenn wir unser Geheimnis preisgeben. Und wir spüren, ohne je wirklich zu wissen warum, daß dies die Person ist, die uns instinktiv versteht, die uns helfen kann, ja die uns *ganz machen* kann.

JOHN Das fügt sich alles gut zusammen. Aber, und das ist der springende Punkt, wie können wir denn einander helfen, wenn wir beide den gleichen blinden Fleck haben?

ROBIN Das ist der Haken! Das erstaunliche Paradox ist ja gerade, daß du am besten zusammen mit diesem Partner wachsen kannst – aber ebenso ist gerade er es, mit dem du dich endgültig festfahren kannst. Ja, du könntest ihn am Ende sogar am meisten hassen.

JOHN Und hier ist die Vierundsechzigtausend-Dollar-Frage, Meister: Wovon hängt die Lösung ab?

ROBIN Alles hängt davon ab, wie sehr das Paar bereit ist, zuzugeben und anzuschauen, was hinter der Jalousie ist. Je williger sie sind, das zu tun, und je mehr Mut sie haben, die schmerzhaften Gefühle zu ertragen, wenn ihr Selbstbild zerbröckelt, desto besser sind die

Chancen des Paares, ihre eventuell auftauchenden Probleme zusammen zu bewältigen.

JOHN Warum sprichst du von »eventuell auftauchenden Problemen«?

ROBIN Es gibt ja auch eine Art »mittelprächtiger« Ehe, die ganz stabil, wenn auch nicht allzu aufregend ist, wo die Partner ganz gut miteinander klarkommen, ohne je hinter die Jalousie schauen zu müssen.

Arten von Ehen

JOHN Können wir im folgenden einige verschiedene Ehetypen anschauen? Gibt es eine Methode, die mißt, wie sich die Zufriedenheit in der Ehe proportional zu dem Versteckten hinter der Jalousie verhält?

ROBIN Ja, und nicht nur quantitativ. Nicht nur die Menge, auch die Einstellung der Partner zum Versteckten ist äußerst wichtig.

JOHN Wie würdest du denn die glücklichsten Ehen beschreiben?

ROBIN Nun, beide Partner tolerieren, was hinter der Jalousie ist, bei sich selbst und beim Partner. Sie sind eher bereit, dahinter zu schauen und das Unbehagen zu ertragen, das dies mit sich bringt. Deshalb sind sie freier, ungezwungener. Sie führen ein weniger eingeengtes Leben, haben mehr Spaß, bleiben beweglich, und so wachsen sie und entwickeln ihre Persönlichkeit besser.

JOHN Und am anderen Ende des Spektrums?

ROBIN Im unglücklichsten Fall haben beide Partner eine ganze Menge hinter der Jalousie, weigern sich aber standhaft zuzugeben, daß irgend etwas falsch sein könnte. Sie sind enorm empfindlich gegenüber jeglicher Kritik und können auch nicht die kleinste negative Bemerkung ertragen.

JOHN So entstehen also ständig Konflikte?

ROBIN Sie sind wie Hund und Katze.

JOHN Und was liegt zwischen diesen Extremen?

ROBIN Nun, in den mittelprächtigen Ehen, wie wir sie nennen, leben die Partner in einer einigermaßen glücklichen und stabilen Beziehung. Aber sie wollen nicht hinter die Jalousie schauen – sie bestärken sich gegenseitig darin, diesen ganzen Kram verborgen zu halten. Die Ehen sind also recht sicher, aber der Preis, den die Partner dafür bezahlen, ist eine gewisse Öde, alles läuft in ausgefahrenen Geleisen. Man könnte es so sehen, als schützten sie einander zu sehr vor Kritik, die hilfreich für ihre Befreiung aus dem gleichbleibenden Trott wäre.

JOHN Ich würde gern etwas Genaueres über diese Ehen wissen.

ROBIN O.k. – schauen wir doch jeden Ehetyp einzeln an. Was hättest du gern zuerst, die guten oder die schlechten Neuigkeiten?

JOHN Laß uns die schlechten zuerst hinter uns bringen.

Wer hat Angst vor Virginia Woolf ...?

ROBIN Wenn du nachfühlen willst, wie man sich in einer über die Maßen erfolglosen Ehe fühlt, solltest du diesen Auszug aus Edward Albees Drama ›Wer hat Angst vor Virginia Woolf?‹ lesen. George und Martha sind ein Paar mittleren Alters, die fast unaufhörlich in bittere, bösartige Streitereien verstrickt sind.

Martha Du ... Du kotzt mich an.
George (schaut sie an) Das war nicht sehr nett, Martha.
Martha Das war nicht ... was?
George ... nicht sehr nett.
Martha Dein Zorn imponiert mir! Ich glaub', ihn liebe ich am meisten an dir ... Deinen Zorn! Mensch, bist du ein ... Waschlappen! Du hast keinen Funken ... keinen Funken ... na, was denn schon ...?!
George ... Mumm in den Knochen ...?
Martha Quatschkopf!
(Pause. Dann lachen beide.)
Gib mir noch'n Stück Eis. Du gibst mir nie Eis ... Warum eigentlich nicht, hm?
George (nimmt ihr Glas) Ich geb' dir immer Eis. Du frißt es eben ... wie ein Cockerspaniel seinen Knochen. Eines Tages beißt du dir daran die Zähne aus.
Martha Sind ja schließlich meine Zähne!
George Nicht alle ... alle nicht ...!
Martha Ich hab' immer noch mehr Zähne als du.
George Zwei mehr.
Martha Zwei mehr ist viel!

George Vielleicht. Sogar sicher, wenn man bedenkt, wie alt du bist.
Martha Hör' auf! Fang' nicht damit an! Du bist auch nicht mehr der Jüngste.
George (wie ein Junge) Ich bin sechs Jahre jünger als du ..., ich war's immer ... *(singt:)* ... und werd' es e-e-wi-ig, e-e-wi-ig blei-ei-ei-ei-ei-ei-ben!
Martha (sauer) Du kriegst eine Glatze.
George Du auch.
(Pause. Sie lachen beide.)
Prost, mein Schatz.
Martha Prost. Komm' her und gib deiner Mammi einen großen, dicken Schmatz.
George ... Ach, Martha ...
Martha Ich will einen Schmatz!
George (abwesend) Ich mag dir jetzt keinen Kuß geben, Martha. Wo sind sie? Wo bleiben die Leute, die du eingeladen hast?
Martha Sie sind noch dortgeblieben, um mit Papa zu sprechen..., sie kommen dann schon ..., sie wollten noch mit Papa sprechen. Warum willst du mich nicht küssen?
George (zu sachlich) Weißt du, Schatz, wenn ich dich jetzt küsse, rege ich mich auf ... Ich gerate außer mir und vergewaltige dich auf der Stelle ... hier im Wohnzimmer auf dem Teppich. Und dann kommen unsere lieben kleinen Gäste herein und ... Na, was würde dein Vater dazu sagen?
Martha Du Schwein!
George Boingngng!
Martha Ha, ha, ha, HA! Gib mir noch 'was zu trinken ... Boccaccio!
George (nimmt ihr das Glas ab) Du säufst wie'n Loch.
Martha (spielt kleines Kind) Marthalein hat so gloßen Dulst.
George Ach, du lieber Gott!
Martha (wendet sich ihm abrupt zu) Lieber Mann, dich trink' ich unter'n Tisch, wann du willst ...
George Martha, ich hab' dir den ersten Preis im Saufen schon vor Jahren zugesprochen ... Es gibt kaum eine Scheußlichkeit, für die du nicht den ersten Preis verdienst ...
Martha Ich schwöre es dir: Wenn es dich gäbe, ich ließ' mich von dir scheiden ...

George Bleib' du nur hübsch nüchtern ... Vergiß nicht, daß diese Leute *deine* Gäste sind ...

Martha Ich seh' dich nicht einmal ... Ich seh' dich schon seit Jahren nicht ...

George ... Wenn du plötzlich ohnmächtig umfällst oder kotzt oder was weiß ich ...

Martha Du bist ... Du bist ein Nichts, Nulpe ... ein Loch in der Natur ...

George Und reiß' dir bitte nicht die Kleider vom Leib, ja ... Es gibt kaum einen widerlicheren Anblick als dich mit ein paar Gläsern intus und dem Rock über'm Kopf ...

Martha ... eine Null ...

George ... wenn man das einen Kopf nennen kann ...!*

JOHN Es gibt da einige Momente, in denen eine Art Waffenstillstand ist, in denen sie sich Zuneigung zeigen, gemeinsam lachen, aber meistens wollen sie sich gegenseitig vernichten.

ROBIN Ja. Es ist nicht nur ein brillantes Theaterstück, für uns ist es praktisch ein Lehrbuchbeispiel.

JOHN Kommen so destruktive Ehen häufig vor?

ROBIN O ja. Manchmal sogar schlimmere, die Gefühle mögen vielleicht versteckter und die Angriffe heimtückischer sein. Aber sie sind deshalb nicht weniger bösartig.

JOHN Was passiert da deiner Meinung nach wirklich?

ROBIN George und Martha sind sehr verwundbar. Beide haben fast kindliche Sehnsucht nach Zuneigung. Aber dieses Bedürfnis haben sie hinter die Jalousie gesteckt. Sie haben es völlig verleugnet. Jetzt sind sie sich dessen nicht mehr bewußt und verdecken es durch eine blasierte Fassade.

JOHN Und die ist sehr brüchig. Liegt das vielleicht daran, daß ihre kindliche Seite nie die Zuneigung bekommt, die sie so dringend braucht?

ROBIN Genau. Daher ist ihr »kindlicher« Teil laufend frustriert, zornig, voller Groll. Dieser Zorn wird immer stärker, bis schließlich das »tobende Kind« zum Vorschein kommt. Und daher verbringen sie ihr halbes Leben mit kindischen Wutanfällen.

* Zitat aus Edward Albee: Wer hat Angst vor Virginia Woolf ...? Frankfurt/Main[24] 1990.

JOHN Weil sie eben nie den Grund für diese Wut erfahren haben, daß sie nicht die Zuneigung bekommen, die sie so verzweifelt brauchen.

ROBIN Richtig. Und einer der Gründe, warum sie die Liebe, die sie so dringend brauchen, nie erhalten, ist, daß sie dieses Bedürfnis total verleugnen. Deshalb können sie auch nicht einfach darum bitten.

JOHN Martha muß sagen: »Gib deiner Mammi einen Schmatz.« Würde »Gib *mir* einen Schmatz« sie zu verwundbar machen?

ROBIN Ja.

JOHN Was hat sie denn ursprünglich gegenseitig angezogen?

ROBIN Die Auslage im Schaufenster, das heißt das, was auf dem Teppich ist und das sich bei beiden sehr ähnelt. Sie würden sich als kultiviert, klug, witzig, reif und kompetent bezeichnet haben, als Weltbürger! Und gleichzeitig hätten sie natürlich auch intuitiv gespürt, was hinter der Jalousie des anderen steckt. Sie hätten da das verzweifelte, zornige Kind erspäht – ein erschreckender Anblick, aber ein verlockender und faszinierender und merkwürdig vertrauter.

JOHN Vertraut in dem Sinne, daß sie dieses Gefühl in ihrer eigenen Familie erlebt haben.

ROBIN Ganz genau. Und da sie das gut in ihren Familien gelernt hatten, wendeten sie sich sofort von der erschreckenden Schattenfigur ab, die ihnen wie der Teufel erscheinen mußte. Sie beachteten sie einfach nicht. Aber als sie dann zusammenlebten, kamen diese Teufel mehr und mehr zum Vorschein und konnten nicht mehr verleugnet werden. Sobald sich ein Teufel zeigt, wurde er vom entsetzten Partner wüst angegriffen.

JOHN Moment mal, wir sprechen hier vom »Teufel« – aber es ist ja kein Teufel, oder? Unser verzweifeltes Kind hat bloß gerade einen Wutanfall.

ROBIN Natürlich, aber für den Partner sieht es wie der Teufel in Person aus. Und doch ist es so vertraut und beängstigend für beide, denn dieses Gefühl hat ja schon in ihren Eltern geschlummert, die George und Martha deshalb nie genug verläßliche Liebe geben konnten. Das hat ja dieses wütende Kind in ihnen verursacht.

JOHN Und die Eltern haben ihr eigenes »Kind« auch unterdrückt und dann George und Martha diesen blinden Fleck weitergegeben.

ROBIN Wenn sie also beim anderen »den Teufel« sehen, greifen sie ihn mit ihrem eigenen »Teufel« an. Daher der fürchterliche Streit.

JOHN Aber wir haben doch alle schon so einen Streit gehabt, oder? Anders gefragt, da wir alle etwas hinter der Jalousie haben, kommen diese Virginia Woolf-Szenen nicht in allen Ehen vor?

ROBIN In gewisser Weise, wenn auch vielleicht nicht ganz so wild, mehr in verbrämter Form. Aber dieses Paar hat dermaßen viel hinter der Jalousie und eine solch große Angst davor, daß ihnen kein Zugeständnis möglich ist. Sie haben keinerlei Toleranz für einander, was den Teufelskreis von Haß und Bitterkeit laufend verstärkt. Trotz dieser eskalierenden Gewalttätigkeit führt der Ausbruch meistens nicht bis zum Mord, da dafür die Energie nicht ausreicht. Sie erschöpft sich. Nach einer gewissen Zeit steigt der Druck wieder, und es geht von vorne los.

JOHN Aber wenn die Konflikte so groß sind, warum lassen sie sich dann nicht scheiden?

ROBIN Das mag schwer zu verstehen sein, aber so ein Paar findet es äußerst schwer, sich zu trennen. Die Beziehung sieht von außen wirklich schrecklich aus, aber trotz der großen Schwierigkeiten funktionieren die Partner in einer solchen Ehe in mancher Beziehung zusammen doch besser als getrennt.

JOHN Weil sie den eigenen Teufel ignorieren können, solange sie ihn im Partner bekämpfen!

ROBIN Genau. Dadurch fühlen sie sich selbst besser. Und diese Art Ehe hat noch einen Vorteil. Weil sich ihr Partner ja so teuflisch benimmt, kann ihre eigene verbotene Seite entkommen und sich ausdrücken, ohne daß sie sich dafür schuldig fühlen müssen. Jeder kann sagen »der andere war schuld«, er hat »angefangen«.

JOHN »Ich hab doch nur gesagt ...«

ROBIN »Ich bin ja ein geduldiger Mensch, aber es gibt Grenzen ...« Und deshalb können beide weiter von sich glauben, daß sie wirklich nicht »so« sind. Sie können glauben, daß ihr eigener Teufel nur eine Reaktion auf den Partner ist, daß es ihn normalerweise gar nicht gibt und daß mit jemand anderem alles anders wäre.

JOHN Und wenn sie sich dauernd streiten, fühlen sie sich natürlich gerechtfertigt, dem Partner Liebe und Zuneigung vorzuenthalten.

ROBIN Genau, und so bleibt alles beim alten, und keiner muß zugeben, was er hinter der Jalousie hat.

JOHN Was passiert denn, wenn sie sich trennen? Oder wenn einer von ihnen stirbt?

ROBIN Dann haben sie Probleme, weil sie jetzt ihre schlechten Gefühle, ihren Teufel, nicht mehr dem Partner in die Schuhe schieben können. Manchmal erleiden sie eine Art Nervenzusammenbruch oder begehen gar Selbstmord.

JOHN Ich kannte ein altes Paar, die beiden hatten angeblich schon seit zehn Jahren nicht mehr miteinander gesprochen. Sie lebten zwar im selben Haus, hatten es jedoch genau aufgeteilt, sogar mit verschiedenen Haustüren. Schließlich brachte die alte Frau sich um. Keine vier Tage später machte es ihr der Mann nach!

ROBIN Deshalb ist diese Art Ehe so dauerhaft. Die Partner brechen für eine Zeitlang miteinander, aber dann geht es beiden soviel schlechter, daß sie wieder zusammenkommen.

JOHN Moment mal. George und Martha haben in den Kampfpausen einen sehr sentimentalen, kindlichen Plauderton.

ROBIN Manchmal ist das frustierte, zornige Kind dabei, durch die Jalousie durchzubrechen; manchmal ist es ruhiger, es läßt sich einfacher verbergen. Dann springen manchmal gleichzeitig beide »Teufel« kampfbereit hinter der Jalousie hervor. Wenn die »Engel«, die »guten« Seiten dominieren, fühlen sich die Partner sehr eng verbunden und erscheinen auch anderen so, vielleicht sogar inniger als normale Paare, die sich gut verstehen. In dieser Phase legen sie alle Streitigkeiten bei und versprechen sich, daß es nie wieder vorkommen soll. Und das glauben sie wirklich. Denn der schlimme Streit von gestern scheint fast nur ein böser Traum gewesen zu sein.

Sie verstehen einfach nicht, wieso das passiert ist, und sie glauben wirklich, daß sie das nie mehr tun werden.

JOHN Weil das Problem ja wieder sicher hinter der Jalousie ist. Es ist wieder sicher verborgen, und sie fühlen sich wieder besser. Aber die Ehe ist doch tatsächlich zerrüttet, weil die Partner völlig an der Wirklichkeit vorbeileben ...

ROBIN Ja. Und das einzig Positive, was sich davon sagen läßt, ist das, was schon über den Schriftsteller Carlyle und seine Frau gesagt wurde: Wenigstens waren sie miteinander verheiratet und konnten daher nicht noch zwei andere Menschen unglücklich machen. Aber wir sollten wirklich betonen, daß nur wenige Ehen so sind, sie sind das Extrem des schlechten Typs Ehe.

JOHN Trotzdem, ich kann mich an Streit erinnern, der genauso klang.

ROBIN Nur wenigen Leuten sind solche Situationen erspart geblieben! Aber gerade weil du dich daran erinnerst, kannst du sehen, daß du das nicht hinter der Jalousie hast. Sonst würdest du gar nichts Vertrautes an diesem Paar entdecken. Daher ist jeder, der sich in dieser Szene wiedererkennt, ein gutes Stück besser dran. Und weil das Problem nicht hinter der Jalousie steckt, ist man der Lösung zumindest schon etwas näher, selbst wenn es bis jetzt noch nicht ganz geschafft ist.

JOHN O.k. Und wie geht's in den normaleren Ehen zu, den »mittelprächtigen«?

Das Puppenhaus und der Pantoffelheld

ROBIN Es gibt natürlich mehr Spielformen mittelprächtiger Ehen als Baumarten, daher werden wir nur ein oder zwei als Beispiele herausgreifen. Ein sehr weit verbreiteter Typ wird nach Ibsens Stück ›Das Puppenhaus‹ benannt. Hier sind die männliche und weibliche Rolle sehr stereotyp verteilt. Er tritt als der große, starke Mann auf, der sehr erwachsen tut, mit seiner Frau wie ein Vater umgeht. Sie ist die arme, hilflose, kleine Frau, ganz abhängiges Kind.

JOHN Wie war diese Geschichte noch mal – der Mann wird krank, und die Frau rettet sein Leben, indem sie mit ihm ins Ausland reist.

ROBIN Ja, und sie muß Opfer bringen, um die Reise zu finanzieren. Der springende Punkt des Dramas ist, daß sie glaubt, dies vor ihm verbergen zu müssen, weil es seinen männlichen Stolz zutiefst kränken würde. Er würde nie verkraften zu wissen, wieviel er ihr schuldet. Mit anderen Worten, er wäre nicht fähig sich einzugestehen, wie abhängig *er* von *ihr* ist.

JOHN Also dreht es sich beim Puppenhaus darum, daß die Frau ganz offensichtlich von ihrem Mann abhängig ist. Daß er auch von ihr abhängig ist, weiß er nicht. Und beide benehmen sich, als ob er es nicht wäre.

ROBIN Genau. Er hat gelernt, daß Männer stark und unabhängig sein müssen. Sie weinen nie, sie brauchen niemanden. Aber er mußte allzu schnell erwachsen werden. So konnte er aus seinen kindlichen Bedürfnissen nicht herauswachsen, sondern mußte das Bedürfnis nach Zuwendung unterdrücken. Deshalb steckt tief in ihm ein unzufriedenes Kind, allerdings kein so verzweifeltes und zerstörerisches, wie das in dem Paar aus ›Wer hat Angst vor Virginia Woolf‹.

JOHN Er hat also ein Baby hinter seiner Jalousie, das Liebe und Aufmerksamkeit braucht, aber er kann das nicht zugeben und um Zuwendung bitten.

ROBIN Nein. Er muß diese emotionale Hilfe in versteckter Form erhalten. Und die übliche Form ist, krank zu werden. Denn wenn er krank ist, muß selbst ein »großer, starker Mann« verhätschelt und verwöhnt werden.

JOHN Du bekommst deine Ration Hege und Pflege, Liebe und Aufmerksamkeit, ohne zugeben zu müssen, daß du das brauchst?

ROBIN Ja, und wenn du noch mehr davon brauchst, inszenierst du noch einen »Nervenzusammenbruch«. Der Trick ist immer, daß der »große, starke Mann« verwöhnt wird, man kümmert sich um ihn, aber er kann sich vormachen, daß man sich um seine Krankheit kümmert, nicht um *ihn*!

JOHN Er kann sich einreden, er litte zufällig an einer psychischen Krankheit und nicht an einem emotionalen Bedürfnis – was er ja als Schwäche ansehen müßte.

ROBIN Genau.

JOHN Und was passiert mit der Frau in der »Puppenhaus«-Ehe?

ROBIN Ihr hat man beigebracht, daß kleine Mädchen lieb und süß sind. Sie darf zutraulich sein, spontan und sensibel, sie darf sogar weinen, weil es ihr erlaubt ist, gefühlsmäßig nicht logisch zu handeln. Aber sie hat auch gelernt, daß sie nie Ansprüche stellen oder aggressiv sein darf, vor allem darf sie Männer niemals übertreffen, um sie nicht zu verunsichern.

JOHN Deshalb klammert sie sich an ihre kindischen Verhaltensweisen. Hat sie anstelle des Babys etwa ihre erwachsene Seite hinter der Jalousie versteckt?

ROBIN Ja, sie hat ihre starke, erwachsene, kompetente Seite dahin gesteckt.

JOHN Und vermutlich auch alle ihre aggressiven Gefühle.

ROBIN O ja, die besonders. Will sie daher ihre Position behaupten, bestimmt oder aggressiv auftreten, muß sie das auf Umwegen tun. Wenn sie einen Erfolg errungen hat, muß sie so tun, als wunderte sie sich selbst, wie sie das eigentlich geschafft hat. Empfindet sie Aggressionen ihrem Mann gegenüber, werden die sich wahrscheinlich nicht offen, sondern eher als zerstörerische Phantasien zeigen.

JOHN Wie die Sorge, er könnte einen Unfall haben.

ROBIN ... und total zerquetscht auf der Straße liegen, ja. Oder sie saugt mit großem Eifer Staub unter seinen Füßen, wenn er gerade gemütlich Zeitung lesen will.

JOHN Oder sie singt lange Klagelieder über unmögliche Verkäuferinnen, über Mutter, das Wetter, die Kinder und weiß der Himmel was noch, bis es ihm endlich zu dämmern beginnt, daß das alles seine Schuld sein könnte.

ROBIN Genau. Aber der springende Punkt ist ja, sie bemerkt nicht, daß sie ärgerlich ist; genausowenig ist ihr bewußt, daß sie stark und bestimmt sein kann. Das alles wird hinter die Jalousie verfrachtet.

JOHN O.k. Und was war so anziehend, als sie sich erstmals trafen?

ROBIN Sie entdeckten einfach, daß sie wie ein Puzzle zusammenpaßten: Auf der bewußten Ebene ist sie genau der Typ Frau, den seine Familie für ihn wünscht, und er der Typ Mann, den ihre Familie mit Wohlwollen betrachtet. Gleichermaßen passen sie auf der unbewußten Ebene zusammen, wo sie einen Handel schließen: Sie akzeptiert sein »Baby«, und dafür wird er mit ihrer zäheren, erwachsenen Seite fertig.

JOHN Was meinst du mit »sie akzeptiert sein ›Baby‹«?

ROBIN Sie haben doch beide eine unreife, kindische Seite. Aber sie kann vorgeben, auch seine kindischen Gefühle zu leben. Sie ist kindisch genug für beide. Während er vorgibt, die Erwachsenenseiten beider ganz allein zu übernehmen: die Entscheidungskraft, Kompetenz und Entschlossenheit. Daher ergänzen sie sich ganz gut, und die Dinge hinter der Jalousie sind nicht mehr so problematisch, wenn sie sich versteckt äußern. Das Paar funktioniert zusammen meist besser als der einzelne allein.

JOHN »Meist« sagst du – wann also nicht?

ROBIN Der Haken ist, daß sie die kindischen Gefühle beider hat, während er alle Verantwortung trägt. Daher werden sie sich wahrscheinlich in die »Ich bin Tarzan – du bist Jane«-Rollen verrennen, die immer extremere Formen finden. Es fällt ihm immer schwerer, spontan zu sein, zu spielen, sich zu entspannen und sich zu freuen. Und das wird ihn mit der Zeit belasten, obwohl er die Ursache nicht kennt.

JOHN Während sie immer mehr Zeit zu Hause verbringt und vor neuen Aktivitäten außerhalb dieses Bereichs zurückschreckt.

ROBIN Ja, sie verbringt den Großteil ihrer Zeit damit, Marmelade einzukochen und Sandburgen mit den Kindern zu bauen. Teilweise möchte sie schon interessantere, »erwachsenere« Dinge anpacken, aber sie wird immer unsicherer und traut sich nicht einmal den Versuch zu.

JOHN Aber dieses Arrangement funktioniert in gewisser Weise, selbst wenn beide ziemlich eingeengt sind?

ROBIN O ja. Denn mit diesem System ist immerhin der Wilde Westen erobert und das Britische Imperium begründet worden! Und in ›Dallas‹ scheint das ja noch ganz gut zu funktionieren.

John Und wann zerbricht die »heile Welt«?

Robin Wenn einer der Partner nicht mehr bereit ist, Jane oder Tarzan zu spielen. Obwohl diese Unzufriedenheit ganz unbewußt sein kann, wird sofort, wenn einer versucht, das Gleichgewicht zu ändern, der andere verzweifelten Widerstand leisten. Und weil es ungeheuer schwer ist, diese Tarzan-Jane-Form von nur einer Seite zu zerbrechen, wird sich die ursprüngliche Balance bald wieder einpendeln.

John Was genau passiert denn, wenn einer versucht, sich zu verändern?

Robin Nehmen wir zuerst mal den starken, großen Tarzan. Angenommen, er hat mehr Streß bei seiner Arbeit, als er ertragen kann. Sein Baby hinter der Jalousie wird unzufrieden, ist nörgelig und möchte gepäppelt werden. Diese hervorbrechenden hilflosen, kindischen Gefühle beunruhigen ihn, und er kann depressiv werden, die Verantwortung abschieben und sich an seine Frau anlehnen wollen. Aber das steht nicht in der Tarzan-Jane-Rolle, und deshalb ängstigt es sie und macht sie nervös.

JOHN Denn wenn sie auf ihn eingeht, müßte sie ja selbst verantwortlicher werden – und daher ein paar Dinge hinter ihrer Jalousie hervorholen.

ROBIN Genau, die Balance ihres ganzen Abkommens wird gestört, und das ist für beide arg beängstigend. Er fühlt sich schlecht dabei, seine Bedürfnisse zu zeigen, seine »Schwächen«. Sie hat Angst davor, mehr Kontrolle zu übernehmen. Daher widersteht sie dieser Störung, indem sie das alte Gleichgewicht aufrechterhält. Sie kann vielleicht noch depressiver oder leidender werden als er. Oft geht sie zum Arzt, obwohl doch er unter Streß litt und depressiv war. Und der Doktor wundert sich natürlich, warum seine Pillen nicht wirken!

JOHN Und was passiert mit dem Mann?

ROBIN Sie zwingt ihn zurück in diese Rolle des großen, starken Mannes, indem sie noch hilfloser wird und ihn so dazu bringt, sich um sie zu sorgen. Auf diese subtile Weise, ohne zu durchschauen, was sie tut, hält sie ihn auf Trab. Er muß einfach »stark« sein, um sich um sie kümmern zu können! Genauso wie ein erschöpfter Soldat noch einen Verwundeten schleppt, obwohl schon für ihn allein seine Kräfte nicht mehr ausreichen.

JOHN Ja, aber was passiert denn mit seiner Depression oder seiner Krankheit? Wird sie nicht schlimmer?

ROBIN Ach, weißt du, der Streß hört ja mal auf, oder er wird besser fertig damit, oder er fängt einen anderen Job an oder so. Früher oder später wird sein »Baby« dann wieder ganz friedlich und bedroht das eheliche Arrangement nicht mehr.

JOHN Und dann darf es ihr auch besser gehen?

ROBIN Ja, denn der Zweck der Krankheit ist ja erreicht worden! Und ihr Doktor freut sich, daß die neuen Pillen jetzt wirken ...

JOHN In einer »Puppenhaus«-Ehe widersteht also immer ein Partner jeder Veränderung, selbst wenn ein Partner manchmal unzufrieden sein mag. Dabei hilft natürlich, daß derjenige, der die Veränderung wünscht, sich eh schlecht dabei fühlt.

ROBIN Ja. So bleibt die Beziehung recht stabil, aber beengend.

JOHN Nehmen wir mal an, einer der Partner ist entschlossen, etwas zu verändern. Die Frau schließt sich der Frauenbewegung an, oder der Mann bricht aus dem Käfig des Alltags aus.

ROBIN Das sind Belastungen, an denen solche Beziehungen oft zerbrechen.

JOHN Sie können wirklich damit nicht fertig werden?

ROBIN Nein, nicht ohne daß dem Partner, der sich nicht ändern will, von außen bei seiner Veränderung geholfen wird.

JOHN O.k. Wie ist das denn mit den »Puppenhaus«-Ehen, in denen die Frau die starke Rolle spielt?

ROBIN Da ist natürlich das bekannteste Beispiel der Pantoffelheld aus dem Witzblatt. Genauso wie die »Puppenhaus«-Ehefrau will er keinerlei Verantwortung tragen, er will nicht für sich einstehen oder sich richtig um seine Frau kümmern. Er benimmt sich in der Tat wie ein Kind. Aber irgend jemand in der Familie muß der Erwachsene sein und sich um alles kümmern – daher übernimmt die Frau das Kommando. Sie wird fast zu seiner Mutter. Aber letztlich befriedigt ihre Rolle sie nicht ganz, und das macht sie zänkisch und giftig.

JOHN Sie behauptet sich und ist aggressiv genug für zwei, weil er ja seinen Anteil nicht leistet. Und da sie eine doppelte Ladung hat, ergießt sich etwas davon über ihn.

ROBIN Genau.

JOHN Das habe ich in meinen eigenen Beziehungen mit Frauen bemerkt. Wenn ich zu passiv bin, scheint das die Frauen aggressiv zu machen. Wenn ich dann absichtlich aggressiver bin, wird die Frau weniger aggressiv – als ob ein natürliches Gleichgewicht erreicht sei.

ROBIN. Ich sehe diese Art ausgleichenden Balanceakt bei jedem Paar, das zu mir in die Praxis kommt, und mir geht es in meiner Ehe genauso. Das scheint allgemein so zu sein – wenn ein Partner nicht sein Maß an Bestimmtheit und Aggression wahrnimmt, dann ist der andere gezwungen, sein Volumen zu erhöhen.

JOHN Warum ist denn die Frau in diesem Typ Ehe zum »Tarzan« geworden?

ROBIN Sie hat in ihrer Familie wiederholt die Angst erlebt, verletzbar und abhängig zu sein. Daher ist ihre kindliche, bedürftige Seite hinter die Jalousie gesteckt worden. In diesem Typ Ehe kann sie sie auch da belassen, weil sie einen Mann gewählt hat, der diese Seite ganz übernimmt.

JOHN Er hat also seine erwachsene Seite weggesteckt und vermeidet ängstlich, bestimmt zu erscheinen und Kontrolle auszuüben. Das macht alles sie für ihn.

ROBIN Das ist also eine genaue Umkehrung des »Puppenhauses«. Die

Ehe ist wieder ganz stabil, aber sie fühlen sich beide manchmal durch diese strikte Rollenverteilung recht eingeengt. Auch für dieses Paar ist es sehr schwierig, etwas zu verändern.

JOHN Aber angenommen, eines lauen Frühlingsmorgens fühlt sich der Mann auf einmal sehr viel entschlossener und erwachsener. Was geschieht dann?

ROBIN Sie kritisiert ihn ja laufend für seine Unzuverlässigkeit. Aber sobald sich seine verantwortliche Seite zeigt, spürt sie sofort, daß sie abhängiger und verletzlicher werden könnte. Also wird sie die Jalousie noch sorgfältiger in Position halten.

JOHN Sie wird noch mehr als sonst behaupten, daß sie weder Hilfe noch Zuneigung braucht.

ROBIN Und um ihre vertraute Rolle zu schützen, wird sie seine erwachsene Haltung sabotieren und ihm sagen, daß es einfach nichts bringt und er nicht fähig ist, sich um sie zu kümmern, selbst wenn er das gern möchte.

JOHN Sie meint, sie hat das alles schon mal miterlebt, und, seien wir doch ehrlich, er sei eben ein hoffnungsloser Fall.

ROBIN Und da der Ärmste sowieso nicht viel Selbstvertrauen hat, wird er das bald aufgeben und seine erwachsene Seite wieder hinter die schützende Jalousie schieben. Das ist die eine Möglichkeit. Andererseits könnte sie auf einmal ihre Verletzlichkeit zeigen und ihn damit wissen lassen, daß sie ihn wirklich braucht, seine Hilfe und seine Zuneigung nötig hat – was ihn natürlich zu Tode erschreckt, denn er meint, diese Probe nie bestehen zu können.

JOHN Um sicher zu sein, wird er noch nachlässiger.

ROBIN Er untergräbt ihre Annäherung, indem er sagt: »Was hast du denn eigentlich vor? Jetzt auf einmal, wenn *du* willst, geht's plötzlich!« Und da ihre Möglichkeiten, sich zu öffnen, sich mitzuteilen, doch recht beschränkt sind, gibt sie bald auf und denkt: »Ach, was soll's, ich wußte ja von Anfang an, daß das zu nichts führen würde.«

JOHN Und dann sind sie wieder da, wo sie angefangen hatten. Selbst wenn das für beide nicht besonders zufriedenstellend ist, fühlen sie sich doch heimisch in diesen Gefühlen.

ROBIN Genau. Weil sie das auch zu Hause schon so erlebt haben, erinnerst du dich? Deshalb haben sie ja auch einander geheiratet.

JOHN Das hat eine alles umfassende, enorme, verrückte Logik. Aber eins finde ich nicht ganz logisch. In der schlechten Virginia-Woolf-

Typ-Ehe hatten die Partner dasselbe in der Schaufensterauslage – die Engel – und auch dasselbe hinter der Jalousie – die Teufel. Aber in der »Puppenhaus«-Ehe und dem »Pantoffelheld«-Modell hat einer das Baby hinter der Jalousie, und der andere hat es davor. Die Jalousie ist am gleichen Platz, aber die Partner ergänzen einander, anstelle identisch zu sein. Heißt das nicht, daß *einige* Paare sich attraktiv finden, weil sie dieselben Erfahrungen in ihren Familien gemacht haben, und *andere*, weil sie unterschiedliche familiäre Hintergründe haben.?

ROBIN Du hast schon recht. Du hast bemerkt, daß meine Erklärung etwas zu simpel ist. Ich muß die Sache ein bißchen komplizierter machen. Dieses erste Verstecken eines Gefühls führt später dazu, weitere damit verknüpfte Gefühle zu verstecken. Nehmen wir zum Beispiel jemanden, der Zorn um seiner Familie willen hinter der Jalousie hat. Also kann er sich nicht mehr richtig behaupten, er verliert das Selbstvertrauen und hat Angst vor Auseinandersetzungen. Plötzlich kritisiert ihn dann die Familie deswegen und schimpft ihn einen Feigling. Deshalb versteckt er jetzt seine ganz natürliche Angst und sein Bedürfnis nach Hilfe vor anderen und auch vor sich selbst. Damit ist das alles auch hinter der Jalousie! Ein

Therapeut muß manchmal einem Patienten helfen, eine Jalousie nach der anderen hochzuziehen, um schließlich bei dem grundlegenden eigentlichen Familientabu anzugelangen.

JOHN Wenn also jemand Gefühl X versteckt und dann auch seine Furcht vor Gefühl X, dann kann das von außen so aussehen, als ob er sich ganz gut dabei fühlt. Aber wie verhält sich das zu der Art, wie Leute einander aussuchen?

ROBIN Das erklärt, warum schon was Wahres ist an dem Sprichwort: »Gegensätze ziehen sich an«, obwohl das ja zunächst einmal unserer These zu widersprechen scheint. Hier ein typisches Puppenhaus-Beispiel eines Paares, das zu mir kam, weil die Frau dauernd krank war. Sie war sehr schüchtern und ängstlich, während ihr Mann selbstsicher und offensichtlich stark war. Aber es zeigte sich schon bald, daß sie beide sehr gelitten hatten unter dem Tod ihrer Väter, als sie gerade sechs Jahre alt waren. Auf einer tieferen Ebene waren sie sich ähnlich, und beide hatten ihre Trauergefühle weggefegt. Sie wurde mit traurigen Ereignissen fertig, indem sie sich krank fühlte, während er sich »stark« gab und sich um sie kümmerte.

JOHN Dann sind also die äußeren, oberflächlichen Unterschiede zwischen Partnern nur möglich, weil sie verschiedene Rollen spielen können, um mit demselben Problem fertigzuwerden. Aber gibt es einen grundlegenden Unterschied zwischen den wirklich destruktiven Beziehungen und den mittelprächtigen?

ROBIN Wenn sehr viel hinter der Jalousie ist und das Ganze sehr unter Druck steht und zu platzen droht – wie es bei sehr unglücklichen Beziehungen ist –, dann gibt es eher Konflikte und Konkurrenzsituationen. Wenn die Partner sich ergänzen und gegenteilige Rollen spielen, ist es einfacher. Sie können den Raum ihren Gegensätzen entsprechend zwischen sich aufteilen und kommen besser zurecht. Wie gut, ist natürlich die andere Frage.

JOHN Eine große Anzahl der mittelprächtigen, alltäglichen, normalen Ehen zeigen aber auch Merkmale der »Puppenhaus«- oder »Pantoffelheld«-Ehen, oder?

ROBIN Ja, sogar eine ganze Menge davon, obwohl in weniger störender Form.

JOHN Darüber bin ich froh, denn ich habe ein paar Anzeichen dafür bei mir selbst entdeckt.

ROBIN Zum Beispiel?

JOHN Als ich zuerst in deine Gruppe kam, war ich sehr in der Tarzan-Rolle. Ich fühlte mich stark und vermißte keinerlei Hilfe oder Zuneigung. Ich habe wirklich geglaubt, ich könnte ohne auskommen! Ich erinnere mich, wie du mir ganz sanft beigebracht hast, daß ich sie doch brauchte, und wie furchtbar schwer es war, mir das einzugestehen. Aber wenn es einem ein paar tausend Mal sanft angedeutet wird ..., na ja, zuerst denkt man, es könnte ja möglich sein ..., und dann beginnt man schließlich, das Bedürfnis auch selbst zu empfinden. Ich lernte auch zu sehen, wie ich mich wegwandte, sobald ich darauf stieß.

ROBIN Es ist schon sehr überraschend am Anfang, nicht? Aber dann wird man immer neugieriger darauf.

JOHN Ja, man ertappt sich wirklich selbst – und bemerkt auch eine langsame Veränderung. Ist das nur, weil man sich klarer sieht?

ROBIN Ja, wenn du erst einmal das Stück von dir, das du bisher versteckt hast, annimmst, dann ergibt sich auch eine bessere Balance der ganzen Persönlichkeit.

JOHN Aber ich erinnere mich auch, wie unangenehm mir diese Entdeckungsreise war. Es schien fast ein Zeichen von Schwäche oder Inkompetenz zu sein, auf einmal vor mir selbst zuzugeben, daß ich Zuneigung brauchte. Was noch schlimmer war: geradeheraus, ohne Umschweife nach Zuneigung zu fragen! Fast könnte man es schon als Scham bezeichnen, was ich bei diesem Prozeß fühlte.

ROBIN Wahrscheinlich hast du dieses Bitten um Zuneigung mit den »schlechten« Gefühlen in Zusammenhang gebracht, die dich ja gezwungen hatten, das Bedürfnis nach Zuneigung hinter die Jalousie zu stecken. Und als es wieder dahinter hervorkam, waren die schamhaften Gefühle, die du ursprünglich empfandest, ebenfalls wieder dabei, zumindest eine gewisse Zeitlang. Deshalb braucht die Therapie Zeit, manchmal fühlt man sich schlecht, während es einem in Wirklichkeit schon besser geht.

JOHN Während man sich verändert, hat man auch so ein komisches Gefühl, nicht! Plötzlich weißt du, daß du im Neuland bist, und das ist ungewohnt, ziemlich verwirrend und riskant.

ROBIN Deshalb braucht das Glücklichsein auch viel Übung!

JOHN O.k. Wir haben zwei Beispiele mittelprächtiger Ehen gesehen. Und wie sehen die aus, die am anderen Ende des Spektrums sind, die gesündesten Beziehungen?

Die gesündesten Ehen

ROBIN Seltsamerweise haben die Therapeuten den gesunden und guten Ehen bis vor zehn Jahren fast keine Beachtung geschenkt, und wir wissen entsprechend wenig darüber. Obwohl jetzt schon einige Forschungsergebnisse vorliegen, werden die Erkenntnisse immer noch ignoriert. Das ist sehr merkwürdig.

JOHN Ja, das finde ich auch. Ich habe auch einige Seelenonkels über die diesbezügliche Forschung befragt, aber sie wußten nichts darüber. Vielleicht behalten sie's für sich, weil sie sonst verunsichert würden, wer weiß! Was sind denn die wichtigsten Ergebnisse?

ROBIN Um es in einem Satz zusammenzufassen: Je weniger die Partner hinter die Jalousie gesteckt haben und je mehr sie bereit sind, sich damit auseinanderzusetzen, wenn der andere Partner sie auf etwas hinweist, um so mehr können sie sich als Individuen entwikkeln und wachsen, und damit wird ihre Beziehung immer wertvoller.

JOHN Du meinst, sie sind nicht eingeschränkt durch die Anstrengung, die Jalousie immer schön dicht zu halten. Und sie müssen nicht ständig um die Balance in ihrer Partnerschaft fürchten.

ROBIN Jeder hat mehr Raum zu wachsen, seine Möglichkeiten zu erforschen und ein erfülltes Leben zu führen. Somit können sie einander auch viel mehr geben. Und weil sie vielseitiger sind, haben sie auch mehr Freude aneinander. Ihre Tendenz ist positiv steigend.

JOHN Haben sie besondere, typische Merkmale?

ROBIN Eine grundlegende Voraussetzung ist die Fähigkeit, mit Veränderungen leicht fertigzuwerden. Das hat auch die Forschung bestätigt.

JOHN Vermutlich ist das wieder darauf zurückzuführen, daß sie sich nicht fürchten vor den Dingen, die hinter der Jalousie entdeckt werden könnten, wenn sich ihr Leben ändert.

ROBIN Das ist sicher ein Grund. Sie helfen einander sogar, diese Gefühle ans Licht zu bringen. Anders ausgedrückt, sie wissen um die Notwendigkeit, Kritik zu üben, sie tun das meist sehr konstruktiv und hilfreich – und im rechten Augenblick.

JOHN Aber jede Kritik schmerzt, vorausgesetzt, es ist ein Funke Wahrheit dran, oder?

ROBIN Nur wenn sie etwas berührt, das hinter der Jalousie ist.

JOHN Wirklich?

ROBIN Weil dann unser Selbstgefühl angeschlagen wird. Das tut weh.

JOHN Du meinst also, wenn wir uns des Fehlers schon bewußt sind, tut es nicht weh, wenn uns jemand darauf hinweist.

ROBIN Nicht, wenn wir ganz vertraut damit sind – jedenfalls ist das meine Erfahrung.

JOHN Sind diese »gesündesten« Paare denn so gesund, weil sie von Anfang an nicht so viel hinter der Jalousie hatten? Oder weil sie beide bereit waren nachzuschauen, was darunter versteckt war?

ROBIN Es könnte beides sein. Einige Leute sind von vornherein besser dran, weil sie aus glücklichen Familien kommen – was wirklich das beste ist, was einem passieren kann. Andere starten unter weniger guten Voraussetzungen, sind daher weniger »ganz«, aber sie hatten das Glück, einen Partner zu finden, der ihnen die Angst nahm vor dem, was hinter der Jalousie steckt. Dann haben sie die Unterstützung, die Liebe, die sie brauchen, um das Unbehagen ertragen zu können, das bei dem Versuch entsteht, mit den versteckten Teilen ihrer Persönlichkeit in Kontakt zu kommen und sie aufzudecken. Durch dieses Bemühen werden sie fähig, sich zu ändern und sich aufwärts, dem »gesunden Ende des Spektrums« zuzubewegen.

Es geht aufwärts – sich ganz machen

JOHN So schlägst du also nun vor, möglichst alles hinter der Jalousie hervorzukramen?

ROBIN Das wäre das Ideale, der strahlende Stern am Firmament, nach dem wir uns ausrichten, aber ich glaube kaum, daß das irgend jemand erreicht, was auch nicht wirklich notwendig ist.

JOHN Aber wir können uns dem zumindest nähern?

ROBIN Ganz bestimmt. Ich glaube, eine Menge Leute werden sich selbst bewußter, ohne sich darum zu bemühen. Andere wollen plötzlich von sich aus ein bißchen an sich arbeiten und machen dadurch schneller Fortschritte als andere.

JOHN Könnte das George und Martha passieren, dem Paar aus ›Virginia Woolf‹?

ROBIN Wirklich destruktive Beziehungen wie diese ändern sich gewöhnlicherweise nicht. Es gibt halt so *viel* hinter der Jalousie, und es verursacht so viel Angst, daß sie einfach nur versuchen, die Jalousie so fest wie möglich zu halten. Es scheint sicherer, im Gewohnten zu verharren und weiterzukämpfen.

John Ist eine Veränderung überhaupt möglich?

Robin Nur wenn ein Außenstehender dem Paar hilft. Sie können den Berg an Tabus und Ängsten nicht allein bewältigen.

John Wenn ihnen ein Seelendoktor begegnen würde?

Robin Selbst *wenn* das so wäre, gibt es Grenzen für die Hilfe in dermaßen schlechten Beziehungen. Man kann ihnen während der Krise helfen, aber meistens ist es einfach besser für sie, den Teppich ausgebreitet zu lassen.

John Was würde denn passieren, wenn man am Teppich ein bißchen zöge?

Robin Es wäre einfach zu schmerzvoll für sie. Wenn der Therapeut sie dazu zwänge, würden sie lediglich gemeinsam ihre alte Position gegen ihn verteidigen – und nicht mehr zur Behandlung kommen. Er hätte ihnen eine Menge Unbehagen bereitet, für nichts und wieder nichts. Sie würden ihm keine Gelegenheit geben, ihnen zu helfen und dem nächsten Berater noch weniger Vertrauen entgegenbringen. Er wäre sehr schlecht beraten, ihnen Zwang anzutun.

John O.k. Schauen wir uns die mittelprächtigen Ehen an. Die Ehen dieser Art könnten sich ändern, die Partner könnten ihre Jalousien aufrollen und sich auf das gesunde Ende des Spektrums zubewegen?

Robin Ja, das könnten sie. Es hängt alles davon ab, wie sie zu dem stehen, was hinter der Jalousie ist. Vielleicht wollen sie die schlafenden Hunde nicht wecken, alles beim alten lassen und so das Unbehagen vermeiden, das das Hochrollen der Jalousie immer mit sich bringt. Vergiß nicht, diese Beziehungen sind recht stabil, selbst wenn sich die Partner gelegentlich eingeengt fühlen.

John Nehmen wir mal an, es tauchen Probleme auf, und sie kommen zum Seelendoktor.

Robin Mit mittelprächtigen Ehen können wir gute Fortschritte machen. Wir können ihnen helfen, hinter die Jalousie zu schauen – *wenn* sie das wollen.

John Was wäre, wenn ein »Puppenhaus«-Paar in Behandlung käme?

Robin Nehmen wir mal an, sie kommen, weil der Mann sich sehr gestreßt fühlt und wirklich Unterstützung braucht, um die er aber nicht bitten kann, weil er seinen kindlichen Teil hinter der Jalousie verborgen hält. Infolgedessen wird die kindliche Seite immer widerspenstiger und keift immer lauter, bis sie in subtiler Weise bemerkbar wird.

JOHN Die Frau beginnt sich vor der auf sie zukommenden Verantwortung zu ängstigen, denn sie hat ja zu ihrer erwachsenen Seite nur einen sehr mangelhaften Kontakt. Du sagtest, sie reagiert, indem sie noch ängstlicher und depressiver als gewöhnlich wird.

ROBIN Genau. Wenn der Therapeut das bemerkt, kann er dem Mann versichern, daß es ganz normal, natürlich, ja gesund ist, diese kindliche, bedürftige Seite auszudrücken, daß es im Gegenteil eigentlich erstaunlich und beängstigend ist, daß er diese Seite so selten zeigt. Das vermindert die Furcht des Mannes und erlaubt ihm, seine Bedürfnisse zu sehen und die Hilfe seiner Frau ab und zu in Anspruch zu nehmen. Gleichzeitig wird der Frau gezeigt, daß sie ihm am meisten nutzt, wenn sie ihm hilft, die verborgenen Dinge anzunehmen, anstatt sich davor zu verschließen. Ebenso ist ihr erlaubt, sich mehr zu behaupten – den Teil zu zeigen, der fähig und führungskräftig ist.

JOHN Indem der Therapeut sie beide darin bestärkt, die verborgenen Gefühle zu akzeptieren, ermöglicht er ihnen, einander wachsen zu helfen, anstatt einander zu begrenzen.

ROBIN Genau. Und das Tolle ist, nach einer gewissen Zeit kommen sie ganz allein mit sich zurecht.

JOHN Wenn wir dasselbe Prinzip auf die »Pantoffelheld«-Ehe anwenden, dann muß der Therapeut ihr zeigen, wie sehr sie sich davor ängstigt, dem Mann mehr Verantwortung zu überlassen.

ROBIN Und gleichzeitig gibst du ihr auch genug Unterstützung, damit sie die damit verbundenen unangenehmen Gefühle ertragen und erkennen kann, daß sie ihm nicht mehr Verantwortung zutraut, weil sie selbst Angst hat, enttäuscht zu werden. Währenddessen muß der Mann lernen, die Angst vor ein bißchen mehr Verantwortung zu ertragen. Er lernt jetzt auch, das verletzliche kleine Mädchen hinter ihrer Jalousie zu erkennen, und er versteht, daß die herrische Mutterfigur nur deshalb dominiert, weil er sich nicht richtig um das kleine Mädchen gekümmert hat. So kann die ganze Beziehung in eine bessere Richtung gelenkt werden.

JOHN Du erhellst eigentlich nur, wie sie in diesem System eingesperrt sind, das sie die Wahrheit nicht sehen läßt.

ROBIN Ja. Ich finde, es hilft am meisten, nur das Positive dieser Zwangslage anzudeuten, wie Jane sich aufopfert, hilflos bleibt, nur um Tarzan stark erscheinen zu lassen. Oder wie der Pantoffelheld seine Frau davor schützt, sich verletzlich und schwach zu fühlen, indem er ihr alle Verantwortung überläßt. Sobald sie das Muster teilweise erkennen und beginnen, gemeinsam daran zu arbeiten, können sie nicht umhin, auch die andere Seite der Medaille in Angriff zu nehmen.

JOHN Da haben wir also an einem Ende des Spektrums die Georges und Marthas dieser Welt, die verzweifelt ihre Jalousie festhalten, weil sich dahinter so viel angesammelt hat. Am anderen Ende sind die Paare, die immer wieder die Jalousie aufrollen und das wenige, was da ist, aufarbeiten. Und dazwischen ist der Rest von uns.

ROBIN Ja, aber bitte denk dran, daß die Extreme statistisch wirklich ein sehr kleiner Teil sind. Die meisten Leute sind irgendwo in der Mitte, so wie es halt mehr Leute von durchschnittlicher Körpergröße als Zwerge oder Riesen gibt.

JOHN Ich bin demnach offensichtlich ein mittelprächtiger Typ, während am anderen Ende natürlich ihr Seelenonkels seid.

ROBIN Sonst noch Witze, John?

JOHN Also, jeder weiß doch, Psychiater sind ganz schön verkorkst – ich hab mehr Witze über Psychiater gehört, als Haare auf meinem Kopf sind! Oder glaubst du das nicht?

ROBIN Ich glaube nicht, daß wir verrückt sind – ich vermute eher, wir sind auch so in der Mitte.

JOHN Wirklich? Aber wie kannst du dann anderen helfen?

ROBIN Sieh das doch so: Wenn du selbst nie ernsthaft Probleme gehabt hast, nie dieses unangenehme Gefühl erleiden mußtest, das beim Aufrollen der Jalousie entsteht – dann bist du wahrscheinlich auch nicht besonders gut geeignet, anderen Leuten in dieser Situation zu helfen. Du könntest durch Wissen oder selbst durch Intuition ihre Erfahrung niemals voll mitempfinden. Es würde mich zudem sehr überraschen, wenn ein vollkommen gesunder Mensch diese Arbeit überhaupt machen wollte. Ich vermute, die wären zwar hilfsbereit und auch recht nett, aber sie würden es wohl kaum beruflich machen wollen.

JOHN Das kommt ein bißchen unerwartet.

ROBIN Versuch's mal andersrum. Beim Klettern ist dir der am nächsten kletternde Bergführer am nützlichsten für dich, denn der hundert Meter höher Kletternde kann dir nicht viel helfen, oder?

JOHN Das erinnert mich an einen Vortrag von Krishnamurti – weißt du, ich merkte, wie neidisch ich auf diese Leute war, die so extrem gesund sind. Ich beneidete sie, auch wenn sie vielleicht schlechte Therapeuten abgaben.

ROBIN Na klar, ich auch!

JOHN Also, ich finde das doch recht verwunderlich, daß die Therapeuten diese Forschung über gesunde Leute so lange ignoriert haben. Vielleicht sind die auch neidisch und wollen deshalb nichts davon wissen. Weil durch diese gesunden Leute für alle in diesem Geschäft offenbar wird, daß die meisten von uns in der Mitte liegen oder doch nicht so weit entfernt.

ROBIN Vielleicht. Und wenn wir Mittelmaß sind, haben wir eben auch mittelmäßige Fehler, wie zum Beispiel Neid. Warum sollten wir anders sein als die anderen?

JOHN Aber ehrlich, wenn wir, um gesünder zu werden, nur dieses Zeug hinter der Jalousie hervorzerren müßten, warum tun wir das dann so selten?

ROBIN Weil es weh tut, wenn du dich kurz zurückbesinnst! Die Jalousie zu lüften ist schmerzhaft. Und, was schlimmer ist, es geht einem so schlecht, als machte man etwas falsch. Ich hatte vorher gesagt, daß wir diese Dinge wegstecken, weil das eine Art Verhaltensmuster in unserer Familie ist. Dieses Muster wird weitergegeben, weil die ganze Familie sich bedroht fühlen würde, sollte ein Mitglied das tabuisierte Gefühl auch nur andeutungsweise zeigen.

JOHN Dann würde die Familie zum Angriff übergehen.

ROBIN Oder dieses Familienmitglied ignorieren – was ja genauso schlimm ist. Derjenige würde einfach unmöglich gemacht, ausgestoßen. Und diese Zurückweisung von der Familie ist eine zutiefst angstauslösende Erfahrung, sie trifft ins Mark, besonders bei kleinen Kindern.

JOHN Und wenn man die Gefühle ans Licht bringt, kommen diese alten Ängste auch wieder?

ROBIN Ja, wir fühlen uns, als ob wir allein gegen die ganze Familie angingen, als ob wir all ihre Liebe und Unterstützung verlieren könnten. Und darum brauchen wir jemanden, der uns dabei hilft.

JOHN Einen Therapeuten, meinst du.

ROBIN Vielleicht in den ernsteren Fällen. Allerdings können sich vor allem Menschen ohne ernstliche Schwierigkeiten auch allein ein gutes Stück weiterbringen. Aber für eine gründlichere Erforschung ist es nützlich, jemanden aus einer anderen Familie dabeizuhaben, damit bei den beiden nicht dieselben blinden Flecken zurückbleiben. Ideal ist jemand, dessen Familie nicht gleich, aber ähnlich ist, so daß er uns besser versteht.

JOHN Ich höre schon die Geigen – als nächstes wirst du kundtun, daß unsere Partner die besten Seelenonkels sind.

ROBIN Das kann schon so sein!

Veränderungen sind gut – und schlecht...

JOHN Ich wüßte gern mehr über diese »wirklich gesunden Familien«, die erforscht worden sind. Was unterscheidet sie denn von anderen Familien?

ROBIN Manches. Aber der grundlegendste Unterschied ist ihr Umgang mit Veränderungen.

JOHN Schlimmen Veränderungen?

ROBIN Nein, mit allen Veränderungen.

JOHN Was ist denn so schwierig beim Umgang mit guten Veränderungen?

ROBIN Das mag überraschen, aber die Wissenschaftler haben herausgefunden, daß *jede* Veränderung Streß hervorruft. Schau dir mal diese Tabelle* an.

Ereignis	*Streßfaktor*
Tod des Ehepartners	100
Scheidung	73
Trennung in der Ehe	65
Gefängnis	63
Tod eines nahestehenden Verwandten	63
Verletzung oder Krankheit	53
Heirat	50
Entlassung	47
Versöhnung mit dem Ehepartner	45
Pensionierung	45
Veränderung der Gesundheit bei einem Familienmitglied	44
Schwangerschaft	40
Schwierigkeiten beim Sex	39

* aus: Journal of Psychosomatic Research, Band 11. Oxford: Pergamon Press 1967. Übertragen auf britische Verhältnisse der achtziger Jahre von Thomas H. Holmes und Richard H. Rahe.

Aufnahme eines neuen Familienmitglieds	39
Geschäftliche Veränderung	39
Veränderung in persönlichen Finanzen	38
Tod eines Freundes	37
Berufliche Veränderung	36
Veränderung in der Häufigkeit von Streitigkeiten mit dem Ehepartner	35
Hypothek von mehr als DM 60000	31
Verfallserklärung einer Hypothek oder eines Darlehens	30
Neuer Verantwortungsbereich bei der Arbeit	29
Sohn oder Tochter verlassen das Haus	29
Ärger mit den Schwiegereltern	29
Besondere persönliche Leistung	28
Ehefrau beendet oder beginnt eine Arbeit	26
Schulanfang oder -abschluß	26
Veränderung der Wohnbedingungen	25
Bewußte Veränderung persönlicher Gewohnheiten	24
Ärger mit dem Chef	23
Wechsel der Arbeitszeit und/oder -bedingungen	20
Wechsel des Wohnortes	20
Wechsel der Schule	20
Veränderung der Freizeit	19
Veränderung der kirchlichen Aktivitäten	19
Veränderung der gesellschaftlichen Aktivitäten	18
Hypothek oder Darlehen von weniger als DM 60000	17
Veränderung der Schlafgewohnheiten	16
Wechsel der Häufigkeit von Familienbesuchen	15
Andere Eßgewohnheiten	15
Ferien	13
Weihnachten	12
Geringfügige Gesetzesüberschreitungen	11

ROBIN Wie du siehst, wird der Tod des Ehepartners als der größte Streßfaktor angesehen – und mit hundert bewertet. Je mehr Einheiten du in einer bestimmten Periode verkraften mußt, desto größer ist die Wahrscheinlichkeit, krank zu werden.

JOHN Es ist verständlich, daß schwanger sein oder ein Kind zu haben nicht nur schön, sondern auch stressig ist. Aber es ist erstaunlich, daß die Versöhnung mit einem getrennt lebenden Partner auch Streß verursacht, und zwar mit fünfundvierzig Punkten zu Buche schlägt! Genauso wie weniger Streit mit dem Ehepartner fünfunddreißig Punkte kostet. Vermutlich wäre ich reif für die Klapsmühle, wenn mein Leben auf einmal perfekt würde. Wie kommt das denn, Doktor?

ROBIN Wenn unser Leben sich verändert, ob zum Guten oder Schlechten, müssen wir uns dem anpassen.

JOHN Ja, aber was geschieht wirklich, wenn wir uns anpassen? Was geht in unseren Köpfen vor sich?

ROBIN Um das zu erklären, muß ich einen neuen Gedanken einführen.

JOHN Aber bitte!

ROBIN Dieser Gedanke taucht übrigens immer wieder auf. Wir haben eine Art Landkarte in unserem Kopf, das heißt ein Bild von der Welt, wie wir sie uns vorstellen, das mit unseren äußeren Umständen übereinstimmt. Und wir benutzen diese Karte als Führer für unser Verhalten.

JOHN Ist da alles drauf, was unser Leben betrifft? Unsere Frau, Kinder, Eltern, Freunde, Haus, Wohngegend, Büro ...

ROBIN Alles, was unser Leben irgendwie berührt und uns hilft, damit zurechtzukommen.

JOHN Wir schauen uns jeweils nur einen Teil davon an, aber diese Landkarte steht uns jederzeit voll und ganz zur Verfügung.

Robin Genau. Daher mußt du, wenn deine Frau stirbt, von der Karte, auf der sie einen großen, ja den größten Teil einnimmt, zu einer Karte übergehen, wo sie nicht mehr drauf ist. Diesen Prozeß nennt man »Anpassung«.

John Es ist eine Art Umschaltung im geistigen Stromnetz.

Robin Ja. Und diese Umschreibung, der Neuentwurf dieser Karte – das braucht *Energie*.

John Selbst wenn diese Veränderung »gut« ist, o.k., versteh ich. Aber wir machen laufend irgendwelche Veränderungen mit …

Robin Ja sicher, die Welt ändert sich laufend. Und wir brauchen das auch, es stimuliert uns. Wenn wir zuwenig Veränderung haben, langweilen wir uns und es ist, als ob wir nur halb lebten. Veränderungen sind nur dann schädlich, wenn unser System sie nicht mehr fassen kann, wenn zum Beispiel eine schwerwiegende plötzliche Veränderung eintritt oder zu viele kleine auf einmal und wir unser Gleichgewicht zu verlieren drohen.

John Wie wenn ein Haus schneller in Unordnung gerät, als wir es aufräumen können. Wenn sich demnach innerhalb einer gewissen Zeit zuviel verändert, sind wir gestreßt. Was kann uns dann helfen?

Robin Unsere Energie muß von einigen üblichen Anforderungen abgezogen werden, damit sie die Veränderungen bearbeiten kann.

John Die Ärzte nennen das »Ruhe«, glaube ich.

Robin Obwohl du wissen solltest, daß Ärzte von »schöpferischer Pause« sprechen, wenn sie nichts tun. Aber Ruhe bedeutet normalerweise, daß jemand die üblichen Anforderungen von uns fernhält und uns beruhigenden Zuspruch gibt, da wir uns normalerweise vor Veränderungen ängstigen. Wir brauchen die Zusicherung, daß wir bestimmt die Schwierigkeit meistern werden, und wenn man uns zeigt *wie*, ist das in besonderer Weise hilfreich.

John Die Energie, die wir auf Sorgen verschwenden, könnte also zur Bewältigung der Veränderungen genutzt werden.

Robin Genau.

John Aber da ist doch noch etwas anderes, oder? Manchmal hilft uns schon das Zusammensein mit jemandem, den wir mögen und dem wir vertrauen. Und das ist doch was anderes als Ruhe oder Ermutigung.

Robin Das stimmt schon. Man denkt eher daran, für gestreßte Menschen einkaufen zu gehen, für sie zu kochen oder mit ihnen zu reden, und vergißt leicht, daß oft die Gegenwart, das Da-sein viel hilft, auch wenn es so aussieht, als hinge man nur so rum.

JOHN Ja, was erreichen wir denn dadurch?

ROBIN Durch dieses »Einfach Da-sein«? Schwer zu sagen, obwohl wir alle schon mal erfahren haben, wie wichtig das ist. Vielleicht könnten wir es »gefühlsmäßige Unterstützung« nennen.

JOHN Um zusammenzufassen: Um mit Veränderungen fertigzuwerden, brauchen wir erstens: Schutz vor den gewöhnlichen Anforderungen, damit wir uns ausruhen können. Zweitens: Zuspruch, der unsere Ängste beruhigt und uns die Sache bewältigen hilft. Und drittens: »gefühlsmäßige Unterstützung«.

ROBIN Genau.

JOHN Laß uns das jetzt in Beziehung zu Familien setzen. Wir haben darüber gesprochen, warum zwei Menschen sich gegenseitig aussuchen. Jetzt heiraten sie also. Das kostet sie schon mal fünfzig Punkte auf der Streßskala, weil sie ihre Karten im Kopf umzeichnen müssen, um einander einen dauerhaften Platz einzuräumen. Während der Flitterwochen bewundern sie sozusagen noch die »Auslagen« in ihren Schaufenstern. Aber wenn sie zusammenleben, zeigt sich nach und nach etwas von dem Zeug hinter der Jalousie.

ROBIN Ihre Beziehung wird realistischer, und das bedeutet natürlich Veränderung.

JOHN Hier und da wird einiges umgezeichnet, neu entworfen.

ROBIN Dabei hilft, daß sie sich meist viel Liebe und Unterstützung geben, vielleicht mehr als jeder von ihnen zuvor erfahren hat.

JOHN Und was ist die nächste große Veränderung?

ROBIN Der Moment, in dem sie eine Familie werden, wenn das erste Baby ankommt.

JOHN Neununddreißig Punkte weg, Leute!

ROBIN Immerhin elf weniger als bei der Heirat!

JOHN Deshalb ist es also wohl ratsam, die beiden Ereignisse getrennt zu veranstalten.

ROBIN Besonders, wenn auch noch Weihnachtszeit ist.

JOHN Schlauberger! Aber auf einmal klingt das alles furchtbar negativ, weißt du.

ROBIN Nur in dem Sinn, daß es schon eine große Veränderung ist, die sie erfahren, ein enormer Sprung in größere Verantwortung, sie müssen jetzt viel erwachsener werden. Daher ist das viel Streß für eine Weile. Aber wenn sie diese Umstellung hinter sich haben, dann werden sie sich an dem Kind freuen und glücklich sein.

John Aber in dem Moment haben sie mehr als nur ihre Freiheit verloren, oder?

Robin Ja, das Baby braucht so viel Liebe und Zuwendung, daß sie weniger für sich übrig haben – sehr viel weniger. Und das kann für beide recht schmerzhaft sein.

John Dann ist also dieses erste Baby nur ein relativ glückliches Ereignis.

Robin Ja, es muß eine Verschwörung geben in unserer Gesellschaft, die dieses Ereignis über alles romantisiert. Es ist natürlich ein großartiger Moment und wirklich eine wunderbare Erfahrung, aber man sollte auch nicht vergessen, wie hart es am Anfang sein kann. Ganz besonders, wenn sich das Paar nicht ganz klar war, was es erwartete. Und vergiß nicht, der Streß von »keinem Baby« zu »einem« Baby ist gewöhnlich sehr viel größer als von »einem« zu »zwei« oder mehr.

JOHN O.k. Das Baby ist also da. Worauf sollte sich das Paar einstellen?

ROBIN Laß uns zuerst mal schauen, wie drastisch sich das Gleichgewicht in der Familie verändert. Bevor das Baby kommt, können sich die beiden alle emotionale Zuwendung geben, die sie brauchen, aber jetzt beansprucht das Baby einen enormen Teil dieser Unterstützung von der Mutter. Daher ist sie sehr beansprucht und braucht noch mehr Beistand als üblich von ihrem Mann. Andererseits gibt sie an das Baby so viel ab, daß sie oft nicht genug übrig hat für ihren Mann. Ihm wird seine übliche Zuwendung gekürzt, und doch braucht die Mutter mehr gefühlsmäßige Unterstützung von ihm als je zuvor.

ROBIN Wenn er mit weniger Unterstützung als üblich nicht auskommen kann, kann sie sich bald sehr isoliert und vergessen vorkommen.

JOHN Und das so kurz nach dem Glücksgefühl der Geburt – das muß ein arger Schock sein.

ROBIN Bis dahin war die werdende Mutter der Mittelpunkt des Geschehens. Sie wurde verwöhnt, alle kümmerten sich um sie wie nie zuvor. Dann plötzlich kommt dieses winzige, ungaublich verletzbare Baby, für das sie sich absolut verantwortlich fühlt, vierundzwanzig Stunden, Tag und Nacht.

JOHN Die Kleinen sind so hilflos, man meint, sie könnten jede Minute den letzten Atemzug tun.

ROBIN Ich erinnere mich noch daran, daß ich dachte, unseres könnte wirklich nicht atmen ohne unsere Hilfe. Und ich hatte doch auf der Mütterstation gearbeitet! Es ist also gar nicht verwunderlich, wie viele Ängste frischgebackene Mütter ausstehen. Meine Frau Prue arbeitet mit einer Gruppe ganz »normaler« Mütter von Erstgeborenen, und sie klagen alle, daß niemand sie auf diese enorme Veränderung vorbereitet hatte.

JOHN Die Mutter meint, es sei allein ihre Verantwortung, das Baby am Leben zu erhalten – und sie hat das ja noch nie vorher gemacht!

ROBIN Und da sie oft auch körperlich erschöpft ist, meint sie, wirklich nicht damit fertigwerden zu können. Vielleicht fühlt sie sich auch schuldig, weil sie keine »gute Mutter« zu sein scheint. Diese Unzulänglichkeitsgefühle wird sie vor den anderen verstecken – und das

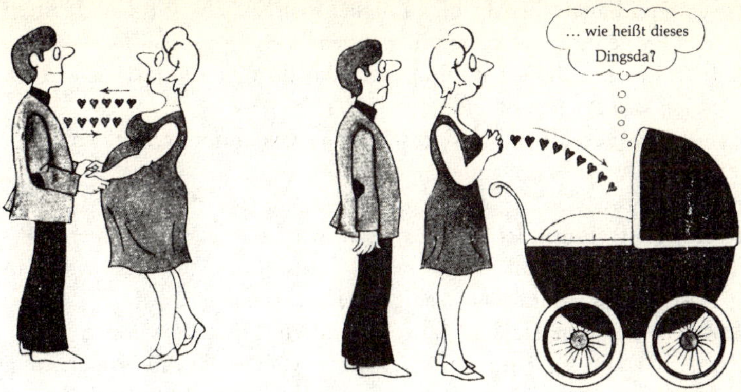

verursacht Streß. Natürlich muß sie heute, im Zeitalter der Kleinfamilie, tatsächlich oft mit recht wenig Beistand auskommen. Manchmal geht das ganz gut in den ersten Wochen. Vielleicht kommt ihre oder seine Mutter zu ihr, und der Mann nimmt sich mal eine Woche frei. Aber danach fühlt sie sich oft schrecklich allein gelassen mit ihrer Unerfahrenheit.

JOHN Tja, sie hat ganz bestimmt nicht viel Unterstützung durch ihre früheren Freunde, aber der Vater ist doch da und hilft ein bißchen, oder?

ROBIN Zu Beginn ja, aber mit der Zeit fühlt er sich oft vernachlässigt, wie ausgestoßen.

JOHN Ja, das stimmt. Mir schien es fast, als hätte ich mit der ganzen Sache nichts zu tun.

ROBIN Das ist so üblich. Prue bemitleidet die Väter sogar manchmal, denn die Mutter hat doch zumindest enorme Befriedigung aus dieser intimen Beziehung mit ihrem Baby. Sie erfährt dadurch ganz neue, sehr tiefe und wunderbare Gefühle, auch wenn es recht erschöpfend für sie ist. Aber der Vater soll nur immerzu der Frau Hilfe sein.

JOHN Das könnte zu Spannungen führen.

ROBIN Na ja, er kommt müde von der Arbeit zurück, zu der er wahrscheinlich wegen »nächtlicher Ruhestörung« schon sehr müde hinging. Die Mutter hatte den ganzen Tag nur das Baby um sich, das nun gerade Bauchschmerzen hat und brüllt wie am Spieß. Der Vater sitzt da, fühlt sich vernachlässigt und hätte gern was zu essen – und auch die Mutter fühlt sich schrecklich. »In zwei Hälften geteilt« nennt man das wohl, glaube ich.

JOHN Hör auf, das ist ja furchtbar. Das hört sich ja fast an wie ein Stück von August Strindberg.

ROBIN Erinnere dich, das sind schlimme Zeiten mit dem ersten Kind. Aber es wird besser.

JOHN Wieso?

ROBIN Einfach mit der Zeit. Langsam wird alles ein bißchen erträglicher, nicht so voll verzweifelter Panik. Die Mutter gewinnt an Selbstvertrauen und hat weniger Befürchtungen.

JOHN Sie fängt an, sich an all die Veränderungen zu gewöhnen.

ROBIN Genau. Und sie hat etwas mehr Ruhe – die Fütterungszeiten werden weniger. Dann geht sie in die Kinderklinik und tauscht mit anderen Müttern ihre Erfahrungen aus, was ihr sehr viel Unterstützung gibt. Sie wird immer selbstsicherer, was die Versorgung des Kindes anbelangt.

JOHN Trotzdem erinnert mich das alles an den Ausspruch des amerikanischen Psychologen Guttman, der die Geburt der Kinder als »elterlichen Notstand« bezeichnete.

ROBIN Ja, er glaubt, daß sich die psychologischen Unterschiede zwischen Männern und Frauen darin zeigen, wie sie mit der mühevollen Betreuung von Kindern umgehen. Er geht davon aus, daß wir nach der Geburt des Kindes den Kampf in den vorgeschriebenen

Positionen als Mann und Frau aufnehmen, wie etwa Soldaten auf dem Felde. Natürlich bringt uns die Gesellschaft das schon von Kindesbeinen an bei, aber bis zur Geburt des Babys scheint es, als wären wir noch in der »Reserve«, als ob wir mit diesen Rollen noch ein bißchen jonglieren könnten, wie es uns gerade paßt.

JOHN Wenn das Baby kommt, werden wir »rekrutiert«, es geht an die Front!

ROBIN Und wir polarisieren uns den Rollen entsprechend in warme, beschützende Mütter oder zähe, verantwortungsbewußte Väter. Denn so sind wir programmiert worden.

JOHN Zeigen Forschungsergebnisse, ob Väter und Mütter, nachdem die Kinder das Nest verlassen haben, wieder normale menschliche Wesen werden?

ROBIN Interessanterweise scheint dann ein Kompensationsprozeß stattzufinden, die Männer werden sanfter, weniger gehetzt, wollen entspannter leben und Spaß haben, während die Frauen oft aktiver werden, sich organisieren, selbstbewußter auftreten und ganz allgemein die verlorene Zeit wettmachen wollen. Ich glaube, wir können erst nachdem die Kinder aus dem Hause sind wirklich verstehen, was eigentlich vor sich ging in dieser »Schlacht«.

JOHN Was meinst du denn zu diesen verschiedenen Rollen, die wir bei der Kindererziehung spielen?

ROBIN Tja, immer mehr Leute behaupten ja, daß jeder Elternteil die Mutterrolle übernehmen könnte. Ich bin sicher, Väter könnten das bestimmt, und manche sogar besser als einige Mütter. Ich glaube auch, daß es gut für das Kind ist, wenn die Eltern diese Aufgabe in gewisser Weise unter sich aufteilen. Aber da männliche und weibliche Körper so unterschiedlich gebaut sind, scheint es mir unwahrscheinlich, daß es nicht auch innere, psychologische Unterschiede gibt, die Frauen befähigen, einige Dinge besser zu tun als Männer und umgekehrt. Das ganz allgemein dazu. Aber diese Frage ist noch lange nicht endgültig gelöst.

JOHN Wie dem auch sei, für »neue« Eltern ist die Frage uninteressant, ob diese Unterschiede nun genetisch oder umweltbedingt sind. Eine Prägung durch die Umwelt ist doch ganz offensichtlich, oder?

ROBIN Nein, dem kann ich nicht ganz zustimmen. Im Moment ändern sich diese Rollenzuweisungen fundamental, und ich bin sicher, daß diese Entwicklung anhalten wird. Männer und Frauen sind längst nicht mehr so festgelegt und eingesperrt in diese Stereotypen, und

beide sind durch die größere Freiheit und das erweiterte Verständnis viel reicher geworden. Es hat auch mich beeinflußt, und ich bin sehr dankbar, in einer so interessanten Zeit zu leben.

JOHN Kennst du den chinesischen Segensspruch: »Mögest du in uninteressanten Zeiten leben«? Er bedeutet: »Mögest du ein friedvolles Leben haben.« – Na ja, wie dem auch sei, wir haben genug gehört von den Eltern und ihrer »Notlage«. Wie sieht es aus dem Blickwinkel des Babys aus? Geborenwerden bewirkt doch eine gewaltige Veränderung des Lebensstils, oder?

ROBIN Es muß katastrophal sein. Bis dahin tut die Mutter ja soviel für das Baby, sie atmet für es, verdaut Nahrung. Jetzt muß es das alles auf einmal selbst machen. Im Mutterleib war es ja auch vollkommen sicher, beschützt, warm, dunkel, ruhig – jetzt ist es plötzlich verletzbar, ungeschützt, alles in seiner Umgebung ist neu und fremd. Und alles Neue und Fremde ist furchterregend. Hinzu kommt, daß es im Verhältnis zu seiner Größe außergewöhnlich wächst.

JOHN Auf unserer Streßtabelle ist Geborenwerden nicht mit drauf!

ROBIN Es wäre wahrscheinlich ganz oben, Nummer eins, wenn es meßbar wäre.

JOHN Vermutlich hätte es soviel Punkte wie sechzehn Versöhnungen und ein Autounfall zusammen. Deshalb braucht das Baby ja diese Zuwendung und Betreuung, das heißt Schutz vor jedem unnötigen zusätzlichen Streß. Liebe oder gefühlsmäßige Unterstützung – ach, aber das dritte, die Information, die es bestärkt, die kann es nicht bekommen.

ROBIN Das ist genau das große Problem des neugeborenen Babys! Wenn es ihm einmal schlecht geht, weiß es ja nicht, daß es ihm später besser gehen wird – dazu fehlt ihm noch die Vorstellungskraft. Und das erklärt, warum es so verzweifelt reagiert.

JOHN Aha – bis es also zu verstehen lernt, daß diese Unannehmlichkeiten zeitlich begrenzt sind, braucht es um so mehr Unterstützung, Hilfe und Ruhe.

ROBIN Ja, die Eltern müssen es vor jeglicher Störung schützen, es ihm warm und bequem machen, dafür sorgen, daß es nicht hungrig ist, es vor Lärm und Aufregung schützen. Sie geben ihm hin und wieder schon ein bißchen Abwechslung, aber nur so viel, wie es in Ruhe ertragen kann. Sie versuchen ihm Anregungen zu geben, aber keine Aufregung. Es ist ja so total abhängig, glücklicherweise sind wir von Natur aus programmiert – wie auch die Tiere, wo Mutter und Kind zusammenbleiben und instinktiv nacheinander suchen, sobald sie sich verlieren.

JOHN Nennt man das »Anhänglichkeitsverhalten«?

ROBIN Richtig. Das bedeutet einfach, daß zum Beispiel ein Fohlen, obwohl es schon kurz nach der Geburt auf eigenen Beinen stehen kann, instinktiv noch Jahre in der Nähe der Mutter verbringt. Dieses Verhalten bringt natürlich einen evolutionären Vorteil, denn auf diese Weise werden die Jungen geschützt, die leicht Beute für Angreifer werden könnten. Wir wissen doch alle aus Naturfilmen, daß nur die isolierten jungen Tiere angegriffen werden.

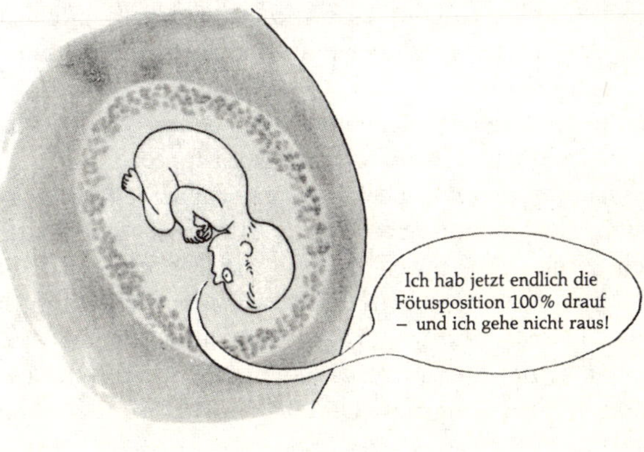

JOHN Das verstehe ich. Aber geht es hier nicht um etwas mehr als nur Schutz – hat das nicht auch mit dem Bedürfnis nach Liebe zu tun?

ROBIN Eine Menge Fachleute würden sich mit dir darüber streiten, so wie du das gesagt hast. Ich glaube, wir meinen wahrscheinlich dasselbe, nur sagen wir es mit anderen Worten. Ich rede von den Auswirkungen dieses Anhänglichkeitsverhaltens auf das Individuum und die Gattung. Und du redest von den Gefühlen, die sich daraus ergeben.

JOHN Laß uns das genauer besprechen. Wie ist das mit der »gefühlsmäßigen Unterstützung«, wie du das nennst? Wenn wir über die Liebe der Mutter zu ihrem Baby sprechen, wie die Mutter ihr Baby liebt, frage ich mich auf einmal, was bekommt das Baby da eigentlich?

Das Baby und die Mutterliebe

JOHN So, Herr Doktor, was ist denn Mutterliebe aus der Sicht des Babys?

ROBIN Du mußt unbedingt ein paar faszinierende Forschungsergebnisse von einem Psychologen namens Harlow hören. Er zog Affen auf verschiedene Arten groß. Einige zusammen mit ihrer Mutter, wie üblich. Einige in ganz leeren Käfigen, getrennt von ihren Müttern. Wieder andere in ähnlichen Käfigen, aber mit einer Art Drahtgestell in Gestalt der Mutter, das mit kleinen Zitzen dort ausgestattet war, wo normalerweise die Brüste der Mutter sind, wo das Baby sich Nahrung holen konnte. Eine vierte Gruppe mit einem Drahtgestell als Mutterersatz, aber das Gestell war diesmal mit pelzartigem Stoff verkleidet.

JOHN Eine normale Gruppe, eine Keine-Mutter-Gruppe, eine Drahtmutter-Gruppe und eine Stoffmutter-Gruppe.

ROBIN Genau. Die »normalen« Babys erforschten abwechselnd die Umwelt, kamen dann wieder zur Mutter zurück, forschten weiter, kamen zurück und so weiter. Dagegen sah Harlow, daß die Kinder der zweiten Gruppe, die ohne Mutter in den leeren Käfigen waren, sehr in sich selbst zurückgezogen waren und gehemmt. Sie spielten nicht und erforschten nichts, sondern saßen nur in der Ecke – und wirkten völlig verängstigt. Und als sie älter wurden, konnten sie

sich nicht in normale soziale Gegebenheiten einbringen, sie konnten sich oft nicht einmal paaren. Selbst wenn sie Babys hatten, zeigten sie keinerlei Elternverhalten.

JOHN Und die mit den Drahtmüttern?

ROBIN Die ähnelten der Keine-Mutter-Gruppe. *Aber* die mit der Stoffmutter waren viel besser dran, viel gesünder.

JOHN Die pelzige Stoffmutter konnte also den Schaden etwas wettmachen, den die Abwesenheit der richtigen Mutter verursacht hatte.

ROBIN Genau. Die kleinen Affen klammerten sich oft an sie an, wie sie das normalerweise mit der Mutter tun, und das ermöglichte ihnen, zwischendurch zu spielen und Entdeckungen zu machen. Und sie waren auch besser zu sozialen Kontakten fähig, als sie größer wurden.

JOHN Dann bewirkte also dieser physische Kontakt, selbst mit einer Stoffmutter *etwas* – aber was?

ROBIN Harlow nannte es »Mut«. Ich bevorzuge »Selbstvertrauen« – das hat wohl eine ähnliche Bedeutung, kommt aber vom Wort »Vertrauen« – das heißt man vertraut darauf, daß alles gut verlaufen wird. Vielleicht genügt schon die Behaglichkeit, die das Baby bei der wärmenden Stoffmutter empfindet, um es zu beruhigen, wenn es auf seinen Entdeckungsreisen mehr Aufregung erlebt, als es verkraften kann.

JOHN Es hat so eine Verschnaufpause, bei der es sein Gleichgewicht zurückgewinnen kann.

ROBIN Genau so sieht es aus. Eine dumme kleine Stoffpuppe hilft zwar nicht allzuviel, aber sie hilft.

JOHN Und das ist für dich »Mutterliebe«!!!

ROBIN Na ja, ich spreche von den Auswirkungen auf das Baby. »Liebe« zu geben heißt, Vertrauen aufzubauen bei jemandem, der es gerade braucht.

JOHN Und ohne diese Liebe wird sich das Baby zu unsicher fühlen, seine Umwelt zu erforschen?

ROBIN Ja. Es kann nur größer werden – was ja fast identisch ist mit unabhängiger werden –, wenn es durch eine beruhigende und sichere Umgebung im Selbstvertrauen gestützt wird.

JOHN Kinder auf dem Spielplatz vergessen ihre Mütter völlig – bis sie sich weh tun! Dieser Schock schickt sie zurück, um Liebe und Selbstvertrauen aufzutanken.

ROBIN Wenn du willst, kannst du es so ausdrücken, aber wichtiger ist, die Mutter als Möglichkeit zu sehen, das Gleichgewicht zurückzugewinnen, wenn allzu viele Veränderungen und Anpassungen verlangt werden, denn als Tankstelle, an der neu aufgefüllt wird.

JOHN Akzeptiert. Und wenn wir größer werden, verringert sich nach und nach diese Abhängigkeit.

ROBIN Richtig. Je zuversichtlicher wir werden und je mehr wir die Welt kennenlernen, mit desto mehr Streß können wir allein umgehen, ohne um Hilfe rennen zu müssen. Aber dieses Bedürfnis bleibt potentiell *unser ganzes Leben lang.* Wir brauchen *alle* Trost in sehr stressigen Situationen. Und dieser »Trost« ist ganz gut vergleichbar mit dem, was Babys und Kinder bekommen, sie werden *bemuttert.*

JOHN Ja, nach Naturkatastrophen, Erdbeben, Vulkanausbrüchen, Bombenexplosionen – die erste instinktive Reaktion der Überlebenden ist die Suche nach anderen Menschen.

ROBIN Das ist eine ganz automatische Reaktion. Wir sind darauf programmiert, andere im Bedarfsfall um Hilfe zu bitten, und umgekehrt, anderen Hilfe zu geben.

JOHN Um wieder zum Baby zurückzukommen – wie weiß die Mutter denn, was es braucht? Wie kann sie die Signale dieser kleinen Kreatur richtig deuten?

ROBIN Eine normale Mutter spürt, was ihr Baby fühlt und braucht, indem sie sich in ihre eigene Babyzeit zurückversetzt.

JOHN Du meinst, sie überläßt sich einfach ihren Erinnerungen?

ROBIN Ganz intuitiv, empfangsbereit sozusagen. Das macht ihr selbst auch Spaß, und auf diese Weise stimmt sie sich ganz auf das Baby ein und kann mit ihm kommunizieren, seine Signale verstehen und darauf antworten. Und dadurch kann das Baby mehr und mehr Selbstvertrauen gewinnen, und dieses Selbstvertrauen erlaubt ihm, die Außenwelt zu erforschen.

Das Baby beginnt seine Landkarte zu zeichnen

John Die Mutter gibt dem Baby also genug Selbstvertrauen, damit es diese laute, helle neue Welt erforschen kann, in der es sich plötzlich vorfindet. Aber es ist ja praktisch hilflos, was kann es denn schon groß machen?

Robin Vor allem muß es lernen, was es mit der Welt eigentlich auf sich hat.

John Du meinst, es fängt an, geistig seine eigene Weltkarte zu zeichnen?

Robin Richtig. Und auf dieser Karte spielt es selbst natürlich auch eine Rolle.

John Gut, und wie geht das vor sich?

Robin Wie würdest du denn mit einer Karte von Großbritannien anfangen?

JOHN Mit den Grenzen.

ROBIN Du würdest mit den Grenzen anfangen, nicht mit den Details. Genauso muß das Baby seine Grenzen abstecken. Es entdeckt, was zu ihm gehört und was da draußen ist. Mit anderen Worten, es muß entdecken, was es selbst ist und was nicht. Vor allem lernt es, daß die Mutter nicht »es selbst« ist.

JOHN Das klingt ein bißchen merkwürdig.

ROBIN Sieh es dir doch vom Standpunkt des Babys an. Das Gehirn eines Neugeborenen empfängt Botschaften von innerhalb und außerhalb seines Körpers. Daher kann es zu Beginn annehmen, daß sowohl die Botschaften von innen als auch die von außen allein ihm gehören. Soviel es weiß, ist es der einzig Betroffene.

JOHN Du meinst, es denkt, daß es alles ist oder daß sich alles um es dreht.

ROBIN Ja, es gibt ja keinen Grund für das Baby anzunehmen, daß dem nicht so ist. Bis es das merkt, empfindet es die Mutter nur als Fortsetzung seiner selbst. Eine Art sehr bewegliches Körperglied.

JOHN Und was zwingt es schließlich, die Realität zu sehen?

ROBIN Die langsame Entdeckung, daß die Außenwelt nicht so leicht zu kontrollieren ist wie die Innenwelt.

JOHN Ich glaube, ich hab das noch nicht so ganz verstanden.

ROBIN Sieh mal, ich bin sicher, daß das meine Finger sind, weil ich sie bewegen kann. Daher weiß ich, sie sind ein Teil von mir. Aber wenn ich versuche, deine Finger zu bewegen, gehorchen sie mir nicht, und daher weiß ich, deine Finger gehören nicht zu mir. Sie müssen außerhalb meiner Grenzen liegen. Auf diese Art lerne ich meine eigenen Grenzen kennen – wo ich ende und der andere beginnt. Babys lernen das genauso.

JOHN Das heißt aber, das Baby lernt seine Grenzen nur kennen, wenn die Mutter nicht tut, was es will!

ROBIN Genau!

JOHN Wenn sie also eine perfekte Mutter wäre, die alle Bedürfnisse des Babys zu jeder Zeit stillen könnte, dann würde es den Unterschied zwischen sich selbst und ihr nie herausfinden?

ROBIN Ja. Es wäre verwirrt und würde sich und seine Mutter auf Dauer als vermischt sehen. Daher wäre es sehr schwer für dieses Baby, aufzuwachsen und sich von ihr zu lösen.

JOHN Sagst du also jetzt, daß Frustration gut ist für das Baby?

ROBIN Ja und nein. Im ersten Jahr und von da ab immer weniger kann das Baby gerade all die Veränderungen und Entdeckungen, die es macht, verarbeiten, selbst wenn die Eltern ihr Bestes geben, um seine Bedürfnisse zu erfüllen. Selbst wenn sie ihm soviel Sicherheit und Schutz bieten wie möglich, wird es immer noch genug Frustrationen erleiden – ganz normale menschliche Unzulänglichkeit sorgt schon dafür. Die Mutter wird sicherlich nicht immer sofort erscheinen können, wenn das Baby weint – sie wacht vielleicht nicht sofort auf, oder das Telefon klingelt, oder vielleicht ist gerade jemand an der Haustür. Daher versteht das Baby langsam aber sicher, daß die Mutter getrennt von ihm ist, außerhalb seiner Grenze, Teil des Nicht-Ich, nicht des Ich.

JOHN Wenn also das Baby seine Karte richtig zeichnen soll, muß es ein Gleichgewicht geben zwischen den Frustrationen auf der einen Seite, auf die es bei seinen Entdeckungen trifft, die ihm aber immer neue Informationen vermitteln, und auf der anderen Seite der emotionalen Unterstützung, die ihm erlaubt, mit diesen Frustrationen fertigzuwerden.

ROBIN Ja, und auf diese Unterstützung ist es aus folgendem Grund angewiesen: Wie wir gesehen haben, hatte das Baby zu Beginn seines Lebens, bevor es diese frustrierenden Erfahrungen mit den Grenzziehungen macht, jeden Grund anzunehmen, es sei »alles«, überall, omnipotent. Daher ist es jedesmal, wenn das Baby ein anderes Gebiet entdeckt, das »nicht es« ist, ein gehöriger Knacks für sein gottgleiches Selbstbewußtsein.

JOHN Du meinst, so wie niemand gerne kritisiert wird, weil es das Selbstgefühl ein wenig angreift, so muß das kleine Baby lernen, daß es nicht nur nicht Gott ist, sondern vielmehr winzig und hilflos. Eine derart gewaltige Ernüchterung ist natürlich sehr schmerzhaft! Als würde Mussolini plötzlich merken, daß er ein Kanarienvogel ist.

ROBIN Ja. Während die kindliche Toleranz für Mutters »Vernachlässigungen« mit der Zeit notwendigerweise größer wird und es Verantwortlichkeit für sich selbst übernehmen lernt, muß die Mutter in der Anfangszeit Frustrationen so gering wie möglich halten. Die zufälligen Frustrationen sind mehr als ausreichend.

JOHN Versteh ich – aber weißt du, so richtig nachvollziehen kann ich das immer noch nicht.

ROBIN Mach dir keine Sorgen, das ist ganz normal. Es fällt uns allen schwer nachzufühlen, was wohl in dem Baby vor sich geht. Es nur

abstrakt und logisch zu überdenken reicht ja nicht. Ich hab heute noch Schwierigkeiten mit dieser Entwicklungsstufe, sooft ich mich auch damit beschäftige oder darüber lese. Vermutlich ist die Welt des Babys zu dieser Zeit so verwirrt – und wenn wir versuchen, uns in seine Welt zurückzuversetzen, dann werden wir selbst ganz verwirrt.

JOHN Aber du sagst doch, die Mutter hätte sich in die Welt des Babys hineinzufühlen, damit sie sich genau auf seine Bedürfnisse einstimmen und es emotional bei der Bewältigung von Streß unterstützen kann. Wie gelingt ihr das?

ROBIN Eine gesunde Mutter, die selbst als Baby gute Erfahrungen gemacht hat, wird das ganz natürlich und automatisch tun, sie braucht gar nicht darüber nachzudenken. Sie spürt, ob sie seine Bedürfnisse genau trifft oder ob sie etwas tut, was ihm nicht gefällt.

JOHN Sie gibt ihm zu essen, wenn es Hunger hat, aber sie hört auf mit dem Füttern, wenn es satt ist. Sie trägt es herum, wenn es Anregung oder Beruhigung braucht, aber läßt es in Ruhe, wenn es schlafen will. Und daher ist das Baby nur wenigen Frustrationen ausgesetzt.

ROBIN Ja, aber es geht hier um mehr als nur des Babys *physische* Bedürfnisse. Der menschliche Kontakt, die gefühlvolle Wechselbeziehung sind genauso wichtig. Der »eingestimmten« Mutter macht das viel Spaß. Du weißt doch, wie Mutter und Kind einander anschauen und dabei eine Art Guck-mal-Spiel spielen: Das Baby sieht die Mutter an und zieht ein Gesicht. Die Mutter antwortet darauf mit einem ähnlichen Gesicht und wird so zum Spiegel für das Baby. Dann zieht das Baby wieder ein neues Gesicht und so weiter.

JOHN Ist das für das Baby wichtig?

ROBIN Es scheint oft so, als ob es genauso wichtig wäre wie die physischen Bedürfnisse. Es ist wirklich schwer zu beschreiben, wie verstört ein Baby werden kann, wenn die Mutter ihm nicht antwortet, wenn es dieses Spiel mit ihr spielt. Ein Psychologe hat in einem Experiment einmal eine Gruppe von Müttern gebeten, nur drei Minuten lang nicht auf die Spiele ihrer Babys einzugehen. Die Babys waren so verstört, daß die Mütter es nicht ertragen konnten, das Experiment zu Ende zu führen.

JOHN Was wäre das Ergebnis, wenn die Mutter aus irgendeinem Grund dieses Guck-mal-Spiel nicht mitmachen könnte? Wenn sie nicht fähig wäre, diesen emotionalen Kontakt herzustellen?

Wenn die Mutter nicht antworten kann

ROBIN Wenn dieser enge emotionale Kontakt zwischen Mutter und Baby in den frühen Tagen nicht möglich ist und sie gar nicht miteinander zurechtkommen – und ich spreche hier von sehr ernsthaften Störungen, die bei einer normalen Mutter, die ihren natürlichen Instinkten folgt, höchst selten sind –, dann ist das Resultat ein Baby, das »abschaltet«. Dieses Problem kann beim Baby oder bei der Mutter anfangen. Bitte denk dran, daß die Mutter sich ja nur wirklich auf das Baby einstimmen kann, wenn sie sich das Recht nimmt, in ihre eigene Vergangenheit zurückzukehren und die Gefühle aus ihrer Kindheit wieder zum Leben zu erwecken. Aber wenn wir mal annehmen, daß sie selbst als Baby unglücklich war ...

JOHN Du willst damit sagen, dieses Erinnern kann auch schmerzhaft sein.

ROBIN Genau. Wenn sie als Baby oder Kleinkind schlecht behandelt worden ist, wird jede Erinnerung daran weh tun. Wenn sie die Erinnerung vermeidet, hört auch dieser Schmerz auf.

JOHN Aber da sie nicht mit ihren eigenen Babygefühlen in Verbindung ist, kann sie sich nicht so gut in das Baby hineinversetzen, und die Bindung zwischen beiden ist nicht sonderlich eng.

ROBIN Und tief im Innern spürt das das Kind.

JOHN Es fühlt, daß kein vollständiger Austausch mit der Mutter möglich ist und etwas zurückgehalten wird.

ROBIN Ja. Und du erinnerst dich, wieviel Schmerz die Kinder erlitten in dem Drei-Minuten-Verweigerungsexperiment? Jetzt stell dir mal vor, wie das sein muß, wenn die Mutter *überhaupt* nicht antworten kann und vielleicht noch nicht mal weiß, daß sie antworten *sollte.* Für das Baby kann das so schmerzhaft sein, daß es sich ganz ausblendet und gar nicht mehr versucht, mit ihr zu kommunizieren. Das macht die Lage natürlich noch schlimmer, weil die Mutter sich jetzt zurückgestoßen fühlt und es ihr immer unmöglicher wird, offen und natürlich zu sein und die Sache ins Lot zu bringen.

JOHN Und vermutlich könnte dieser ganze Prozeß auch vom Baby verursacht werden, wenn es aus irgendeinem Grund nicht die richtigen Signale sendet. Dann wird die Mutter nicht »eingeblendet«, obwohl ihre Instinkte ganz gut funktionieren und sie nur auf ein Zeichen wartet. Ich habe mal gelesen, daß normale Babys programmiert sind, der Mutter vom ersten Tag an entgegenzulächeln – obwohl sie natürlich noch gar nicht erkennen können, wen sie da anlächeln. Aber dieses Lächeln aktiviert die Gefühle der Mutter, sie hat Spaß am Baby und liebt es immer mehr.

ROBIN Richtig. Einem abnormalen Baby gelingt es nicht, die Mutter »einzublenden«, und ihre mütterlichen Instinkte bleiben inaktiv. Dann muß sie alles mit dem Kopf steuern, vielleicht aus Büchern lernen – ob sie das nun will oder nicht.

JOHN Das Problem kann also auf beiden Seiten liegen.

ROBIN Ja. Einige Experten glauben, es liegt *immer* am Baby, aber meiner Ansicht nach gibt es da Variationen. Das fängt an mit Eltern, die fast völlig von ihren Gefühlen abgeschnitten sind, bis zu anderen, wo es nur schwer zu verstehen ist, wieso gerade sie ein so »ausgeblendetes«, abnormales Kind haben. Und man muß natürlich bedenken, wie auch immer es anfängt, es wird bald ein Teufelskreis: Wenn es dem Baby nicht gut geht, wird die Mutter deprimiert und wendet sich dem Baby noch weniger zu, antwortet noch weniger auf seine Signale und so weiter.

JOHN Wenn sich dieser Teufelskreis entwickelt, erfährt das Baby immer weniger Hilfe und Geborgenheit und wird viel zu früh frustriert?

ROBIN Ja, und viel zu tiefgehend. Wenn sich die Mutter aus *irgendeinem* Grund nicht auf das Baby einstimmen kann, dann muß das Baby mit großer Anstrengung versuchen, sich ihr anzupassen. Es muß sich plötzlich erwachsen gebärden, um sich auf die erwachsenen Einstellungen der Mutter einzupegeln. Normalerweise bräuchte es dazu viel Zeit.

JOHN Aber das alles kann es doch noch gar nicht leisten!

ROBIN Natürlich nicht. Es kann nur aufgeben und sich »ausblenden«, der Welt den Rücken zukehren und verleugnen, daß sie existiert. Zumindest kann es das mit den Teilen der Welt tun, die ihm dauernd Schmerz zufügen. Das Baby benimmt sich jetzt so, als ob ein Teil der Welt nicht da wäre.

JOHN Was für eine Landkarte hat dieses Baby denn in seinem Kopf?

ROBIN Eine ohne andere Leute! Das Kind benimmt sich, als ob es rundherum keine Menschenseele gäbe, als ob seine Karte »Robinson Crusoe-Insel« hieße.

JOHN Soweit andere Leute betroffen sind, behält dieses Baby die Karte so bei, wie sie ganz zu Anfang war?

ROBIN Ja, es nimmt den ganzen Platz ein. Es gibt nur dies Baby allein. Das klingt verrückt, ist aber so.

JOHN Klingt das unnormal?

ROBIN In gewisser Weise ist es das. Die extremsten Fälle dieser »ausgeblendeten« Kinder sind die autistischen Kinder. Kanner, der Kinderpsychiater, der diese Fälle zuerst beschrieben hat, fand, daß ein großer Teil der Eltern dieser Kinder hoch gebildet und verstandesbetont waren, Leute, die vor allem mit Ideen und abstrakten Vorstellungen umgingen anstatt mit ihren Gefühlen. Es waren also

Menschen, die die verwirrende Gefühlslage des Babys nur schwer ertragen und nachvollziehen konnten. Heutzutage wird allerdings von einer Abnormalität des Kindes ausgegangen, die es ihm nicht erlaubt, auf die elterliche Pflege zu antworten. Die Wahrheit ist immer noch nicht erwiesen. Glücklicherweise sind diese Fälle äußerst selten. Obwohl wir kürzlich fast eine Epidemie ähnlicher Fälle mit Kindern von Immigranten hatten. Diese Kinder, deren Eltern beide arbeiten mußten, waren bei Babysittern untergebracht, die sie zwar fütterten, aber sich nicht mit ihnen beschäftigten.

JOHN Wie sehen autistische Kinder aus? Wie verhalten sie sich?

ROBIN Das Auffallendste ist wohl, daß sie sich nie an dem sozialen Hin und Her beteiligen. Sie werden als abgeschnitten, in einem Schneckenhaus eingeschlossen, in der eigenen Welt lebend beschrieben. In ihrer Gegenwart fühlt man sich ganz ausgeschlossen, aus ihrem Geist gestrichen, als nicht existent.

JOHN Aber sie wissen doch trotzdem, daß du bei ihnen bist?

ROBIN O ja. Sie gehen um dich herum oder lassen sich von dir helfen, wenn sie etwas wollen, aber du scheinst nicht mehr für sie zu sein als ein Möbelstück. Das zeigt sich besonders darin, wie sie Augenkontakt vermeiden. Man erkennt sie sofort daran, daß ihr Blick ausweicht, sobald er einen anderen trifft. Sie lassen uns fühlen, daß sie uns zwar wahrnehmen, uns aber gleichzeitig total ignorieren. Es ist sehr seltsam.

JOHN Behandeln sie uns wie Luft?

ROBIN So ungefähr, nur viel extremer.

JOHN Und so behandeln sie ihre Eltern auch?

ROBIN Ja, sie zeigen überhaupt kein normales Anhänglichkeitsverhalten. Sie wollen nicht berührt oder geknuddelt werden, klammern sich nicht an, wenn die Eltern fortgehen, und freuen sich auch nicht, wenn sie wiederkommen. Für die Eltern ist das schrecklich.

JOHN Können diese Kinder denn anderswo Unterstützung erhalten?

ROBIN Sie zeigen oft eine erstaunliche Zuneigung für bestimmte Objekte – einen Stein zum Beispiel oder ein besonderes Kleidungsstück. Später können sie von Zugfahrplänen, Karten, Busfahrplänen fasziniert sein. Sie brauchen Routine – und können es nur schwer ertragen, wenn die Möbel umgestellt werden oder die Dinge nicht so wie immer gemacht werden.

JOHN Das ist logisch. Sie können Veränderungen nicht ertragen, weil ihr automatisches Hilfesystem mit der Mutter nicht funktioniert. Daher müssen sie die Veränderungen in der Umwelt möglichst gering halten, Zuflucht, so wenig es auch sei, bei unbelebten Dingen suchen. Na, wie mache ich mich, Herr Doktor?

ROBIN Ich stimme dir völlig zu, und viele andere sind unserer Meinung. Aber einige Experten sehen das Problem ganz anders und halten, was du sagst, für bedeutungslos.

JOHN Macht nichts. Du hast gesagt, richtiger Autismus ist sehr selten. Wie selten?

ROBIN Nur etwa einer von zweitausend ist autistisch.

JOHN Und wieso mühen wir uns damit ab?

ROBIN Weil an diesen extremen Fällen so gut deutlich wird, daß ein Baby, das das Leben allzu stressig und zerstörerisch findet, sich einfach ausblendet und allein in seiner eigenen Welt lebt.

JOHN Diese extremen Fälle helfen uns, die viel milderen Ausprägungen besser zu verstehen, die wir gewöhnlicherweise antreffen?

ROBIN Genau. Für mich sind diese autistischen Fälle das äußerste Ende des Spektrums von den fast normalen Menschen.

JOHN Fast normal?

ROBIN Ja, Leute, die wir als normal ansehen, die sich aber sehr in sich selbst zurückziehen, sehr zurückhaltend und kühl sind. Sie sind in Gesellschaft außerordentlich gehemmt und verwenden ihre Zeit lieber auf Hobbys, die sie allein ausüben können in ihrer eigenen Welt.

John Aber wenn Mutter und Kind in ganz intimer Verbindung stehen, wie das ja in eintausendneunhundertneunundneunzig von zweitausend Fällen üblich ist, braucht das Baby sich nicht auszublenden.

Robin Nein. Normalerweise wird die Mutter sich ganz automatisch auf ihre Babygefühle zurückbesinnen können und einfach das tun, was ihr als natürlich erscheint. Weil sie auf der Wellenlänge des Babys ist, kann sie sich einfach vom Baby ansprechen lassen. Sie kennt seine Gefühle und Bedürfnisse instinktiv. Und sie wird das alles als große Freude empfinden.

Die Grenzen werden deutlicher

John Wenn die Mutter also »eingeblendet« ist, bekommt das Baby den tiefen emotionalen Kontakt, den es braucht. Das ist zur Überwindung des Schocks lebensnotwendig, wenn es entdeckt, daß es nicht allmächtig ist, ja immer deutlicher erfährt, wie viele Dinge nicht von ihm kontrolliert werden können.

Robin Ja, mit Hilfe der Unterstützung durch die Mutter kann es langsam seine eigenen Kanten sehen, seine Grenzen erkennen. Dann kann es später, wenn es mehr von der Welt erfährt, auch andere Grenzen erkennen.

John Mir fällt gerade ein, daß die Mutter bei diesem Spiel außer dem Gefühlsaustausch auch noch etwas Neues hinzufügt. Sie ist ja nicht nur Spiegelbild, sondern erfindet immer etwas dazu.

Robin Das stimmt. Diese wunderschöne spontane Aktivität, die wir »Spiel« nennen, hat immer auch Elemente des Dazuerfindens, wir schaffen laufend etwas Neues. Wenn also eine durchschnittliche Mutter mit dem Kind spielt, Gesichter zieht, spricht, es imitiert, dann ist ihr Spiel sehr hilfreich und bestätigend, weil sie auf das Baby reagiert, ihm immer folgt. Nichts Unerwartetes, Neues passiert, das Baby kann mehr und mehr über sich erfahren, genau so als ob es in einen Spiegel schaute. Aber die normale Mutter wird auch mit dem Kind *spielen.* Sie wird kleine Änderungen einfügen, ihre Reaktionen werden nicht *nur* das Kind kopieren. Sie wird etwas von sich als einer anderen Person einbringen. Somit erfährt das Baby, daß es draußen noch andere Menschen gibt, da sie nicht genau gemäß seinen Erwartungen handelt. Es merkt, daß es nicht alles kontrollieren kann, aber da die Mutter ihm zur Seite steht und ihm das Spiel Spaß macht, wird es damit fertig.

John Das Baby erlebt Stetigkeit, Routine, Unterstützung, aber auch ein bißchen etwas anderes, Unterschiedliches, Abgetrenntes.

Robin Ja. Wenn diese »Einblendung« stattgefunden hat und das Baby aufgrund der sensiblen Reaktion der Mutter ihr voll vertraut, dann können sie zusammen ganz, ganz langsam anfangen, die Karte im Kopf des Babys umzuzeichnen. Von einem sich fast ganz überschneidenden Bild – nach fünf oder sechs Monaten – zu der Erkenntnis, daß die Mutter eine eigene, eine andere Person ist.

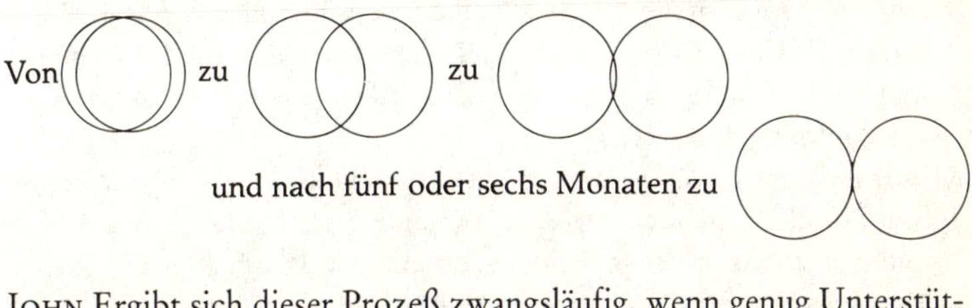

John Ergibt sich dieser Prozeß zwangsläufig, wenn genug Unterstützung da ist?

Robin Nur wenn das Baby erfährt, daß die Mutter anders als es ist.

John Unter welchen Bedingungen könnte es die Informationen denn *nicht* erhalten?

ROBIN Nun, wenn sie sich nicht vom Baby trennen kann.
JOHN Versteh' ich nicht.

Eigene Grenzen bleiben verschwommen

ROBIN Um sich auf das Baby einzustimmen, muß die Mutter ihre erwachsene Haltung ablegen und sich auf ihre eigene Kinderzeit und ihre eigenen Babygefühle zurückbesinnen. Es gibt nun aber einige Mütter, die sich zwar gut einblenden, sich aber nicht wieder daraus lösen können!

JOHN Die können ihre Grenzen als Erwachsene nicht wiederfinden, wenn sie sie brauchen. Warum nicht?

ROBIN Weil *ihre* eigenen Grenzen verschwommen sind, weil die Grenzen *ihrer* Mütter schon verschwommen waren.

JOHN Weil die Grenzen ihrer Großmütter verschwommen waren?

ROBIN Und so weiter. Wie gewöhnlich hat da niemand »schuld«, es dreht sich mal wieder nur um denselben alten Kreislauf.

JOHN Wenn also die Grenzen der Mutter verschwommen sind, kann sie sich nicht vom Baby trennen, wenn die Zeit reif ist.

ROBIN Das Baby wird sie deshalb zu sehr und zu lange kontrollieren. Das bedeutet, daß das Baby nicht erfährt, daß die Mutter anders ist als es selbst. Es kann sich über seine Begrenzungen nicht klar werden und die Mutter nur unter Schwierigkeiten von sich selbst unterscheiden. Die Grenzen werden verschwommen bleiben und miteinander vermischt.

JOHN Die Grenzen des Babys bleiben verschwommen wie die der Mutter. Welche Auswirkungen hat das auf das Baby oder vielmehr später auf den Erwachsenen? Was für Probleme verursachen verschwommene Grenzen?

ROBIN Abhängig vom Grad der Vermischung können sich eine ganze Reihe von Problemen ergeben. Bei einem Extremfall – wo es also sehr verschwommen zugeht – glauben viele Psychiater, daß dieser Mangel an klaren Grenzen ein Hauptfaktor für zumindest einige der Geisteskrankheiten ist, die man als Schizophrenie bezeichnet, obwohl inzwischen kein Zweifel besteht, daß in den meisten Fällen erbliche Faktoren auch eine große Rolle spielen. Am anderen Ende der Skala rangieren Familien, die ganz gut mit dem Leben fertigwerden, deren Mitglieder aber ihr ganzes Leben extrem ineinander verstrickt bleiben.

JOHN Sie werden auch als Erwachsene nie wirklich unabhängig.

ROBIN Nein, sie können sich auf emotionaler Ebene nicht lösen, es sei denn, sie leben weit voneinander entfernt. Manchmal lebt sogar jedes Familienmitglied in einem anderen Land.

JOHN Und die »mittelprächtigen« Leute?

ROBIN Es gibt da oft Grenzfälle, sogenannte Borderline-Fälle. Diese Leute haben zwar keinen Nervenzusammenbruch, brauchen auch kein Krankenhaus, aber erscheinen anderen recht merkwürdig und höchst exzentrisch.

JOHN Und wie erscheinen die schlimmsten Fälle?

ROBIN Die sehen geisteskrank aus. Eben wegen dieser verschwommenen Grenzen ist es für den Betroffenen sehr verwirrend, zwischen sich und anderen Menschen zu unterscheiden, zwischen dem, was in ihm selbst ist und was außerhalb liegt. Daher leidet er oft an Halluzinationen – der Unfähigkeit, Träume und Tagträume von der wirklichen Sinneswelt zu unterscheiden. Er glaubt, andere durch

Gedanken und Gefühle zu beeinflussen oder selbst mit Hilfe der ausgefallensten Methoden beeinflußbar zu sein. Sein Verhalten erscheint dem Normalbürger als äußerst merkwürdig und bleibt unverständlich, bis man die Verwirrung des Betreffenden zurückverfolgt und Mangel an stabilen Grenzen erkennt.

JOHN Sein Benehmen erscheint unverständlich, weil es den Karten der anderen so gar nicht entspricht.

ROBIN Es ist nicht nur unverständlich, sondern sogar widersprüchlich. Solche Leute haben oft zwiespältige Verhaltensweisen, sogenannte double-binds.

JOHN Moment mal. Diese sogenannte Doppelbindung ist doch das Ergebnis von »zwiespältigen« Botschaften der Eltern, oder? Wenn die Eltern dem Kind zwei sich widersprechende Verhaltensweisen abverlangen.

ROBIN Ungefähr. Das ist natürlich alles nicht absichtlich, ein Teil der Familie will auch gar nicht dem anderen etwas »antun«, noch nicht einmal zufällig. Das System hält alle gefangen, alle reagieren, wie sie es von den anderen Familienmitgliedern übernehmen. In solchen Familien leiden alle, und es geht allen schlecht.

JOHN Zwei Sachen verstehe ich immer noch nicht. Erstens, ist dieses »Leiden« mehr als nur die Verwirrung aufgrund verschwommener Grenzen? Und zweitens, warum senden Menschen überhaupt widersprüchliche Signale aus?

ROBIN O.k. Erinnere dich, wir sagten, Mutter hat verschwommene Grenzen – und einer der ersten Grundsätze, auf die wir uns geeinigt hatten, war doch, daß sie sehr wahrscheinlich jemanden geheiratet hat, der auch verschwommene Grenzen hat.

JOHN Aha. Du willst sagen, beide Eltern sind in *gewisser* Weise auf dem Niveau des Babys steckengeblieben.

ROBIN Genau. Sie haben vielleicht eine wackelige Fassade aufgerichtet, hinter der sie einigermaßen funktionieren und die vielleicht andere täuscht. Aber das Fundament ist unsicher, und sie benehmen sich auf emotionaler Ebene wie Babys. Und erinnere dich, das Baby ist *soweit es weiß* alles, es ist »allmächtig«. Und jeder Schritt, der auf die eigenen Grenzen zuführt, schmerzt, weil es ja damit dieses ursprüngliche Gefühl der gottgleichen Omnipotenz verliert.

JOHN Dann haben also die *Eltern* diese Gefühle der Omnipotenz bis zu einem gewissen Grad nicht verarbeitet.

ROBIN Genau. Ihre Grenzen sind verschwommen, weil sie nicht gelernt haben, sich als getrennt von ihren Müttern, ihren Familien wahrzunehmen, deshalb haben sie immer noch diese Gefühle. Das führt unvermeidlich zu Konkurrenzkämpfen, bei denen jeder versucht, die eigene Omnipotenz zu behalten.

JOHN Wie verhält sich denn so eine Familie?

ROBIN Stelle dir einen Karton voller Ballons vor, die von irgendwo außerhalb aufgeblasen werden können. Die Ballons sind die Familienmitglieder oder, besser, deren unrealistische Landkarten, der Karton ist die Welt. Da jeder Ballon – jedes Familienmitglied – überzeugt ist, allmächtig zu sein, will jeder die Schachtel ganz allein ausfüllen. Und das kann er nur, wenn er den anderen Ballons die Luft abdrückt. Und genau das tun die anderen Ballons – oder Familienmitglieder – auch: jeden verdrängen, wenn nicht gar vernichten. Daher gibt es einen endlosen Kampf, der nur manchmal von ungemütlichen Waffenstillständen unterbrochen wird.

JOHN Deshalb ist das alles so schmerzhaft! Aber warum ist der Kampf endlos – wieso gewinnt ihn niemand?

ROBIN Sie sind alle auf dieser Stufe festgefahren und sind sich bewußt, daß sie sich nicht allein behaupten können. Jeder braucht den ande-

ren. Darum sind sie in dem entsetzlichen Dilemma, von den anderen zwar geliebt werden zu wollen, aber sie andererseits auch ständig bekämpfen zu müssen.

JOHN Wenn einer von ihnen zu groß würde, dann wäre ihm klar, daß er die anderen, die er ja braucht, damit vernichten würde.

ROBIN Und wenn er zu klein wird, verliert er dieses wesentliche Gefühl der Allmächtigkeit. Es gibt somit keinen Ausweg aus dieser für alle unglücklichen und schmerzhaften Situation. Übrigens ahnst du ein bißchen von diesem Konflikt, wenn Menschen sich auf »Babyniveau« unterhalten. Liebespaare zum Beispiel sprechen miteinander in der Babysprache, oder Erwachsene, die mit kleinen Kindern reden. Sie sagen oft: »Ich könnte dich auffressen.« Das drückt zwar Liebe aus, ist aber auch eine Art »Ballonitis«, da sie den Platz des anderen in Anspruch nehmen und ihn vernichten. Normale Leute sagen das zwar im Scherz, verspüren dabei aber eine leichte Erregung – der liebevollen Bemerkung ist eine winzige Prise Furcht beigemischt. Aber in gestörten Familien ist das wirklich ein Problem, sie nehmen es für bare Münze. Sie fühlen sich bedroht vom Gefühlshunger der anderen und haben Angst, von ihnen verschlungen zu werden, wenn sie nicht aufpassen.

JOHN Was kann der Therapeut denn tun, um solchen Familien mit »verschwommenen Grenzen« zu helfen?

ROBIN Wenn die Grenzen nicht allzu »verschwommen« sind, können wir eine Menge tun. Man kann ihnen dabei helfen, klarere Grenzen zu ziehen, indem man sie als Gruppe sieht und sehr klar und bestimmt mit ihnen umgeht. Diese Klarheit wird durch das Beispiel des Therapeuten vermittelt und weitergereicht. Gleichzeitig muß man sie aber auch in ihrer Entwicklung liebevoll begleiten und unterstützen.

JOHN Während die Grenzen klarer werden, müssen ihre »Baby-Egos« notgedrungen schrumpfen.

ROBIN Bei diesem Prozeß muß man ihnen sehr viel helfen. Es ist immer wieder erstaunlich, wieviel erreicht werden kann, wenn der Therapeut seine Grenzen ganz klar absteckt. Er sagt, was er tun wird und was nicht, und läßt sich nicht in Entscheidungsänderungen hineinmanipulieren, ist aber gleichzeitig immer sehr freundlich, hilfsbereit und ermutigend.

JOHN Und die Familien am anderen, schlimmeren Ende?

ROBIN Da ist es sehr schwer, eine wirklich grundlegende Veränderung

zu erreichen. Normalerweise ist es wohl das beste, wenn man die Familie nur in besonderen Streßlagen unterstützt, denn diese Familien werden gewöhnlich selbst mit der Situation fertig, ohne daß jemand zusammenbricht. Dem schwächsten Familienmitglied – mit den verschwommensten Grenzen –, das meistens zusammenbricht und der »Patient« wird, kann man durch geeignete Medikamente helfen, dem Übermaß an Eindrücken angemessener zu begegnen. Wenn das nicht hilft, wird es besser sein, ihn in einen vor den Ansprüchen der Familie sicheren Schutzraum wie ein Krankenhaus oder eine spezielle Wohngemeinschaft zu bringen. Da kann er zur Ruhe kommen, bis die Grenzen wieder etwas fester sind.

JOHN Aber wenn er zur Familie zurückkommt, könnte er eventuell wieder überschnappen?

ROBIN Wenn der Familienstreß wieder ansteigt und er keine Unterstützung hat, ist das möglich. Es wurde jedoch erst kürzlich festgestellt, wie erholsam für diese verletzlichen Leute selbst kurze Zeitspannen ohne ihre Familien sind. Nur gelegentliche Trennung während des Tages reduzierte bereits die Anzahl der Nervenzusammenbrüche erheblich. Auch unsere Beratungen, in denen wir versuchen, die Familienmitglieder zu ermutigen, einander mehr »Platz« einzuräumen, zum Beispiel sich weniger intensiv umeinander zu kümmern, weniger destruktive Kritik zu üben, haben sehr positive Ergebnisse erzielt.

JOHN Ich will versuchen zusammenzufassen. Ausreichende emotionale Unterstützung vorausgesetzt, kann das Kind Informationen über die Welt ansammeln, es kann anfangen, seine eigenen Grenzen in seine Landkarte zu zeichnen. Wenn die Grenzen der *Mutter* jedoch sehr verschwommen sind, wenn sie nicht eigenständig genug ist, vermag das das Baby auch nicht zu sein und bleibt wahrscheinlich in dieser etwas primitiven, undifferenzierten, verschwommenen Phase stecken.

ROBIN *Wenn* ihm nicht später jemand diese Grenzerfahrung auf zugleich hilfreiche und nicht allzu streßreiche Weise vermittelt.

JOHN Wenn die Person das Babyniveau nicht überwindet, könnte sie im *schlimmsten* Fall später als schizophren diagnostiziert werden.

ROBIN Ja. Begründet in einer ererbten Schwäche oder familienimmanenten Verschwommenheit oder beidem. Bitte vergiß aber nicht, das ist meine persönliche Interpretation eines extrem komplizierten Bereiches, zu dem es allerlei verwirrende und widersprüchliche Meinungen gibt. Trotzdem gibt es einige verbindliche Thesen, und ich versuche, diese mit meinen persönlichen und beruflichen Erfahrungen in Einklang zu bringen. Meine klinische Arbeit scheint meine Rückschlüsse zu bestätigen.

JOHN Wenn die Grenzen der Mutter klar sind, lernt sich das Kind immer besser einzuschätzen, seine Karte wird genauer, schließt den Vater, dann Brüder und Schwestern ein und schließlich die ganze Außenwelt.

ROBIN So sehe ich das auch. Aber dummerweise gibt's da noch eine Hürde, die man nehmen muß, bevor die »Grenzfrage« geklärt ist.

JOHN Wie naiv von mir zu denken, es ginge so einfach. Wie heißt die Hürde?

ROBIN Die »paranoide« Art, mit Streß fertigzuwerden.

Wir sind alle paranoid …

JOHN Haben wir die »verschwommenen Grenzbereiche« denn abgehandelt? Ist das eine neue Entwicklungsstufe?

ROBIN Nicht unbedingt. Dieses »paranoide« Verhalten ist nicht möglich, *ehe* einige Grenzen gezogen sind, aber es ist auch nur möglich, *weil* diese noch ein bißchen verschwommen sind. Weißt du, für ein Baby ist es von Vorteil, verschwommene Grenzen zu haben. Die Unsicherheit, wo seine Grenzen liegen, bietet ihm Schutz, wenn Streß und Schmerz überhandnehmen. Es ist wie ein Sicherheitsventil, eine Art Überlaufrohr. Das Baby kann schmerzliche Gefühle ablassen, wenn sie zu verwirrend sind. Das ist wichtig, weil es den Unterschied im Verhalten von Kindern und Erwachsenen erklärt und auch das als »paranoid« bezeichnete Verhalten.

JOHN Paranoid in dem Sinn, daß jemand nicht zu einem Rugbyspiel geht, weil die Stürmer immer zusammenstehen und über ihn reden!

ROBIN Das ist genau das Prinzip. Im Extremfall dreht es sich um klinische Paranoia, auch Verfolgungswahn genannt. Im Alltagsleben ist das oft die Wurzel allen Übels, daß die Schuld immer den anderen zugeschoben wird.

JOHN Warum ist das zu diesem Zeitpunkt für das Baby wichtig?

ROBIN In diesem frühen Stadium der Entwicklung, wenn das Gehirn noch gar nicht ganz »vernetzt« ist, sind die Gefühle des Babys sehr unangemessen, ihm selbst unbekannt, es kann sie noch nicht integrieren und gegeneinander auswägen.

JOHN Daß die Gefühle der Babys extrem sind, kann man wirklich sehen – und *hören!* Es gibt, glaube ich, wenig, was einem so in die Glieder fahren kann wie das Geschrei eines Babys.

ROBIN Genau. Das Leben ist ein Honigschlecken nach dem Füttern und die reinste Hölle, wenn das nächste ein bißchen verspätet ist. Wenn die damit verbundene Wut dann für das Baby unerträglich wird, scheint es ihm möglich zu sein, seine Grenzen so zu verschieben, daß diese Gefühle eher als »draußen« erlebt werden, als nicht »innerlich«. Sie wurden zum Nicht-Ich anstelle von Ich.

JOHN Moment mal – das klang aber ein bißchen oberflächlich. Du sagst, wenn ich ein Baby bin, kann ich meine Grenzen auf meiner Landkarte von Ich bis Nicht-Ich verschieben, so daß diese schlechten Gefühle nicht mehr zu mir gehören?

ROBIN Genau. Stelle dir die Grenzen dehnbarer vor, wie weiche Plastikmarkierungen bei Straßenreparaturen anstelle metallener Be-

grenzungen. Dann können die Fahrstreifen einfacher geändert werden, genauso im Falle des Babys und seiner Erfahrungen mit Ich und Nicht-Ich.

JOHN Dann kann das Baby so tun, als ob ein Teil von ihm – einige seiner Gefühle – überhaupt nichts mit ihm zu tun hätten.

ROBIN Das stimmt – wenn es sie nicht ertragen kann, kann es sie verleugnen.

JOHN Und dann geht's ihm besser?

ROBIN Ja und nein. Laß mich erklären, was als nächstes passiert. Das Baby hatte also diese scheußlichen Gefühle, und jetzt tut es so, als ob sie nicht in ihm wären. Aber sie sind natürlich nicht einfach verschwunden. Es fühlt, daß sie noch da sind. Aber wenn sie nicht *in* ihm sind, dann ...

JOHN Müssen sie von *außen* kommen?

ROBIN Genau.

JOHN Nennt man das Projektion?

ROBIN Ja, das ist der technische Ausdruck. Fassen wir zusammen: Wenn das Baby scheußliche Gefühle hat, die es ableugnet, verschiebt es seine Grenze und verlegt so die schmerzlichen Gefühle »außerhalb« seines Selbst. Diese verschwinden natürlich nicht einfach so und scheinen daher dem Baby jetzt von außen zu kommen.

JOHN Es hat sie auf die Außenwelt projiziert?

ROBIN Richtig. Die Welt erscheint ihm jetzt roher und grausamer, als sie wirklich ist. Wenn du also wissen willst, ob das Baby sich jetzt besser fühlt, muß ich antworten: einerseits ja, weil es sich selbst nicht so schlecht vorkommt, aber andererseits nein, weil die Außenwelt jetzt viel gefährlicher als vorher erscheint. Und die Welt ist ja zu diesem Zeitpunkt noch mehr oder weniger Mutter. Statt also die Mutter in Stücke reißen und auffressen zu wollen, wenn es Hunger hat, »projiziert« es jetzt diese Gefühle auf die Mutter. In Zeitlupe sieht das so aus:

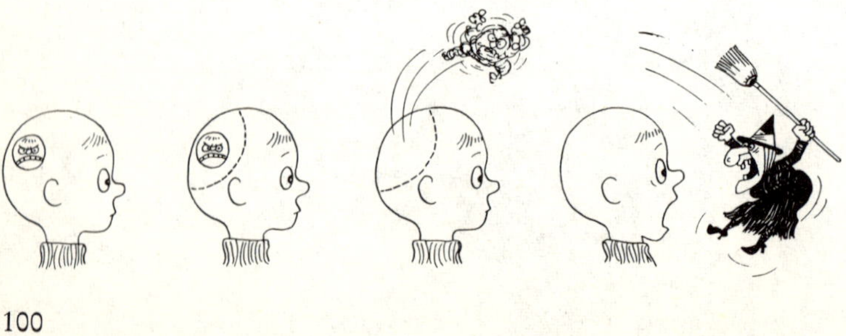

ROBIN Jetzt sieht die Mutter wie eine schreckenerregende Hexe aus, die das Baby auffressen möchte!

JOHN Es ist nicht mehr furchtbar wütend – sondern fürchtet sich zu Tode!

ROBIN Vom Regen in die Traufe!

JOHN Vermutlich erklärt das, warum Märchen so erstaunlich scheußlich und voll von furchtbaren Frauengestalten sind, schlechten Stiefmüttern, Hexen, häßlichen Schwestern. *Normale* Mütter scheint es kaum zu geben. Väter sind recht unbestimmt, harmlose Kreaturen, die im Hintergrund bleiben. Und die einzigen guten Frauen sind die Feen, die völlig fehlerfrei sind, die immer – wie Old Shatterhand – genau zur rechten Zeit auftauchen, um alles ins Lot zu bringen, wahrscheinlich beim nächsten Füttern ...

ROBIN Vergiß nicht, daß man ja all die schlechten Gefühle gegenüber Vätern auf Monster, Riesen und Ungeheuer projizieren kann, und die Könige, Prinzen und Magier machen alles wieder gut.

JOHN Dann faszinieren also diese Geschichten die Kinder deshalb so, weil sie ganz ihren eigenen Phantasien und Projektionen in diesem Alter entsprechen.

ROBIN Ja, weil sie alles ins Extreme steigern, in Liebe oder Haß, genau wie es die Kinder in ihrer Gefühlswelt gerade erleben. Die Grenzen richtig zu ziehen zwischen Ich und Nicht-Ich, aufsteigenden Haß durch erinnerte Liebesgefühle auszugleichen ist die Aufgabe, die das Kind meistern muß und die uns wohl unser ganzes Leben lang gestellt ist.

JOHN Helfen die Märchen den Kindern, damit fertigzuwerden?

ROBIN Ja. Diese Erzählungen ermutigen sie dazu, unbekannte, angstmachende Gefühle auf Hexen oder Monster zu projizieren, als wären es die Eltern oder andere liebevolle Erwachsene, die ihnen diese Geschichten vorlesen. Die Kinder erlangen so das Vertrauen, daß die Erwachsenen mit diesen Gefühlen umgehen können.

JOHN Wenn sie merken, daß ihre Eltern sich nicht vor diesen Gefühlen fürchten, dann haben sie selbst auch keine Angst mehr davor?

ROBIN Genau. Je vertrauter ihnen diese Gefühle sind, desto weniger müssen sie projiziert werden. Die Kinder beginnen sie wirklich zu »besitzen«, sie machen sich diese Gefühle zu eigen. Das bedeutet natürlich, daß die Gefühle enger zusammengeführt werden, sich besser ausgleichen können und daher weniger extrem sind. Sie erregen weniger Furcht, und die Tendenz, schmerzhafte Gefühle zu verneinen und nach außen abzuschieben, nimmt immer mehr ab. Die Neigung zu Paranoia verringert sich.

JOHN Das ist ja interessant. Somit vermitteln die Leute, die ihre Kinder vor den Grausamkeiten der traditionellen Märchen beschützen wollen, eine ganz falsche Botschaft: daß es etwas gibt, das den Eltern Angst macht!

ROBIN Ja. Wenn ich eine Familie treffe, die ihre Kinder vor diesen Märchen schützen will, erwarte ich, ein sehr verängstigtes Kind vorzufinden. Diese Geschichten *helfen* dem Kind, mit seiner kindlichen Wut umzugehen, *vorausgesetzt,* die Eltern gewähren ihm gleichzeitig Schutz und Liebe und haben keine Angst vor seinen gewalttätigen, haßerfüllten Gefühlen.

JOHN Um zusammenzufassen: In dieser Phase kann das Baby seine Gefühle noch nicht richtig ausgleichen, daher erscheinen sie ihm oft bedrohlich und furchterregend. Sie werden vom Baby nach außen projiziert – und es fühlt sich besser. Statt dessen wird die Außenwelt um so furchterregender.

ROBIN So ist es. Und natürlich, wenn das Baby in dieser Phase genug Unterstützung und Liebe bekommt, vermindern sich sein Schmerz, seine Wut und alle anderen Frustrationen erheblich. Es muß diese

Gefühle nicht mehr verleugnen, sondern kann mit ihnen fertigwerden und sie sich zu eigen machen. Es kann beginnen, seine Grenzen richtig zu ziehen.

JOHN Und die Welt weiter bei sich einzeichnen. O.k. Was passiert aber, wenn es nicht genug Hilfe erhält?

ROBIN Dann wird es in dieser Phase steckenbleiben.

JOHN Es wird die schlechten Gefühle dauernd weiterprojizieren. Übrigens ... sind es meist Wut und Gewalttätigkeit?

ROBIN Für ein Baby sind das wohl die schwierigsten Gefühle. Aber wenn jemand, der auf dieser Stufe steckengeblieben ist, älter wird, kann er jedes Gefühl als schmerzhaft empfinden – sexuelle Gefühle, Neid, Eifersucht, Trauer ...

JOHN Was auch immer es gerade sein mag, dieses Gefühl wird nach außen projiziert, und die Umwelt wirkt dadurch sehr bedrohlich. Gibt es denn da eine Verbindung zwischen so jemandem und einem Paranoiker mit Verfolgungswahn?

ROBIN Jemand, der wirklich klinisch paranoid ist, ist ein extremer Fall des Typs, der nicht aus dieser Phase herausgewachsen ist. Vielleicht sollte ich sagen, wir sind wohl *alle* von Zeit zu Zeit ein bißchen paranoid.

JOHN Wenn ich jetzt widerspreche, sieht es so aus, als ob ich das persönlich auffaßte, und das wäre der Beweis, daß ich paranoid bin – also stimme ich dir zu.

ROBIN Ich sage ja auch bloß, fast jeder zeigt von Zeit zu Zeit Ansätze paranoider Züge. Mit anderen Worten, es gibt nur sehr, sehr wenige Leute, die ganz aus dieser Phase herauswachsen. Hast du noch nie jemand anderem die Schuld zugeschrieben für etwas, das wirklich dein Fehler war?

JOHN Aber das ist doch eine ganz normale, eine gesunde Lebenseinstellung!

ROBIN Und eine paranoide.

JOHN O.k. Was genau meinst du denn mit paranoid?

ROBIN Wenn du in jeder Streitsituation oder Konfrontation so tust, als ob du selbst tadellos bist, »gut«, aber der andere die ganze Schuld hat, »schlecht« ist – das ist paranoides Verhalten. Interessant ist, daß du das Wort »gesund« benutzt hast, denn paranoides Verhalten führt dazu, daß wir uns »besser« fühlen.

JOHN Im *moralischen* Sinn besser?

ROBIN Besser in jedem Sinn. Sich im Recht zu fühlen, macht die Dinge soviel einfacher. Der andere ist zu verurteilen, und du fühlst dich natürlich auch moralisch besser, da du dich nicht mit unangenehmen Schuldgefühlen belasten mußt. Deshalb hat das Baby ja damit angefangen – es wollte sich besser fühlen.

JOHN Vor einem außenstehenden Betrachter würdest du allerdings viel *schlechter* dastehen, da du nicht fähig bist, einen anderen Standpunkt anzuerkennen, deine Fehler zuzugeben und irgendwelche Kompromisse zu schließen.

ROBIN Genau.

JOHN Zum Beispiel kann ich mich beim Autofahren heftig über andere Fahrer ärgern, die nicht rechtzeitig ihren Blinker einschalten, um Richtungsänderungen anzuzeigen. Sollte mir das selbst mal passieren, und ich werde angehupt, entschuldige ich mich sofort damit, daß selbst der größte Idiot voraussehen konnte, was ich tun würde. Ist das paranoid?

ROBIN Richtig. Das heißt natürlich nicht, daß du eine paranoide Psychose hast, denn du nimmst das alles ja nicht allzu ernst. Nach fünf Minuten denkst du auch schon anders darüber und landest wieder in der Realität – aber es *ist* paranoides Verhalten.

JOHN Und wenn ich mein Knie am Tisch stoße und wütend werde –

vermeide ich damit zuzugeben, daß ich einen Fehler gemacht habe, indem ich dem Tisch die Schuld zuschiebe?

ROBIN Gutes Beispiel! Und denk doch bloß an den guten Basil Fawlty von ›Fawlty Towers‹*, der dauernd den anderen die Schuld in die Schuhe schiebt. Er kann nicht verstehen, wie dumm und rücksichtslos die anderen alle sind – nur er ist natürlich moralisch einwandfrei.

JOHN Und um ein erstklassiges Beispiel organisierter Paranoia zu sehen, braucht man nur zu einem Fußballspiel zu gehen. Wird ein Spieler unserer Mannschaft getreten, ist es natürlich Absicht, während es unserem Spieler aus Versehen passiert, denn er läuft ja nur dem Ball nach. Unsere Mannschaft ist hart, aber fair, während die Gegner brutale Holzer sind, und der Schiedsrichter ist sowieso bestochen.

ROBIN Das trägt freilich alles zum Sportvergnügen bei, oder?

JOHN Ja, aber warum tun wir das denn? Irgendwie vereinfacht das alles – wie man den »Bösen« in den Cowboyfilmen schwarze Hüte aufsetzt, damit es uns nicht leid tut, wenn sie erschossen werden.

ROBIN Ja, diese Schwarz-Weiß-Malerei tut uns gut und hat ihren Zweck: Erstens solidarisieren wir uns mit der »guten« Gruppe – das ist sehr beruhigend. Zweitens können wir unsere üblichen Ansprüche an unser »korrektes« Benehmen ein bißchen lockern und diese »grauen« Gegenden, die uns normalerweise soviel Mühe machen, eine Zeitlang vergessen. Und drittens können wir uns Luft machen und endlich unsere eigenen »schlechten« Gefühle den »Bösewichtern« andrehen.

* Englische Filmserie mit John Cleese als Basil Fawlty.

JOHN Du meinst, wir entledigen uns der Frustrationen, die wir während der Woche durch unser »korrektes« Verhalten ansammeln? Und wir schieben sie »verdientermaßen« auf die »Bösewichter« ab, ohne daß wir uns deswegen schuldig zu fühlen brauchen.

ROBIN Genau. Deshalb, meine ich, haben die meisten Leute Spaß an Wettkampfspielen. Eines der auffallendsten Merkmale, das kürzlich in einer Untersuchung über psychische Gesundheit herausgefunden wurde, war, daß wirklich gesunde Menschen Spaß an Wettkämpfen haben. Die weniger gut Angepaßten, nicht so Gesunden, hatten daran kein Interesse. Gesunde Menschen *wissen* natürlich, daß es nur ein *Spiel* ist, und sie wissen genau, was sie tun. Sie sind ganz bewußt darauf aus, sich mit den anderen zu messen, aber wenn das Spiel vorbei ist, können sie auch wieder abschalten. Es ist halt nur Spiel! Sie haben sich gut amüsiert – aber sie nehmen das alles nicht zu ernst.

JOHN Und die, die es sehr ernst nehmen, Menschen, die den Fußballspielern Todesdrohungen schicken, oder die Terrassenkämpfer?

ROBIN Die sind irgendwo zwischen gesund und klinisch paranoid angesiedelt. Die *brauchen* einfach Bösewichter, denen sie ihre »schlechten« Gefühle aufladen können, genau wie paranoide Menschen oder Familien ihre Umwelt als schlecht sehen müssen und sich verfolgt fühlen, um überhaupt die Balance halten zu können.

JOHN Das brauchen sie, um nicht überzuschnappen bei dem Gedanken, die »Schlechtigkeit« könnte ihre eigene sein.

ROBIN Ja. Je mehr diese Menschen auf dieser Stufe festkleben, desto mehr müssen sie die Außenwelt für schlecht halten, um sich selbst wohlzufühlen. Je mehr sie das tun, um so weniger werden sie die Realität sehen und um so näher rücken sie in die Nähe von klinischer Paranoia oder Verfolgungswahn.

JOHN Weil sie als Babys nicht aus dieser Phase herauswachsen konnten – wie normale Leute eben –, sind sie auf diesem Niveau stehengeblieben. Der Grund dafür liegt in fehlender Liebe oder Unterstützung durch die Eltern – wahrscheinlich, weil *diese* die »schlechten« Gefühle auch sehr furchterregend fanden. Mit anderen Worten, die Eltern klebten selbst da fest.

ROBIN Ja, so meine ich, ist das. Kinder können sich nur schwer über ihre Eltern hinaus entwickeln, es sei denn, sie erhalten viel Hilfe von außerhalb der Familie.

JOHN Also kommt jemand mit klinischer Paranoia wahrscheinlich aus einer paranoiden Familie? Wie funktioniert denn so eine Familie?

ROBIN Du kannst dir bestimmt vorstellen, wie in einer Familie, in der alle auf dieser Babystufe verhaftet sind, auch alle versuchen werden, ihre »schlechten« Gefühle loszuwerden.

JOHN Indem sie sie aufeinander projizieren?

ROBIN Ja. Aber keiner will sie haben, und daher spielt die Familie »Fang mal« mit all den schlechten Gefühlen.

JOHN Jeder kriegt mal was ab und schiebt es flott dem Nächsten zu.

ROBIN Anstatt sich darüber klarzuwerden, daß es doch eigene Gefühle sind und man sich mit ihnen zu befassen versucht. Und weil niemand in der Familie mit ihnen richtig fertigwird, lernt das Kind schon bald, daß diese Gefühle nicht »sicher« sind, und fängt an, das Spiel mitzuspielen.

JOHN Und geht dieses »Fang mal«-Spiel endlos weiter?

ROBIN Manchmal schon. Wenn allerdings das schmerzhafte Gefühl einen gewissen Punkt übersteigt, zum Beispiel bei einem Todesfall oder einem anderen großen Verlust, dann ist es eine zu große Anstrengung, das Gefühl immer weiter im Kreis herumzureichen, und sie hacken plötzlich alle auf einem Familienmitglied herum und schieben ihm die Schuld für alle ihre »Übel« zu. Das nennen wir jemanden zum »Sündenbock« machen.

JOHN Der Sündenbock muß alle schlechten Gefühle der Familie tragen?

ROBIN Ja. Man könnte das so sehen, als zeichneten sie die *Familiengrenzen* so um, daß sich der Sündenbock außerhalb befindet. Alle anderen sind jetzt »gut« – nur er ist »schlecht« und verursacht all die Probleme, an denen die Familie leidet. Und da der Sündenbock als außerordentlich böse und schlecht entlarvt ist, können alle Familienmitglieder ganz freimütig all ihre schlechten Gefühle ausdrücken. Sie haben sogar die hervorragende Entschuldigung, es sei allein seine Schuld, daß sie sich so mies ihm gegenüber verhalten.

JOHN Bricht der Sündenbock denn nicht zusammen unter soviel Druck?

ROBIN Nicht unbedingt. Aber wenn der Streß in der Familie allgemein stark ist und immer mehr schmerzhafte Gefühle auf ihn abgeladen werden, dann ist es schon möglich, daß er im Krankenhaus landet.

JOHN Wenn das passiert – dürfte es allerdings recht schwierig sein, den Sündenbock allein zu behandeln, wenn man die Familie nicht dahin bringt, die schlechten Gefühle, die auf ihm lasten, wieder zurückzunehmen.

ROBIN Genau so ist es! Das ist der springende Punkt! Aber selbst heute noch gibt es Therapeuten, die nicht verstehen, was genau vor sich geht, und sie erfüllen die Bitte der Familie, den Sündenbock zu isolieren und zu »heilen«. Mit anderen Worten, sie bestätigen das Urteil der Familie, daß der Sündenbock der »Patient« ist und in eine Nervenheilanstalt gehört.

JOHN Das heißt also, die Therapeuten behandeln ihn so, als ob wirklich alles seine Schuld sei. Sie schlagen sich auf die Seite der Familie. Nun ist der Sündenbock weg – was passiert dann in der Familie?

ROBIN Für eine kurze Zeit geht es ihnen ein bißchen besser. Dann fängt natürlich die ganze Sache wieder von vorn an: Die schlechten Gefühle machen sich wieder bemerkbar – und das Schlimme ist, der Sündenbock ist nicht mehr da, um die Schuld auf sich zu nehmen.

JOHN Und was passiert dann?

ROBIN Eventuell versuchen sie, den Sündenbock wieder zurückzuholen.

JOHN Damit sie ihre schlechten Gefühle weiter auf ihn abschieben können.

ROBIN Ja.

JOHN Das ist ja nicht zu glauben. Aber vermutlich könnten sie sie auch auf ein anderes Familienmitglied abwälzen.

ROBIN Nach einer gewissen Zeit passiert das häufig. Ich habe das schon oft beobachtet, wenn das Problemkind ins Internat geschickt wurde – dabei war das Kind nur wie ein Schwamm, der die Probleme der ganzen Familie aufsaugte. Dann wird ein anderer zum Schwamm gemacht.

JOHN Wenn du aber so eine Familie nun erfolgreich behandeln willst, wenn sie verstehen sollen, was der Sündenbock bedeutet und wie sie ihre schlechten Gefühle selbst übernehmen können, muß vermutlich die ganze Familie in Therapie.

ROBIN Ja, es ist oft ganz schön schwierig, sie alle zusammenzukriegen. Die Eltern kommen zwar oft, weigern sich aber, die anderen Kinder mitzubringen, üblicherweise wollen sie nur den Sündenbock behandeln lassen.

JOHN Warum?

ROBIN Wie wir ja schon gesehen haben, ist der eigentliche Grund dieses paranoiden Verhaltens, die »schlechten« Gefühle von den »guten« getrennt zu halten, damit die einen die anderen nicht verderben können. Daher wollen sie das »gute«, frohe Kind fernhalten von dem, das sie jetzt als total »schlecht« ansehen.

JOHN Damit ein »fauler Apfel« den Rest nicht verdirbt.

ROBIN So sehen sie das. Vermutlich spüren sie tief drinnen, daß sonst der ganze Schwindel auffliegt. Aber sie wären schockiert, wenn du ihnen das als Erklärung nahelegtest – und ich bin sicher, sie sind sich dessen wirklich nicht bewußt. Und sie sind ja alle an der Geschichte beteiligt – denn selbst der Sündenbock ist immer auch in gewissem Sinn freiwillig dabei.

JOHN ... Du machst wohl Witze?

ROBIN Nein, da sind die meisten Familientherapeuten einer Meinung. Der Sündenbock wird natürlich in gewisser Weise in diese Rolle hineingeschoben. Aber er weiß auch immer, daß er der Familie einen Dienst erweist, indem er alles ausbadet. Wenn man noch sehr klein ist, fühlt man sich sicherer, wenn die Eltern zusammenbleiben und sich um einen kümmern können. Das ist doch besser, als wenn sich die Eltern in Stücke reißen oder Selbstmord begehen oder dich sonstwie alleine lassen.

JOHN Aber das Kind kann das doch nicht verstehen, oder?

ROBIN Vielleicht sollten wir richtiger sagen, es bemerkt, daß alles viel harmonischer verläuft, wenn es akzeptiert, daß es der »Bösewicht« ist.

JOHN Das Kind akzeptiert also die Rolle, um seiner *Familie* zu helfen, und wird damit zu ihrem Abfalleimer. Und in gewisser Weise, obwohl das pervers klingt, bekommt es als solcher auch eine Menge Aufmerksamkeit.

ROBIN Genau. Und es spürt ebenso, daß es eine sehr wichtige Rolle innerhalb der Familie spielt.

JOHN Das ist ja ungeheuerlich. Du meinst, der Sündenbock fühlt, daß er gebraucht wird?

ROBIN Ja, genau. Die Familie braucht ihn auch wirklich, solange er die Abfalleimerrolle akzeptiert, und das gibt ihm auf eine verrückte Art eine Menge Sicherheit.

JOHN Wenn du also so eine Familie behandelst, müssen alle zusammen kommen, und du darfst nicht die Partei der Familie ergreifen.

ROBIN Und auch nicht die des Sündenbocks! Man darf sich auf niemandes Seite stellen, denn dann würde man ja Teil dieses paranoiden »Beschuldigungsspiels«. Deshalb glaube ich, daß die Methoden von R.D. Laing und Cooper eine Menge Schaden angerichtet haben. Es ist naheliegend, sich gefühlsmäßig mit dem Sündenbock zusammenzutun, aber der Therapeut muß es vermeiden, weil es keine Besserung bringt. Denn wenn man nur den Sündenbock unterstützt, fühlt sich der Rest der Familie verunsichert, wird noch paranoider, kann noch weniger mit den schlechten Gefühlen klarkommen, und daher ist es wahrscheinlich, daß der Sündenbock noch mehr davon abkriegt, wenn er nach Hause kommt. Man muß die Familie als selbständiges System behandeln, ohne dabei *irgendeinen* zu tadeln. Es ist ja mittlerweile offensichtlich, daß *alle* Unterstützung brauchen, wenn man erreichen will, daß die Beschuldigungen als Sicherheitsventil weniger notwendig werden.

JOHN O.k. Um also zusammenzufassen: Kurz bevor das Baby sechs Monate alt ist, geht es durch eine paranoide Phase, was bedeutet, es wird seine eigenen »schlechten« Gefühle los, indem es sie auf die Umwelt projiziert. Das ist keine gute Lösung, denn dadurch erscheint die Umwelt scheußlicher, als sie wirklich ist. Aber das Baby wird seine Grenzen richtig umzeichnen und die Realität in den Griff bekommen, wenn es die Unterstützung erhält, die es braucht, denn dadurch werden seine Gefühle weniger intensiv und daher erträglicher. Es kann sie sich so besser zu eigen machen. Also wächst das Baby über die paranoide Phase hinaus – *es sei denn*, seine Familie steckt selbst fest. Dann spielen sie wahrscheinlich alle »Fang mal« mit ihren schlechten Gefühlen, bis sie mitunter ein Familienmitglied – den Sündenbock – finden, das sie annimmt, um ihnen allen auszuhelfen.

Doch nur ganz wenige Leute werden diese paranoiden Tendenzen ganz los – und daher kann selbst in sehr normalen Familien ein Mitglied unter großem Streß manchmal leicht paranoid reagieren, indem es Dinge sagt wie : »Das ist nun wirklich nicht meine Schuld, daran bist du allein schuld.« Der große Unterschied dabei ist, daß derjenige bald seine Grenzen wiederfindet und es als eine zeitlich begrenzte Verirrung erkennt, während der »klinische Paranoiker« wohl nie aus dieser paranoiden Welt auftaucht und die Realität wahrscheinlich nie wirklich sieht.

Die Mama erkennen …

JOHN Also wann genau kommt denn das Baby aus dieser paranoiden Phase heraus, wenn es genug Liebe und Unterstützung hat? Nach sechs Monaten?

ROBIN Ja, so ungefähr. Es ist allerdings ein ganz langsamer Prozeß, es geschieht nicht plötzlich.

JOHN Und was muß es danach lernen?

ROBIN Das Charakteristische der paranoiden Phase war, daß seine Eindrücke und Gefühle noch nicht miteinander verbunden sind, sie sind noch nicht vereint und im Gleichgewicht.

JOHN Die Gefühle werden getrennt gehalten.

ROBIN Nicht nur die Gefühle. Bis zum fünften Monat nach der Geburt besteht die Mutter noch aus voneinander völlig getrennten Teilen: Brüste, Stimme, Augen, Arme, Gesicht und so weiter.

JOHN Aber das Baby erkennt die Mutter doch schon vorher.

ROBIN Ganz bestimmt. Ich versuche nur, dir verschiedene Meinungen zu diesem Thema anzudeuten – aber wohl alle Leute stimmen darin überein, daß soziale Reaktionen zwischen Mutter und Kind sich nach dem ersten Monat entwickeln. Das Baby beginnt dann, zum Beispiel die Stimme der Mutter wiederzuerkennen. Wenn es drei Monate alt ist, reagiert es stärker auf die Mutter als auf andere Leute. Und im fünften Monat ist offensichtlich, daß die Mutter erkannt wird.

JOHN Und danach?

ROBIN Während der nächsten sechs Monate entwickelt das Baby seine Fähigkeit, die verschiedenen Teile – Gesicht, Brüste, Hände – zusammenzufügen zu einer Person.

JOHN Und wenn es seine Mutter als Ganzes sehen kann, dann beginnt es wohl auch, *sich selbst* so zu sehen?

ROBIN Ja, es entwickelt ein größeres Gespür für sein eigenes Fortbestehen. Daher ist es jetzt seinen Gefühlen nicht mehr so ausgeliefert wie vorher. Es empfindet es natürlich immer noch als furchtbar, hungrig zu sein und alleingelassen zu werden. Aber das alles ist schon erträglicher, wenn sich das Baby daran zu erinnern beginnt,

wie glücklich es doch beim letzten Füttern war, und es fängt auch langsam an, zu verstehen, daß es bald wieder so sein wird.

JOHN Seine Gefühle werden miteinander verknüpft, gleichen sich aus, und es erlangt die Möglichkeit zu mehr Selbstkontrolle.

ROBIN Genau. Laß uns jetzt zurückgehen zu der Vorstellung, die das Baby von der Mutter hat. Es versteht jetzt, nachdem es alle Teile miteinander verbunden hat, daß es die Mutter ist, die zu ihm kommt, es füttert und ihm soviel Glück bringt. Aber es versteht auch, daß *dieselbe Person* manchmal eben nicht da ist, es absichtlich weinen läßt, ihm sehr viel Schmerz zufügt.

JOHN Willst du damit sagen, daß es vorher zwei Mütter in seiner Vorstellung hatte – eine gute Fee und eine böse Hexe?

ROBIN Fast scheint es so. Nach sechs Monaten werden diese beiden totalen Gegensätze jetzt im Kopf des Kindes zu *einem* Bild zusammengeschweißt.

JOHN Und zugleich sind ja damit auch die gegensätzlichen Gefühle verbunden – das muß ja schrecklich verwirrend sein für die Kleinen.

ROBIN Und schmerzhaft – es tut weh, zu entdecken, daß man jemanden haßt, den man doch liebt.

JOHN Besonders in dieser Zeit, wenn man total abhängig von ihm ist.

ROBIN Aber es gibt auch eine positive Seite. Das ist der Beginn einer neuen Art Liebe – der Beginn der Anteilnahme, die man für jemanden fühlt, dem man sehr nahesteht. Man sorgt sich um ihn, hofft, daß es ihm gutgeht.

JOHN Im Gegensatz zu der Art Liebe, die sich nur für andere interessiert, weil sie uns etwas geben können.

ROBIN Ja. Das Baby macht den ersten Schritt auf eine erwachsenere Art der Liebe zu, die mehr auf einer Basis der Gegenseitigkeit beruht. Man sorgt füreinander, weil man sich mag. Menschen, die dieses Stadium nicht erreichen, behandeln andere, als ob sie wandelnde Brüste oder Flaschen wären, die man leer saugen kann. Drogensüchtige und schwere Alkoholiker benehmen sich oft so. Sie stecken auf dem Niveau des sechsmonatigen Babys fest – ebenso Schizophrene, die andere auch nur als Objekt behandeln können, als unverbundene Teile, Stimmen, Lippen, Körper, Köpfe, Brüste, Genitalien. Es ist offensichtlich, daß man sich nicht so um die Brust der Mutter sorgen kann wie um die wirkliche, lebende, ganze Mutter.

JOHN Die Landkarte des Babys wird genauer und zeigt beide, die

Mutter und es selbst als ganze Personen. Das erst ermöglicht ihm, wirkliche Betroffenheit für ein anderes menschliches Wesen zu empfinden. Dazu muß es allerdings die verschiedenen gegensätzlichen Emotionen in sich vereinen, die es in seiner paranoiden Phase auseinandergehalten hat. Das wird angsterregend sein, besonders, wenn es entdeckt, daß es Haß für den Menschen empfindet, den es so liebt und von dem es so abhängig ist – seine Mutter.

Robin Und noch etwas wird ihm große Angst einjagen. Sobald es nämlich merkt, daß sowohl es selbst als auch seine Mutter »Ganzheiten« sind, bemerkt es auch seine Getrenntheit von der Mutter. Bis jetzt überschnitten sie sich ja teilweise.

John Du willst sagen, während es auf seiner Karte eine Grenze zieht um seine Mutter und sich selbst, fällt der Groschen, und es sieht, da ist auch eine Grenze *zwischen* ihnen.

Robin Ja. Eine Grenze definiert ja sowohl, was drinnen ist, als auch, was draußen bleibt. Es drückt sich auch in unserer Sprache aus, man wird *alles, eins – allein.* Die Unsicherheit des Babys nimmt zu, denn sein Abgetrenntsein könnte ja bedeuten, daß es alleingelassen wird, es könnte die Mutter verlieren!

Und das bedeutet die nächste Phase, nämlich von

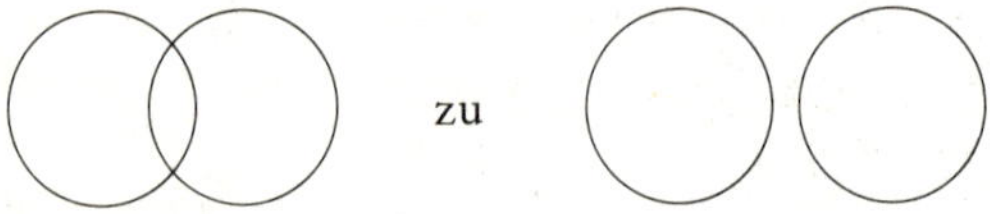

John Festzustellen, man ist getrennt von seinem Überlebenssystem und könnte es somit verlieren, muß ganz schön haarsträubend sein. Wie lange dauert dieser Prozeß?

Robin Während der ganzen Kindheit, und in gewisser Weise unser ganzes Leben lang – besonders, wenn wir uns dem Tod nähern. Aber was das Kind anbelangt, ist es wohl am ärgsten betroffen im Alter von etwa sechs Monaten bis zu drei Jahren. Während dieser Zeit hat das Kind die meiste Angst, die Mutter zu verlieren, und braucht laufend Rückversicherungen, daß sie nicht verschwinden wird.

John Kommt diese Angst des Babys plötzlich?

Robin Nach etwa sechs Monaten fällt der Groschen ganz schön plötzlich – es spürt, die Mutter ist getrennt von ihm. Und zu dem

Zeitpunkt ist die Angst am schlimmsten, wird aber dann geringer. Während der Zeit von sechs Monaten bis zu drei Jahren verkraftet das Kind jede längere Trennung von der Mutter nur schwer. Und deshalb und weil es seine Mutter jetzt erkennt, gibt es dieses starke Anhänglichkeitsverhalten.

JOHN Was passiert bei einer längeren Trennung in dieser kritischen Zeit?

ROBIN Einige britische Experten wie John Bowlby, James und Joyce Robertson haben Kinder, die von ihren Familien getrennt waren, untersucht und drei Phasen beschrieben, die diese Kinder bei längeren Trennungen durchmachen: Die erste Phase haben sie »Protest« genannt, sie ist gekennzeichnet durch Kummer, wütendes Schreien, Suchen sowie durch Versuche, die Mutter zu finden und sie zurückzuholen. Das Kind, das während dieser Phase wieder mit der Mutter vereint wird, ist interessanterweise eine Zeitlang recht schwierig. Als ob es die Mutter dafür bestrafen will, weggegangen zu sein. Wenn es diese Gefühle ausgelebt hat, wird es wieder ganz normal. Es hat wieder Vertrauen, obwohl es für die nächste Zeit noch sehr empfindlich auf jegliche Trennung reagiert.

JOHN Dieses Bestrafen der Mutter ist doch interessant! Ich hab das umgekehrt bemerkt. Wenn das Kind eine Zeitlang verschwindet, bekommt es bei seiner Rückkehr oft den Hintern verhauen als Strafe für die Ängste, die die Mutter seinetwegen gelitten hat.

ROBIN Genau. Man vergißt zu schnell, daß dieses Anhänglichkeitsverhalten für *beide* gilt, und die Trennungsängste eben auch.

JOHN Was haben Bowlby und die Robertsons herausgefunden, wenn die Trennung länger dauerte?

ROBIN Dann kann das Kind in die »Verzweiflungsphase« kommen. Es ist ganz ruhig, zurückgezogen, apathisch und fühlt sich jämmerlich. Es spielt nicht mehr und scheint das Interesse an allem verloren zu haben. Bevor diese Reaktion richtig verstanden wurde, dachten die Therapeuten einfach, das Kind hätte sich mit seiner Lage abgefunden und schickte sich drein. Aber in Wirklichkeit hat das Kind jetzt Angst, daß die Mutter nie mehr zurückkommt. Und wenn es wieder nach Hause kommt, aus dem Krankenhaus zum Beispiel, wird es sehr viel länger brauchen, um über diese Erfahrung hinwegzukommen. Es klammert sich lange an die Mutter, ist zeitweilig deprimiert und scheint sein Selbstvertrauen und seinen ganzen Unternehmungsgeist verloren zu haben. Bevor es dem Kind wieder besser geht, macht es oft eine Protestphase durch und ist sehr schwierig. Es klingt zwar merkwürdig, aber das ist dann ein *gutes* Zeichen.

JOHN Das klingt so, als ob es sein Selbstvertrauen zurückgewinnen muß, bevor es genug Mut hat, seine Wut auszudrücken.

ROBIN Die dritte Phase – Ablösung – ist die ernsteste. Wenn die Mutter nach der »Verzweiflungsphase« immer noch weg ist, *scheint* das Kind sich zu erholen. Es wird wieder lebhafter, scheint nicht mehr unglücklich zu sein, spielt wieder und befaßt sich mit anderen. Früher dachte man, jetzt ist das Kind wieder ganz normal. Aber wir wissen heutzutage, es *scheint* nur so, daß es ihm wieder gutgeht – und der Preis dafür ist, daß es die Liebe zu seiner Mutter abtötet.

JOHN Es muß aufhören, seine Mutter zu lieben, um mit ihrem Verlust fertigwerden zu können. Es ist nicht so schlimm, eine Mutter zu verlieren, wenn man sie nicht liebt.

ROBIN Genau. Wenn dann aber die beiden nach dieser Ablösungsphase wieder zusammenkommen, kann das für die ganze Familie problematisch werden. Das Kind kann sehr verändert erscheinen, sehr oberflächlich und emotional distanziert. Das ist natürlich so, weil seine Liebe für die Mutter tot ist, vielleicht besser: tiefgefroren. Das rückgängig zu machen ist am schwierigsten.

JOHN Aber wenn eine gute, verläßliche Ersatzmutter zur Verfügung steht?

ROBIN Das Kind wird wahrscheinlich trotzdem zeitweise die ersten beiden Phasen – Protest und Verzweiflung – durchmachen. Aber die dritte Phase bleibt ihm normalerweise erspart.

JOHN Das klingt ja alles recht schlimm.

ROBIN Ja, das ist ein großes Problem. Aber da wir das jetzt alles besser verstehen, sind die Krankenhäuser auch besser darauf eingestellt. Es ist jetzt viel leichter für Eltern, ihre Kinder zu besuchen, sogar dazubleiben – und daher kommen diese letzten zwei Phasen sehr viel seltener vor.

JOHN Warum ist das Baby denn in den ersten sechs Monaten nicht in dieser Weise verletzbar?

ROBIN Weil es ja noch kein komplettes Bild von seiner Mutter hat zu dem Zeitpunkt, wie du dich vielleicht erinnerst! Das ist durchaus schockierend für Mütter, aber es scheint, daß man in dieser Zeitspanne Mütter problemlos ersetzen kann, da das Kind sich der Unterschiede nicht so bewußt ist.

JOHN Das erklärt ein Phänomen, das ich nie ganz verstanden habe, die englische Ammentradition und ihre Konsequenzen. Ich habe mich immer gewundert, warum das keine Entbehrungserscheinungen verursachte …

Wenn es drei Jahre alt ist, sagst du, machen Trennungen dem Kind nicht mehr allzuviel aus. Warum?

ROBIN Mit zweieinhalb oder drei Jahren erinnert es sich schon besser an die Mutter, es hat inzwischen seine ganze Familie auf seiner Karte eingezeichnet. Selbst wenn die anderen im Moment nicht bei ihm sind, kann es sich doch vorstellen, daß sie immer noch am Leben sind und bald zu ihm zurückkommen.

JOHN O.k. Laß uns zu dem zurückgehen, was du eben gesagt hast. Ich hatte dich gefragt, was denn passiert, wenn die Mutter dem Kind keine emotionale Unterstützung geben kann, und du hast die Arbeiten von Bowlby und den Robertsons erläutert. Aber du hast auch noch was anderes gesagt. Du hast angedeutet, daß die Mutter, obwohl sie da ist, trotzdem nicht fähig sein könnte, dem Baby das Notwendige … was genau? zu geben …

ROBIN Nenn es, wie du willst. Hege und Pflege, Unterstützung, elterliche Liebe …

JOHN Im Ernst – alle Mütter wollen doch ihre Babys lieben, oder?

ROBIN Da bin ich sicher.

JOHN Ja, aber wie kommt es denn, daß die Liebe einer Mutter nicht so …, wie soll ich sagen …, wirksam ist wie die einer anderen?

ROBIN Interessant, daß du da gezögert hast, bei … »wirksam«. Weil wir uns nämlich einer äußerst delikaten Frage nähern, die sehr emotional aufgeladen ist:

Einerseits reagieren Leute ganz spontan, wenn sie meinen, eine Mutter behandelt ihr Kind schlecht. Eine der schlimmsten Beleidigungen in allen Sprachen ist doch, eine Frau als »Rabenmutter« zu bezeichnen. Andererseits verstehen nur sehr wenige Leute, wie sehr das Kind die Mutter beansprucht und daß sie selbst oft ohne viel Hilfe irgendwie auskommen muß. Nichtsdestoweniger *gibt* es einige Mütter, die nicht fähig sind, dem Kind soviel emotionalen Kontakt zu geben, wie es braucht. Aber ich kann nicht genug betonen, daß es ein grober Fehler wäre, die Mutter dafür zu tadeln.

JOHN Du hast vorhin gesagt, der Grund dafür ist, daß *ihre eigenen Kindheitserfahrungen schmerzlich waren.* Deshalb kann sie sich nicht in diese Zeit zurückversetzen. Was auch bedeutet, ihre Mutter konnte sich nicht auf sie einstimmen.

ROBIN Und deren Mutter hat ihr nicht genug Liebe gegeben und so weiter – eine Generation nach der anderen. Man nennt das einen »Kreislauf der Entbehrung«. Erinnerst du dich noch an Harlow und seine Experimente mit den Affenbabys?

JOHN Die die Pelzstoffmütter den Drahtmüttern vorzogen?

ROBIN Ja. Harlow hat diesen Kreislauf sehr deutlich gemacht. Die Affenbabys, die getrennt von ihren Müttern aufgezogen wurden, waren selbst sehr unfähige Mütter, als sie größer wurden. Meistens ignorierten sie ihre Babys einfach, vergaßen sie zu füttern oder schoben sie sogar weg, wenn sie versuchten zu schmusen. In den schlimmsten Fällen griffen sie sie sogar an, und man mußte ihnen die Babys wegnehmen.

JOHN Waren die Babys der Pelzstoffmütter bessere Mütter als die der Drahtmütter oder die völlig isoliert aufgezogen wurden?

ROBIN Die Resultate des Experiments bestätigen das. Schon wenn die mutterlosen Mütter Spielkameraden hatten, konnten sie sich viel besser um ihre eigenen Jungen kümmern.

JOHN Moment mal, ich platze hier fast vor lauter Wissen. Laß mich versuchen, kurz zusammenzufassen. Wir haben über Veränderungen gesprochen. Zu viele davon auf einmal können uns umwerfen. Dann haben wir darüber geredet, was wir brauchen, um mit Veränderungen fertigzuwerden: Schutz vor Streß, damit wir uns ausruhen können, Rückversicherungen, emotionale Stütze. Danach haben wir gesehen, unter wieviel Streß die Eltern eines Neugeborenen stehen und wie viele Veränderungen auf das Baby zukommen – und daß es deshalb soviel Schutz und Liebe braucht. O.k., dieser Schutz kommt gewöhnlicherweise von der Mutter, und die Natur hilft durch einen instinktiven Verhaltensmechanismus, den wir Anhänglichkeitsverhalten nennen. Das bindet Mutter und Kind zusammen. Und das ist nicht nur für das rein physische Überleben notwendig, denn die Liebe, die das Kind von seiner Mutter erhält, befähigt es auch, zu wachsen und Stück für Stück immer selbstsicherer und unabhängiger zu werden. Was kommt dann?

ROBIN Als nächstes haben wir gesehen, daß das Kind nicht auf eine bestimmte Person fixiert ist, bevor es fünf oder sechs Monate alt wird. Erst dann kann es die Mutter zuverlässig erkennen.

JOHN Obwohl das bei den Tieren viel früher der Fall ist?

Robin Ja, erinnerst du dich noch an Konrad Lorenz und seine Gänse? Er hat beobachtet, daß sie dem ersten beweglichen Objekt nachfolgen, sich sofort darauf fixieren, was auch immer es war.

John Tja, einige Gänschen erspähten Lorenz als ersten nach ihrer Geburt – und erkoren ihn zur Mutter ...

Robin Und eins sah als erstes einen großen, gelben Ballon – und folgte ihm treulich nach, vermutlich bis er platzte!

John Das muß vielleicht ein Schock sein, wenn die Mutter explodiert! Irgendwo in Deutschland muß es eine Gans mit ungewöhnlichen Entbehrungserscheinungen geben!

Also von sechs Monaten bis zu drei Jahren ist das Kind sehr eng mit seiner Mutter verknüpft und erträgt Trennungen nur schwer. Und wenn diese Trennung sehr lang ist – wie zum Beispiel bei einem Krankenhausaufenthalt –, macht es die von Bowlby beschriebenen drei Phasen durch: Protest, Verzweiflung, Ablösung. Und du sagst auch, selbst wenn die Mutter mit dem Kind zusammen ist, kann es Probleme geben, wenn die Mutter nicht richtig mit dem Kind kommunizieren kann. Sie kann sich nicht richtig auf das Kind einstimmen, weil sie sich nicht gut in ihre eigene Kindheit zurückversetzen kann, da ihre Erfahrungen dabei zu schmerzlich sind. Das Kind fühlt das und spürt auch, daß es irgendwie nicht »ganz« geliebt wird, trotz allem Guten, das es erfährt. *Aber* es ist einfach dumm, die Mutter zu beschuldigen, weil sie ja selbst eine schwierige Kindheit hatte. Und man kann die Großmutter nicht beschuldigen, da schon die Urgroßmutter und so weiter, und so weiter.

Robin Ja, die Schuldzuweisungen überlassen wir lieber den Politikern.

John O. k. Als nächstes möchte ich etwas mehr wissen über das, was du als »Entbehrungen« bezeichnest.

Sich um das »Baby innen drin« kümmern

Robin Wie fühlst *du* dich denn, wenn du zu kurz kommst?

John Wenn ich besonders gestreßt werde?

Robin Ja.

John Zuerst merke ich, daß plötzlich einige Muskeln sehr angespannt sind, besonders um Schultern und Genick. Tatsächlich scheinen meine Schultern zu meinen Ohren hochzuwandern! Die Kiefermuskeln sind gespannt und auch die um die Augenhöhlen und die Stirn.

ROBIN Und psychisch?

JOHN Ich bin ärgerlich, ganz aufgebracht. Es ist, als ob ich dauernd eine Menge gebe, aber nichts zurückkriege. Ich bin gereizt, obwohl ich das zu verbergen suche. Aber irgendwie zeigt sich der zugrundeliegende Ärger doch. Als ob ich mich non-verbal beklage. Und dann beginne ich, mich ein bißchen paranoid zu fühlen, als ob die ganze Welt was von mir wollte, Leute unvernünftige Anforderungen an mich stellten und so weiter. Ich *weiß* zwar, das ist absurd, aber mein Verstand hat keine Macht über meine Gefühle. In dieser Stimmung mag ich mich nicht besonders.

ROBIN Hättest du dann Lust zu schreien?

JOHN Heute nicht mehr, aber vor fünf Jahren hätte ich bestimmt noch ja gesagt. Weißt du – plötzlich fällt mir ein, das ist genau so, als ob man ein wütendes Baby in sich drin hätte. Hört sich das arg merkwürdig an?

ROBIN Nein, diese Erfahrung machen viele Leute, obwohl sie es vielleicht nicht so genau ausdrücken können. Es ist schon interessant, daß du das als »Baby innen drin« bezeichnet hast. Man könnte sagen, wir haben alle dieses Baby in uns drin. Wenn alles normal verläuft, schläft es. Aber unter Streß kreischt es. Und wenn wir uns nicht genug um dieses Baby kümmern *und* vielleicht auch andere nicht dazu bringen, gut zu uns zu sein, dann können wir ... eventuell im Krankenhaus landen. Wir brechen zusammen. Ein Mangel an emotionaler Hinwendung kann erhebliche psychische Folgen haben.

JOHN Du hast gesagt: wir alle – meinst du wirklich, wir haben *alle* so ein Baby in uns drin?

ROBIN Ganz bestimmt. Als ich das erste Mal Bowlby las, hatte ich auch das Gefühl, daß die Wichtigkeit der mütterlichen Pflege eine fixe Idee von ihm ist. Aber je mehr eigene Erfahrungen ich machte, desto mehr bestätigten sich seine Thesen.

JOHN Dann haben einige Leute ein kleines und andere ein großes Baby innen drin?

ROBIN Sagen wir einfach, einige »innere« Babys sind unglücklicher als andere.

JOHN Und so richtig harte Typen? Haben die wirklich auch so ein Baby?

ROBIN Ich hab schon mit allen möglichen Leuten Gespräche geführt und noch niemanden ohne gefunden.

JOHN Selbst wenn dieses innere Baby also sehr, sehr ruhig ist – genug Streß bringt es zum Schreien!

ROBIN Ja. Es ist übrigens sehr bezeichnend, wen wir einen »harten Typ« nennen! Wenn wir damit den harten Macho-Typ meinen, sind das die Leute, die so tun, als hätten sie kein Baby. Sie kümmern sich daher nie darum. Deshalb haben diese Typen auch anderen Menschen nicht viel zu geben und neigen zu Jähzorn. Sie werden mit einem gewissen Maß Streß fertig und schnappen dann über. Derjenige, der wirklich zäh ist, weiß um das Baby und kümmert sich auch gut darum. Das waren die Leute, denen selbst die Gestapo nichts anhaben konnte und die sogar noch Mut und Kraft für ihre Mitgefangenen übrig hatten.

JOHN Wenn man's bedenkt, sind Verhörmethoden ja geradezu darauf angelegt, das Baby in uns wachzurufen. Man ist unter maximalem Streß und hat absolut keine emotionale Unterstützung von außen.

ROBIN Den Gefangenen wird das Zeitgefühl genommen, und sie werden undefinierbaren Geräuschen ausgesetzt, damit sie jede Verbindung zur Außenwelt verlieren. Selbst diese letzte Stütze wird ihnen genommen.

JOHN Der Ausdruck »sich um sich kümmern« ist recht enthüllend, nicht? Ein wirklich zäher Typ ist jemand, der sich gut um sich kümmern kann. Mütter kümmern sich. Was also jemanden wirklich zäh und unabhängig macht, ist die Fähigkeit, *sich selbst* zu bemuttern.

ROBIN Richtig. Sich zu verschaffen, was man braucht. Leute, die das regelmäßig ganz selbstverständlich tun, erscheinen sehr stark und unabhängig.

JOHN Die stellen ihr inneres Baby zufrieden. Laß uns zu Mutter und Kind zurückkommen – oder vielmehr zu *den* Babys – dem wirklichen und dem in ihr drin. Vermutlich muß sie sich um beide kümmern?

ROBIN Genau. Zum Beispiel wird es dich bestimmt überraschen, daß »gute« Mütter, die selbst viel schützende Pflege genossen haben, die eine glückliche Kindheit hatten, wahrscheinlich schneller mit dem Stillen aufhören und zur Flasche überwechseln.

JOHN Warum?

ROBIN Damit sie das Baby besser mit anderen teilen können. Der Mann kann jetzt besser aushelfen und auch »stillen«. Jemand anderes kann sich um das Kind kümmern, während Mutter und Vater ausgehen!

JOHN Das heißt nicht, daß die gesunden Mütter mit guten Kindheitserfahrungen den Babys weniger Zuwendung geben.

ROBIN Nein, im ganzen genommen nicht. Sie wissen nur, wann es reicht. Sie wissen, wann sie selbst etwas brauchen. Und manchmal stillen sie sogar ein Jahr oder länger.

JOHN Warum?

ROBIN Weil es ihnen Spaß macht. Sie haben selbst viel davon. Es ist also wieder dasselbe – sie kümmern sich um sich. Dadurch können sie dem Baby ihre ganze Aufmerksamkeit schenken und sich daran erfreuen. Wenn man sich selbst liebt, färbt das immer irgendwie auf andere Leute ab, oder?

JOHN Das sagen die Buddhisten jedenfalls. Ein Freund von mir wollte daran arbeiten, anderen mehr von sich zu geben – deshalb ging er zu einem von Buddhisten organisierten Wochenende. Es hieß »Liebende Zärtlichkeit«. Sie verbrachten das ganze Wochenende damit, ihm beizubringen, netter zu sich selbst zu sein. Damit mußte er den Anfang machen. Daher kann die »gute« Mutter dem Baby ihre ganze Aufmerksamkeit geben, weil sie sich auch immer um das Baby in ihr selbst kümmert.

ROBIN Das stimmt. Aber ich habe wirklich Probleme mit dem Ausdruck »gute Mutter«. Winnicott, der große Kinderarzt und Psychoanalytiker, hat es vorgezogen, sie die Mutter, die »gut genug« ist, zu nennen. Und wir wissen ja, daß die perfekte Mutter, die *immer* für das Baby da ist, dadurch andere Probleme schafft.

JOHN Ja, permanent verschwommene Grenzen.

ROBIN Wir reden also jetzt nicht über perfekte Vierundzwanzig-Karat- oder olympische Medaillenmütter. Wir reden über Mütter, die ihren Babys *von Zeit zu Zeit eine Menge Aufmerksamkeit* schenken – die sie »gut genug« bemuttern.

JOHN Nun sag was über die Mütter, die das nicht können, die unter »Entbehrung« leiden.

ROBIN Die selbst diese Liebe nicht erfahren durften? Für sie wird es sehr schwer sein, die Kinder jemand anderem zur gelegentlichen Pflege zu überlassen. Sie glauben, das sei *falsch.* Daher verbringen sie fast ihre ganze Zeit mit dem Baby. Allerdings fällt es ihnen schwer, dem Baby auch nur für kurze Zeit ihre ganze Aufmerksamkeit zu schenken. Sie denken immer gerade an etwas anderes. Sie können sich nicht gut auf das Baby einstimmen, weil sie sich ja nicht in diese Zeit ihrer Kindheit zurückversetzen wollen. Natürlich fühlen sie sich schrecklich dabei. Das Baby in ihnen brüllt nach Aufmerksamkeit, weil sie so viel Zeit mit dem Kind verbringen, aber so wenig mit sich selbst. Sie haben halt keine Ahnung von ihren eigenen Bedürfnissen.

JOHN Und sie fühlen sich »unzulänglich«.

ROBIN O ja! Sie spüren, sie sind irgendwie nicht gut genug, obwohl sie doch *alles* und mehr tun, was eine »gute« Mutter tun sollte ... Und natürlich glauben sie auch, allen anderen Müttern gelänge alles perfekt und sie selbst seien die einzigen, die die Situation nicht meistern können.

JOHN Aber was würden sie sehen, wenn sie in sich hineinschauen könnten?

ROBIN Das ist ja das Problem – das tun sie eben *nicht*!

JOHN Womit erklären sie sich denn ihre Schwierigkeiten?

ROBIN Nun, sie finden allgemein, daß sie einfach schwierige Babys haben. Und ihre Babys sind wirklich sehr schwierig, sie schlafen nicht gut, haben oft Koliken, schreien viel.

JOHN Genau wie die Babys in ihnen.

ROBIN Ganz genauso. Das Baby in ihnen schreit, weil es vollkommen ignoriert wird. Wenn das richtige Baby schreit und sie schlagen die Tür zu, anstatt es auf den Arm zu nehmen und zu trösten, so tun sie das auch sich selbst an. Das schreiende Baby im Kinderwagen ist ein

Spiegelbild des schreienden Babys in ihnen. Das Baby ist unglücklich und nervös, weil die Mutter so ist.

JOHN Das ist faszinierend, denn es bringt uns genau zu unserem Ausgangspunkt zu Beginn des Buches zurück. Die erste Lektion war: Nicht die schwierigen Gefühle sind das Problem, sondern das Verleugnen der schwierigen Gefühle. Und man verleugnet sie, weil die eigene Familie sie schon unangenehm fand, und so wird man gezwungen, sie hinter der Jalousie zu verstecken. Hier geht es um das Gefühl der Entbehrung, des Unglücklichseins ... mit anderen Worten, ein brüllendes Baby ist brutal hinter die Jalousie verfrachtet worden. Um das Problem zu lösen und die erlittenen Entbehrungen auszugleichen, müßte man das Baby hervorholen, es anschauen, kennenlernen und ein bißchen verwöhnen.

ROBIN Erinnerst du dich noch, was dem normalerweise im Wege steht?

JOHN Das Gefühl, daß die Familie es mißbilligt. Wenn die Familie dieses Gefühl nicht billigt – deshalb wurde es ursprünglich hinter die Jalousie verbannt –, wird man dieselben mißbilligenden Gefühle haben, wenn man später, selbst Jahre danach, versucht, sie hervorzukramen.

ROBIN Und weil man damals jung und abhängig war, sind die Gefühle sehr, sehr stark. Es ist daher wirklich nicht leicht, diesen Prozeß zu durchlaufen.

JOHN Das stimmt, ich erinnere mich noch sehr gut daran! Da ich ja ein guter public-school-Typ war, traditionell bis auf die Knochen, sah ich mich natürlich als total unabhängig, recht zäh und vor allem sehr *normal.* Und ich brauchte auch ganz bestimmt keinerlei Zuneigung – dieses verweichlichte Zeug –, und ich hatte ein gutes Maß Verachtung für die, die so aussahen, als ob sie Bemutterung nötig hätten. Erst als ich in deine Gruppe kam – und da war ich ja immerhin schon fünfunddreißig –, merkte ich, wie sehr mir Wärme und Zuneigung fehlten. Zur gleichen Zeit stellte ich aber auch fest, wie schwer es mir fiel, das zu zeigen und anderen mitzuteilen.

ROBIN Was ging in dir vor, als du versuchtest, jemanden um Zuneigung zu bitten?

JOHN Ich hab mich geschämt und fühlte mich total unzulänglich. Ich dachte ja, ich sei so ... »männlich«, und glaubte dann noch, die Leute würden mich erst mal verachten, wenn ich ihnen sagte, ich bräuchte Zuneigung. Ich glaubte auch nicht, dazu »berechtigt« zu sein. Dann habe ich zu meinem großen Erstaunen bemerkt, daß mich eine Frau, wenn ich sie um Zuneigung bitte, gerade deswegen mag! Anstatt mich rauszuwerfen, weil ich so ein jämmerlicher Typ bin ... Aber ich habe noch lange Zeit gebraucht, um dem wirklich zu trauen.

ROBIN Nun, du hattest das ja über eine lange Zeit hinweg gelernt – du warst so konditioniert. Daher dauerte das natürlich eine Weile, bis du deine Einstellung ändern konntest. Genau dieselben Gefühle – Scham, Unzulänglichkeit, nicht berechtigt zu sein, um Liebe zu fragen – erschweren es der Mutter, ihr »inneres Baby« hinter der Jalousie zu akzeptieren, wenn es einmal da festsitzt. Die Mütter haben kein Bedürfnis, sich »männlich« zu fühlen, aber sie machen sich Sorgen, wieder zum »Baby« zu werden. Und das erschwert es ihnen, mit ihren Bedürfnissen fertigzuwerden, obwohl die jeder hat.

JOHN Warte mal einen Moment, Robin. Nehmen wir an, sie hätten recht. Nicht darin, daß sie glauben, sie hätten keine Bedürfnisse, sondern in dem Sinn, daß es vielleicht *wirklich* keinerlei Hilfe für sie gibt. Wenn es keinerlei Zuneigung gibt, wäre es dann nicht besser und sicherer, Distanz zu halten, anstatt schmerzliche Gefühle aufzuwühlen, bei deren Bewältigung einen niemand unterstützt?

ROBIN Nach meiner Erfahrung ist immer eine Menge Hilfe verfügbar.

JOHN Aber für einige Leute trifft das doch bestimmt nicht zu.

ROBIN Ich will versuchen, dich zu überzeugen.

JOHN Du meinst, es ist fast immer Zuwendung und Anteilnahme zu erlangen, *wenn* man darum bittet.

ROBIN Ja genau, wenn man aufhört, sich davor zu verstecken. Es ist nur unsere eigene Einstellung, die uns davon abhält, Zuneigung anzunehmen. Genauso wie unser Baby sorgfältig hinter der Jalousie versteckt bleibt, so senden wir auch Signale an die Außenwelt. Unser Gesichtsausdruck, die Bewegungen und unsere ganze Körperhaltung sagen den anderen, sie sollen Distanz halten.

JOHN Als ob wir sagen wollten, wir haben ganz bestimmt kein Baby hinter der Jalousie, um sicherzustellen, daß niemand auf den Gedanken kommt, wir hätten eins.

ROBIN Aber natürlich ist uns nicht bewußt, daß wir das tun. Wir wirken sehr abweisend und ein bißchen furchterregend, so daß sich die anderen fast lächerlich vorkommen, wenn sie uns Anteilnahme und Wärme anbieten.

JOHN Ich erinnere mich gerade an ein Mädchen, das, als sie in unsere Gruppe kam, alle zurückwies und gegen sich aufbrachte. Man konnte sehen, wieviel Spaß sie daran hatte. Und wenn die Leute ihre Aggressionen erwiderten, gefiel es ihr noch besser! Bis du dann in der dritten Sitzung auf einmal ihre Ärgersignale übergingst und ganz sanft und warm mit ihr sprachst, nur eine Minute lang, aber mit viel Zuneigung und Hilfsbereitschaft. Da brach sie zu unserem großen Erstaunen in Tränen aus und weinte fast zehn Minuten lang. Beim nächsten Treffen sah sie fast strahlend aus.

ROBIN Genau. Diese Konfrontationen, die sie provozierte, dienten ihr ja nur dazu, ihre bedürftigen Gefühle zurückzuhalten.

JOHN Das Beispiel zeigt auch sehr gut, wie Gruppentherapie funktioniert. Manche Menschen neigen dazu, sie als trockene, intellektuelle Sache abzutun, bei der laufend analysiert wird. Doch das passiert höchst selten.

ROBIN Der Therapeut wartet ab, bis jemand mit einem schwierigen Gefühl fertigwerden kann, und er versucht dann, ihn an das Problem heranzuführen, ihm zu helfen, es klar zu erkennen und zu verarbeiten. Und, wie du richtig sagst, das findet meist nicht durch verbale Analyse statt. Selbst in »analytischer« Therapie hat man den meisten Nutzen vom »Vorbildverfahren«, das heißt, da der Therapeut mit seinen Gefühlen sehr natürlich, offen umgeht und sich ganz offenbar wohl dabei fühlt, fällt es den anderen Gruppenmitgliedern leichter, es ihm nachzutun – selbst ohne zu verstehen, wie das genau vor sich geht.

JOHN Zurück zu den bedürftigen Müttern. Du sagst also, sie können Zuneigung erhalten, wenn sie sie nur erbitten, wenn sie die richtigen Signale senden. Meist kommen sie aber aus bedürftigen Familien, so daß Eltern und Geschwister vermutlich das gleiche Problem haben. Ihre Freunde werden sich wahrscheinlich ähnlich verhalten.

ROBIN Trotzdem gibt es noch genug andere Leute, Nachbarn zum Beispiel, die auch Hilfe geben können. Und wenn wirklich *alle* festkleben – sprudelt immer noch eine andere sehr wichtige Quelle. Im Familienleben ist es sehr interessant zu beobachten, wie die Kinder oft ihren Eltern die nötige Zuneigung geben.

JOHN Die *Kinder*?

ROBIN Ganz gewiß.

JOHN Ist das denn gut für die Kinder?

ROBIN Warum denn nicht, solange sie das gerne tun? Kinder sind von Natur aus sehr großzügig, und es macht ihnen Freude, den Eltern zu helfen, wenn die das nur akzeptieren. Und wenn die Eltern nicht allzu besitzergreifend sind, werden die Kinder ja auch eine Menge Liebe durch andere erfahren haben, durch Verwandte, Nachbarn, Freunde, in der Schule. Sie sind vielleicht in gewisser Weise erwachsener als die Eltern! Mit anderen Worten, sie haben viel zu geben und geben es mit Freude. Oft ist es auch dieser Rollentausch, der Kindern ermöglicht, das »Eltern«-Verhalten zu üben, und das hilft ihnen später, besser für andere zu sorgen.

JOHN Du glaubst also wirklich, Quellen der Hilfe sprudeln für jeden, er muß nur danach fragen.

ROBIN Ja. Nimm doch nur den frischgebackenen Vater. Er fühlt sich oft sehr allein. Er soll die Mutter ständig unterstützen, erhält selbst jedoch sehr wenig von ihr zurück, und zu dem Baby hat er auch noch keine enge Verbindung. So muß er andere Hilfsquellen auftun: seine eigene Familie, Arbeitskollegen, Freunde. Hier kann er sich anlehnen, solange er von Frau und Kind so stark in Anspruch genommen wird. Wenn er um ein wenig Hilfe bittet, erhält er sie normalerweise. Die Menschen sind so programmiert.

JOHN O.k. Wenn also die frühen Jahre nicht besonders glücklich für jemanden waren, kann er gute Erfahrungen nachholen, aber nur, wenn er weiß, daß er sie braucht und daher die richtigen Signale aussendet. Aber er muß bereit sein, dabei mit recht scheußlichen Gefühlen umzugehen wie zum Beispiel Scham, Unzulänglichkeit, Angst vor Zurückweisung et cetera.

Robin Ich will diese schlimmen Gefühle nicht allzusehr betonen. Wahrscheinlich wissen viele Menschen, daß sie ab und zu Liebe und Aufmerksamkeit brauchen. Sie müssen nur noch zugeben, daß sie noch zwanzig Prozent mehr brauchen, und das ist recht einfach. Natürlich gibt es andere, die mehr als ein Baby hinter der Jalousie haben, aber für die ist es vielleicht auch nicht allzu schwer. In den Frauengruppen zum Beispiel, die Prue leitet, erleben die unsicheren Mütter oft, daß die anderen Mütter, die anscheinend so gut mit allem fertigwerden, auch Probleme mit ihren Kindern und eigene Bedürfnisse haben. Sie beobachten, wie diese Mütter ihre Probleme zugeben und auf ihre eigenen Bedürfnisse Rücksicht nehmen. Das hat eine befreiende Wirkung auf die ängstlicheren Mütter, und sie werden entspannter und natürlicher. Sie brauchen nicht länger so zu tun, als ob alles perfekt wäre, und da sie jetzt offen um Hilfe bitten können, sind die anderen auch dazu bereit.

John Das ist alles sehr ermutigend. Aber ich muß dich nach den wirklich ernsten Fällen fragen. Ich denke da an Fälle von Kindesmißhandlung, die uns wirklich schaudern lassen. Was kannst du darüber sagen?

Schwere Entbehrungen

Robin Wenn wir Familien betrachten, in denen ein Kind mißhandelt wurde, treffen wir wieder auf einen Kreislauf der Entbehrung. Eltern, die ihre Kinder mißhandeln, sind oft selbst als Kinder schlecht behandelt worden, ihnen wurde vielleicht mit schrecklichen Strafen gedroht, oder sie wurden sogar selbst mißhandelt. Es ist sehr aufschlußreich, sich die anderen Ergebnisse der Forschung von Harlow über benachteiligte Affen anzusehen. Ich hatte schon erwähnt, daß mutterlose Affen oft fähig waren, für ihre eigenen Babys zu sorgen, sofern sie in ihrer Kindheit mit anderen Affen spielen durften. Das gilt auch, wenn sie als Baby eine Pelzstoffmutter hatten, bei der sie sich anschmiegen konnten.

John Das stellte die Verbindung zum »Rest« der Welt her.

ROBIN Noch erstaunlicher war, daß die am stärksten beeinträchtigten Affen ihr erstes Baby oft zurückwiesen, es verletzten und in ein oder zwei Fällen sogar töteten. Aber wenn diese Affen weitere Junge hatten, waren sie oft fähig, sich in gewisser Weise um sie zu kümmern.

JOHN Wie kam das denn?

ROBIN Harlow meint, die Mütter wurden durch die ersten Babys verändert.

JOHN Durch die, die sie so schlecht behandelt hatten?

ROBIN Ja. Weil diese Babys trotz der ständigen Zurückweisungen enorme Anstrengungen machten, ihre Mutter zu knuddeln und zu lieben. Daher erlebte die Mutter Liebe durch diese ersten Babys, selbst wenn sie das gar nicht wollte. Und das war genug, um diese Veränderung zu bewirken.

JOHN Was läßt sich also in den schwierigsten menschlichen Fällen tun?

ROBIN Das Überraschende ist, daß die Eltern, die anfänglich große Probleme hatten, am Ende sehr positiv reagieren. Sie müssen nur dazu gebracht werden, den ersten Schritt zu tun.

JOHN Und wie findet man da den richtigen Anfang bei Menschen, die ein so liebebedürftiges Baby hinter der Jalousie haben? Wie kannst du ihnen helfen, sich darüber klarzuwerden?

ROBIN Man muß sehr taktvoll sein und sich so ausdrücken, daß ihnen Hilfe annehmbar erscheint, ohne daß sie allzu plötzlich damit konfrontiert werden, wie sehr sie sie brauchen. Es ist wichtig, freundlich zu sein und sie als Eltern in ihren Bemühungen zu bestätigen.

JOHN Was, Eltern *von mißhandelten Kindern* bestätigen?

ROBIN Ja, auch die. Selbst hier kann man sagen: »Ich sehe schon, wie sehr Sie versuchen, das Kind richtig großzuziehen.« Was ja wahr ist! Ihre Absicht ist nämlich immer gut, aber das einzige, was sie verstehen, ist Gewalt und Bestrafung. Deshalb sollte man ihnen einen *besseren* Weg zeigen, anstatt sie zu *kritisieren* und alles nur noch schlimmer zu machen. Und man kann ihnen den besseren Weg zeigen durch die Art und Weise, wie man mit ihnen umgeht. In weniger ernsthaften Fällen kann man direkter sein. In einer der ersten Familien, die ich behandelte, *schien* das Problem die Tochter zu sein. Aber sie war nur der Sündenbock. Es wurde schon bald ganz klar, daß sie die Probleme der ganzen Familie trug. Die Version der Familie war, sie hätte, seit sie zwei Jahre alt war, ihren

Eltern immer Schwierigkeiten gemacht, bis sie mit vierzehn zu mir geschickt wurde. Die Mutter war mehrfach in Nervenheilanstalten gewesen und hatte einige Selbstmordversuche unternommen. Nach vier Familientherapie-Sitzungen war die Mutter in der Lage, ihr großes Begehren nach Liebe und Zuneigung zuzugeben. Sobald sie das tat, hörte die Tochter auf, sich schlecht zu benehmen, und gab der Mutter die Liebe, die sie nie hatte. Die Mutter brauchte nie wieder in die Heilanstalt zurück.

JOHN Das alles war möglich, sobald du ihr geholfen hattest, sich über ihre unbefriedigten Bedürfnisse klarzuwerden.

ROBIN Ja, sie erkannte jetzt das schreiende Baby in sich, und mit unseren Ermutigungen konnte sie dem Rest der Familie gestatten, sich darum zu kümmern.

JOHN Aber dazu brauchte sie einen Therapeuten.

ROBIN Ja, aber das war auch ein *sehr* ernstes Problem. Immerhin hatte sie seit zwölf Jahren gelitten und einige Selbstmordversuche unternommen. Aber für die Mehrzahl der Menschen, die um uns sind, ist es durchaus zutreffend zu sagen, daß jeder jedem helfen kann, vorausgesetzt, wir geben zu, daß wir Hilfe und Zuneigung brauchen. Wenn wir jede Familie dazu bringen könnten, nur zehn Minuten *darüber* nachzudenken, dann bin ich sicher, daß wir in drei Wochen sehr viel mehr glückliche Familien hätten.

JOHN Ich habe noch eine letzte Frage. Wir haben über emotionale Unterstützung gesprochen, über Zuneigung, Sorge, Aufmerksamkeit – wir haben alle Namen benützt außer »X«, das geheimnisvolle Elixier. Doktor, was ist denn diese »Liebe«?

Offenere Bindungen

ROBIN Was meinst du, was Liebe ist?

JOHN Sehr geschickt, Herr Doktor, eine Frage mit einer Gegenfrage zu beantworten. Im Sinne der emotionalen Unterstützung spielt die körperliche Berührung sicherlich auch eine Rolle. Anfassen, streicheln, umarmen – alles, was man so als »Zärtlichkeit« bezeichnet. Wenn man gestreßt ist, hilft es einem, sich zu entspannen, sich besser und innerlich ruhiger zu fühlen. Irgendwie bekommt man alles wieder besser in den Blick. Aber das ist noch nicht alles. Wenn ich mir um irgend etwas Sorgen mache, dann hilft es mir schon, nur mit jemandem, dem ich vertraue, zusammenzusitzen und zu reden. Das allein scheint mir schon zu helfen, selbst ohne Körperkontakt, und auch wenn mir derjenige nicht wirklich raten oder mich rational beruhigen kann. Mit jemandem zusammenzusein, der diese innere Ruhe hat, scheint allein zu zählen. Arthur Koestler hat mal von Indern erzählt, die in ein Dorf zu einem Guru gingen. Er war überrascht, daß sie ihm nicht wirklich zuzuhören schienen. Sie schauten nur ab und an mal auf und spielten dann weiter mit ihren Babys, die sie mitgebracht hatten. Und er verstand, daß allein die Präsenz dieses Lehrers ihnen etwas gab, mehr als das, *was* er sagte.

Robin Aber siehst du denn nicht, daß das genau zu dem paßt, was wir schon über die Wirkung von physischem Trost gesagt haben? Erinnere dich, du hast mich gefragt, was ich unter »Liebe« verstehe und was sich der kleine Affe von der Stoffmutter holt. Wir haben gesagt, es hat irgend etwas zu tun mit Ruhezeit, mit Trost und Stille. Damit wir uns wieder »sammeln« können nach aufregender Abwechslung und Zerstreuung. Wieviel Unterstützung wir brauchen, hängt von der Art und Menge des Stresses ab. Wenn du es recht bedenkst, müssen wir je nach Streß eine höhere Gangart einschalten und uns mit einem größeren System verbünden. Wenn das Baby unter Druck steht, muß es sich der Mutter anschließen, um Stabilität und Hilfe zu finden. Die Mutter wird wahrscheinlich beim Vater einhaken, der Vater bei seiner Familie, am Arbeitsplatz und so weiter. Anders gesagt, wenn der Streß für den einzelnen zu groß wird, muß

er sich eventuell einer Gruppe anschließen, die diese Änderung verkraften kann. Je größer die Veränderung, um so größer muß dann die Gruppe sein.

JOHN Unsere »Bindungen« reichen immer weiter.

ROBIN Genau. Ein aufgeschlagenes Knie braucht ein Pflaster und eine Umarmung von der Mutter. Bei etwas Schlimmerem muß der Doktor kommen. Wenn es allzu schlimm ist und der Doktor es nicht allein behandeln kann, muß das Kind ins Krankenhaus gebracht werden.

JOHN Das größte System, in das wir uns einschalten, hat vermutlich etwas mit unseren religiösen Gefühlen zu tun, mit Gott.

ROBIN Nun ja, sagen wir mal, man schaltet sich in ein Gefühl der Geborgenheit ein, das einem versichert, das Universum hat seine Ordnung und alles hat Sinn und Zweck. Trotz der momentanen schlechten Gefühle kann man darauf bauen, daß das Universum grundsätzlich »in Ordnung« ist.

JOHN Parallel dazu überrascht mich immer wieder, wie außerordentlich günstig sich Meditation auswirkt.

ROBIN Aus demselben Grund. Alle, die glauben, Teil eines bedeutungsreichen kosmischen Systems zu sein, haben eine größere psychische Ausgeglichenheit und Stabilität. Es ist sekundär, wen sie sich am Schalthebel vorstellen, ob es eine gottähnliche Figur ist oder nicht. Viele Menschen haben dieses gute Gefühl, Teil von etwas Größerem zu sein – selbst wenn sie nicht religiös im herkömmlichen Sinn sind.

JOHN Die Energie der großen Persönlichkeiten des späten Mittelalters hat mich immer beeindruckt. Wahrscheinlich hing das auch mit ihrem absolut festen und tiefen Glauben zusammen. Sie schienen alle möglichen Tragödien abschütteln zu können.

ROBIN Ich glaube, ich habe die Forschungsergebnisse des Timberlawn-Instituts in Dallas über gesunde Familien schon erwähnt. Eines der erstaunlichsten Merkmale dieser »gesündesten« Familie war ihre Zugehörigkeit zu einem transzendenten Wertesystem – irgend etwas außerhalb ihrer selbst. Ich bin sicher, es war ihre Fähigkeit, sich in ein solches System einzuschalten, die ihnen diese bemerkenswerte psychische Stabilität und Widerstandskraft verlieh. Ich bin immer wieder davon überrascht, wie die Leute, denen die Therapie hilft, auf einmal Interesse am Sinn des Lebens entwickeln.

JOHN Das ist alles ein bißchen sehr einfach und durchsichtig. Zuerst reden wir über Streß, der von Veränderungen verursacht wird. Dann diskutieren wir die Bedeutung von Anhänglichkeit – wie das Baby manchmal vollkommen mit der Mutter verbunden sein muß, damit es seine eigenen Veränderungen bewältigen kann. Und jetzt entdecken wir, die »gesündesten« Familien, die am besten mit Veränderungen umgehen können, gehören einem transzendenten Glaubenssystem an!

ROBIN Wir reden wohl besser von etwas anderem ...

Nachgedanke: Paranoia und Politik

JOHN Weißt du, nachdem du Paranoia und Projektionsmechanismen erklärt hast, bemerke ich immer mehr Beispiele davon um mich herum.

ROBIN Immer mehr Leute, die hinter deinem Rücken ein Komplott schmieden?

JOHN Vielen Dank für Ihr großes Verständnis, Herr Doktor! Nein, das meinte ich nicht. Aber du hast doch gesagt, immer wenn wir meinen, völlig korrekt gehandelt zu haben und nur die anderen die entstandenen Probleme verursacht haben, ist das paranoid. Nicht klinisch paranoid, sondern nur von der Einstellung her paranoid.

ROBIN Ja, wenn wir unsere Gefühle in »gut« und »schlecht« aufteilen, in Liebe oder Haß und die schlechten jemand anderem zuweisen, dann ist das eine paranoide Funktionsweise.

JOHN Aber es schadet uns nicht, wenn wir das ab und an tun, zum Beispiel bei einem Fußballspiel.

ROBIN Nein, auf diese Weise können wir gut Dampf ablassen, uns entspannen und uns als Teil unserer Gruppe fühlen.

JOHN Und normale Leute können diese Gefühle auch wieder abstellen?

ROBIN Ja, am Ende des Spiels schalten sie sie einfach ab. Sie haben ihren Spaß gehabt.

JOHN Aber die wirklichen Paranoiker müssen sich fortwährend so verhalten.

ROBIN Ja, sie müssen die schlechten Gefühle dauernd bei anderen Leuten abladen.

JOHN Wenn wir uns also die Welt der Politiker ansehen, wo Selbstgerechtigkeit zur Kunst geworden ist, können wir sehr viel paranoides Verhalten beobachten.

ROBIN Ich glaube, normale, gesunde Menschen führen politische Gespräche, wie sie Fußballspiele beobachten. Sie werden vielleicht zornig, wenn sie mit Leuten diskutieren, die anderer politischer Meinung sind, aber danach verschwindet diese Feindseligkeit, und sie sehen die Leute wieder als Mitmenschen. Anders gesagt, glaube ich, die meisten Leute wissen im Grunde ihres Herzens, daß die Politik auch nur ein Spiel ist. Verschiedene Personengruppen arbeiten an Konfliktlösungen mit ganz bestimmten, festgelegten Spielregeln.

JOHN Daher ist es also absolut »gesund«, wenn Politiker verschiedener Parteien im Parlament erhitzt debattieren, auch mal wütend werden, aber danach wieder ganz freundschaftlich miteinander umgehen.

ROBIN Ja. Denn Politik ist vor allem die Kunst des Möglichen, oder nicht? Man hat eben nie genau dieselben Ansichten, deshalb muß man alle Unterschiede respektieren und versuchen, einen akzeptablen Kompromiß zu finden.

JOHN Aber die Extremisten haben damit Schwierigkeiten. Sie scheinen ihre politischen Gegner nicht als Menschen mit anderen Ansichten zu sehen, sondern als »schlechte« Menschen.

ROBIN Solche Menschen benutzen ihre Gegner wie Mülleimer, in die sie all ihre eigenen »schlechten« Seiten werfen, die ihnen an sich selbst nicht gefallen. Das funktioniert genauso wie der Sündenbock in der Familie. Sie müssen ihre Gegner hassen, um selbst normal zu bleiben.

JOHN Du meinst, während sie jemand anderen hassen, können sie ihre Jalousie herunterlassen, um so ihre eigenen Fehler nicht sehen zu müssen.

ROBIN Genau. Eine sehr intensive Verwicklung in die Politik bedeutet oft, daß jemand versucht, schmerzhafte persönliche Konflikte zu verleugnen, sie irgendwie von sich wegzuschieben.

JOHN Was würde denn passieren, wenn diese Leute anfingen, ihren politischen Gegnern mehr zuzuhören?

ROBIN Das könnte recht gefährlich für sie werden, denn dann müssen sie ja ihre eigenen Fehler und Schwächen bemerken. Ihre Jalousie schnappt plötzlich hoch, und sie müßten bei sich selbst all die schlimmen Dinge wiedererkennen, die sie der anderen Partei anlasten. Ist nur die geringste Gefahr im Verzug, inszenieren sie eine flammende Rede, in der»die anderen« wieder angeklagt werden, und schieben so den Selbsterkennungsprozeß wieder ein bißchen hinaus.

JOHN Du glaubst also, sie würden wirklich nicht fertigwerden mit ihren eigenen Fehlern?

ROBIN Sie schützen ihre eigene recht wackelige geistige Gesundheit, indem sie anderen die Schuld zuschieben.

JOHN Vielleicht sind Extremisten deshalb politisch so enorm aktiv. Sie brauchen das! Wenn sie es leichter nähmen und fünf gerade sein ließen, würden sie vielleicht verrückt werden. Der politische Kampf bewahrt ihre Normalität!

ROBIN Es ist in der Tat sehr schwer, einen politischen Extremisten zu behandeln, es sei denn, man kuriert nur die Symptome mit Medikamenten. Das ist genau wie Paranoia – und es *ist* Paranoia –, die der politischen Lage genau angepaßt und deshalb nicht als solche erkennbar ist. Aber wenn jemand das während seiner Therapie erkennen kann, ist das ein großer Schritt vorwärts. In einer meiner Psychotherapie-Gruppen war eine ausländische Patientin, die in ihrem eigenen Land militant links stand und diesen Teil ihres Lebens noch nie unter die Lupe genommen hatte. Sie kam kürzlich aus dem Urlaub zurück – strahlend, voller Leben, voll neugewonnenen Selbstvertrauens. Alle bemerkten das und sagten es ihr auch. Sie berichtete, daß sie endlich verstanden habe, daß ihre Beziehung zum Kommunismus ihre Art gewesen sei, sich mit schmerzhaften Gefühlen gegenüber ihrer Mutter auseinanderzusetzen. Und als sie das ganze begriffen hatte, war sie plötzlich von beidem befreit.

JOHN Welchen Einfluß hatte das auf ihre politische Einstellung?

ROBIN Die hat sich nicht verändert, aber sie kann jetzt ihre Meinung vertreten, ohne sich durch andere bedroht zu fühlen. Sie kann jetzt zuhören, während sie vorher unbeweglich war, in ihre eigene Welt verkapselt. Und es ist ganz interessant, daß sie auf meine Frage, ob sie jetzt effektiver oder weniger effektiv in ihrer politischen Arbeit sei, spontan sagte, sie sei jetzt effektiver. Das glaube ich sofort, denn da sie jetzt weniger von ihren eigenen psychologischen Bedürfnissen beherrscht wird, kann sie realistischer und praktischer sein. Jetzt kann sie nützliche Verbindungen eingehen und Kompromisse schließen, um Strategien durchzusetzen.

JOHN Für mich ist einfach unverständlich, daß diese politisch radikalen Gruppen völlig unfähig sind, miteinander auszukommen. Sie sind zersplittert und bilden separate Untergrüppchen, die sich dann nach einiger Zeit wieder zerteilen. Ich habe die politische Szene vor kurzem durchleuchtet und auf beiden Seiten – den Rechts- und Linksextremisten – folgende Parteien gefunden: in der roten Ecke die Kommunistische Partei von Großbritannien (marxistisch-leninistisch), die Neue Kommunistische Partei, die Vorhut-Gruppe, die Sozialistische Arbeiterpartei (Trotzkisten), die Sozialistische Partei von Großbritannien, die Internationale Marxistische Gruppe, die Revolutionäre Jugend, die Revolutionäre Arbeiterpartei, die Revolutionäre Kommunistische Partei, die Spartakistische Liga (Trotzkisten), die Kommunistische Arbeiterorganisation, die Große Flamme (ursprünglich Maoisten), die Chartisten, die Revolutionäre Marxistische Tendenz, die Arbeiterpartei, das Institut für Kontrolle durch die Arbeiter, die Anti-Nazi Liga, die Internationale Kommunistische Liga, die Revolutionäre Arbeiterpartei, die Revolutionäre Partei der Sozialistischen Arbeiter, die Arbeitermacht-Gruppe (Trotzkisten), der Arbeiterkampf, die Arbeiter-Liga, die Revolutionäre Kommunistische Partei Britanniens (marxistisch-leninistisch, sehr pro-albanisch), die Kommunistische Partei Englands, der Verband der Kommunistischen Arbeiter, die Sozialistische Union der Internationale, die Kommunistische Arbeiterbewegung, die Liga der Jungen Kommunisten Großbritanniens, Solidarität für Soziale Revolution, die Revolutionäre Kommunistische Liga Großbritanniens (maoistisch), Volksdemokratie (marxistisch-leninistisch), Weltrevolution, Alternativer Sozialismus, Junge Sozialisten, die Militante Tendenz, die Liga der Sozialistischen Arbeiter, die Bewegung der Revolutionären Marxisten (Trotzkisten), die Liga für Sozialistische Aktive, Marxistische Arbeiter (Trotzkisten), die Revolutionäre Kommunistische Tendenz (Trotzkisten), die Revolutionäre Sozialistische Liga (Trotzkisten), Internationale Sozialisten und die Unabhängige Arbeiterpartei.

Und in der rechten Ecke, ausstaffiert mit Hakenkreuz und anderen Symbolen der nordischen Mythologie, gibt es die Nationale Front, die Liga des Nordens, das Londoner Komitee Odins, die Partei für Nationale Reorganisation, die Britische Bewegung, die Britische Nationale Partei, Säule 88, die Liga vom Heiligen Georg, die Wikingerjugend, SS Wotan 18, die Brigade der 11. Stunde, die Adolf-Hitler-Kommando-Gruppe, die Eiserne Garde, die Ritter

des Eisernen Kreuzes, die Dirlwanger-Brigade, die Britische Liga der Rechte, die Selbsthilfe-Organisation, die Organisation der Wahl, der Verband für Immigrationskontrollen und die Gesellschaft zur Bewahrung der Rasse.

ROBIN Hast du nicht einige ausgelassen?

JOHN Höchstwahrscheinlich. Die splittern sich nämlich so schnell auf, daß man kaum mithalten kann. Das geht so wie eine Zellspaltung unter dem Mikroskop. Aber ich verstehe immer noch nicht, warum die sich ständig teilen und abgrenzen und einander mehr angreifen als den »Klassenfeind«. Worum geht's hier eigentlich?

ROBIN Hm. Ich glaube, das ist ein anderes Prinzip als das, worüber wir gerade gesprochen haben. Eine paranoide Person versucht ja, gut und böse voneinander zu trennen, indem sie alles Böse nach außen schiebt. Also zieht sie die Grenze enger, um die Gefühle, mit denen sie nicht fertigwird, auszuschließen. Aber zumindest hat ein Mensch, der so handelt, doch *einige* Grenzen und erträgt es, andere Leute um sich zu haben und ihre Existenz zu bejahen. So jemand würde sich wahrscheinlich in einer Partei, die seine Einstellungen vertritt, wohlfühlen – solange es auch eine andere gibt, der er all die schlechten Sachen zuweisen kann, die er in sich selbst nicht duldet. Dann kann er für seine Seite kämpfen, die anderen hassen, ganz glücklich dabei sein und sich so den Verstand bewahren. Natürlich kann er nie jemandem »die Hand reichen«, wie es normale Menschen nach der Hitze der Debatte tun, weil er ja seine Feindschaftsgefühle nicht aufgeben kann. Aber zumindest kommt er mit den eigenen Genossen klar, solange es den Feind gibt, den er hassen kann.

JOHN Dann könnte so jemand durchaus in eine der großen politischen Parteien passen?

ROBIN Ja. Allerdings wird er, wenn das Bedürfnis, seine paranoide Verteidigung zu benutzen, zu groß wird, das gleiche mit der eigenen Partei tun. Seine Gefühle gottgleicher Omnipotenz werden laufend bedroht durch die Meinungen aller anderen Mitglieder, es sei denn, sie decken sich absolut mit seinen eigenen. Weil aber normalerweise Meinungen immer variieren und diese Unterschiede früher oder später offensichtlich werden, wird die Partei sich dauernd zerteilen, da ja jede Einzelperson sich an ihrer Vorstellung von Reinheit und Vollkommenheit festklammert. Daher stoßen sie sich alle gegenseitig aus oder gründen eine neue Partei, die dann die *reine* Wahrheit vertritt.

JOHN Ja, das stimmt. Wahre Extremisten sind immer sehr stolz auf die Reinheit ihrer Thesen.

ROBIN Ja. Natürlich ist es nicht falsch, etwas dazulernen zu wollen, solange man realistisch dabei bleibt. Aber wenn du versuchst, andere davon zu überzeugen, daß du *reiner bist, als du wirklich bist,* dann mußt du die Teile von dir, die nicht zu dieser These passen, hinter die Jalousie verbannen.

JOHN Und wenn sie erst mal da sind, werden sie auf andere Leute oder Gruppen projiziert.

ROBIN Wenn du das alles projizierst, fühlst du dich natürlich eine Zeitlang *reiner,* ein bißchen perfekter.

JOHN Wie die Leute der Inquisition, die bei Gott Punkte einzuheimsen meinten, indem sie Menschen verbrannten.

ROBIN Es ist anzunehmen, daß sie wirklich glaubten, den Opfern einen Gefallen zu tun. Auf bewußter Ebene dachten sie wohl, daß sie sie vor einem größeren Übel als dem Tod retteten und die Welt beschützten vor dem durch sie verursachten Bösen. Aber was verborgen blieb, war natürlich das Bedürfnis der Inquisitoren, dieses Böse in sich selbst zu verstecken. Es zunächst zu verneinen, dann auf ihre Opfer zu projizieren und schließlich loszuwerden, indem sie sie vernichteten.

JOHN Und dadurch fühlten sie sich vorübergehend besser.

ROBIN Bis der Kreislauf wieder von vorn begann.

JOHN Deshalb mußten sie wahrscheinlich auch ein Geständnis aus den Opfern herauspressen, notfalls durch Folterung. Das war dann die schriftliche Bestätigung, daß der Inquisitor einfach ein netter Kerl war, der nur seine Berufspflichten erfüllte. Dadurch fühlte er sich noch besser.

ROBIN Wahrscheinlich. Ein Geständnis bestätigte sie in ihrem Tun, und es gab keinerlei Zweifel mehr. Sie waren nun sicher, daß die bösen Dinge nicht in ihnen, sondern irgendwo draußen sind. Ein Geständnis war sehr tröstlich.

JOHN Vermutlich gilt dasselbe für die Hexenjagd im England des 17. Jahrhunderts. Weil die Puritaner jegliche sexuellen Gefühle so verdammenswert fanden, mußten sie sie verstecken und auf andere Menschen projizieren, eben auf die armen alten »Hexen«.

ROBIN Genau. Wenn sie dann selbst unreine, sexuelle Gedanken hatten, konnten sie die Hexen dafür verdammen, daß sie ihnen den Kopf verseucht hatten.

JOHN So verbrannten sie sie. Das machten sie so lange, bis sich die Lage etwas entspannte und solch »unreine« Gedanken erlaubt waren. Dann kamen die recht anzüglichen Restaurationskomödien, und wir hatten es nicht mehr nötig, Hexen zu verbrennen.

ROBIN Das zeigt ganz deutlich, wie gefährlich es ist, wenn wir versuchen, zu *gut* zu sein. Irgendwer muß ja immer der »Bösewicht« sein.

JOHN Aber warum fühlen wir uns so zufrieden, wenn wir in diese paranoide Haltung verfallen? Ich verstehe schon, daß man sich besser fühlt, weil man ja all die »schlechten« Gefühle loswird. Aber da gibt es doch noch mehr, oder? Hat man das Böse erst vollends einem anderen zugeschoben, kann man erst so richtig gemein zu ihm sein. Und das Verhalten ist gerechtfertigt durch seine Bösartigkeit. Also kann man alle häßlichen, grausamen, neidischen, negativen Gefühle an ihm austoben. Man profitiert also zweimal, nicht wahr!

ROBIN Richtig. Und beachte auch den anderen Teufelskreis, der in diesem Prozeß eingebaut ist und der vielleicht auch erklärt, warum Menschen so teuflisch grausam zueinander sind. Wie auch immer der Folterknecht seine Handlungsweise rechtfertigt, er ist immer in Gefahr zu bemerken, daß ihm das Quälen Spaß macht, das heißt, seine *eigene* Schlechtigkeit zu erkennen! Daher muß die Projektion verstärkt werden, das Opfer muß als noch schlechter erscheinen und so größere Grausamkeit rechtfertigen. Das erhöht natürlich wieder die Gefahr, daß der Folterknecht sich selbst erkennt – und so weiter, und so weiter. Daher wird er nie Erbarmen fühlen, sondern er wird immer zorniger und grausamer werden, je mehr das Opfer leidet. Dieser Teufelskreis aus Grausamkeit, Schuld, Projektion der Schuld auf das Opfer und anschließender größerer Grausamkeit wird auch noch verstärkt, weil alle Folterknechte sich gegenseitig versichern, daß sie das einzig Richtige tun! Wenn sich auch nur bei einem von ihnen Zweifel melden, ist die Seelenruhe aller in Gefahr. So werden sie ihn zunächst zurückzugewinnen versuchen, aber wenn das nicht gelingt, werden sie sich auf ihn stürzen und ebenfalls ins Feuer werfen. Und dieses Prinzip wirkt auch im alltäglichen Leben. In der Politik erleben die Parteimitglieder ein außerordentliches, erhebendes Gefühl der Gemeinsamkeit, wenn ihre Gruppe sich auf einen Feind konzentriert. Dieser notwendige Kampf offeriert ein verbindendes Ziel, man wird sich seiner gegenseitigen Abhängigkeit von den anderen bewußt, und man schließt die Reihen fester.

JOHN Das sieht man gut auf Parteitagen. Da sitzen sie alle mit grimmigen Gesichtern, bis ein Redner mit feurigem Pathos erklärt: »Die anderen sind ein Haufen Verbrecher, das Linkeste (oder Rechteste), das wir je in unserem großartigen Land erlebt haben. Es wäre ein Unglück, wenn sie an die Macht kämen (oder an der Macht blieben), deshalb müssen *wir* die Macht erringen (oder behalten), aber das erfordert einen enormen Kampf. Es wird eine übermäßige Anstrengung erforderlich sein, wir können uns nicht auf unseren Lorbeeren ausruhen und uns am Leben erfreuen. Wir müssen kämpfen, immer weiterkämpfen und dann noch ein bißchen weiterkämpfen.« Dann setzt er sich wieder, und siehe da, alle anderen haben rote Wangen vor lauter Begeisterung, sie glühen, als ob sie gerade Sahnetorte gegessen hätten, und sehen alle entspannt, glücklich und zufrieden aus. Sie strahlen förmlich vor Zufriedenheit und Gutwilligkeit. Wenn er jedoch zu ihnen gesagt hätte: »Wir müssen uns alle richtig amüsieren, fröhlich feiern und lieb zueinander sein«, hätten sie ihn wahrscheinlich gelyncht. Warum haben diese lächerlichen Appelle, zu kämpfen und weiterzukämpfen immer einen derartig entspannenden Effekt?

ROBIN Das folgt demselben Prinzip. Es trennt die zornigen, zurückweisenden Gefühle von den warmen, liebevollen und projiziert die »schlechten« ganz auf die andere Partei. Daher bleiben die »guten« ganz rein und sind um so positiver. Natürlich hält dieses warme Glühen nicht lange vor, weil es ja nicht realistisch ist und man mit der Zeit nicht umhin kann zu bemerken, daß auch Leute in der eigenen Partei Fehler haben. Aber es verursacht eine kleine Atempause, eine Zeitlang nicht sehen zu müssen, daß *jeder* Gutes und Schlechtes in sich hat. Das ist eine so viel erwachsenere, schwierigere Einstellung, die mitunter ernüchternd sein kann, fast deprimierend. Deshalb verstehen wir uns alle soviel besser, wenn es einen gemeinsamen Feind zu hassen gilt. Wenn Menschen ihre Kriegserlebnisse schildern, berichten sie von besonders viel Wärme und Freundlichkeit und wundern sich, wo das in Friedenszeiten geblieben ist.

JOHN Ich habe gehört, es gab damals weniger klinische Depressionen.

ROBIN Einiges bestätigt das. Und die paranoide Art scheint eine große Rolle in depressiven Zeiten zu spielen. Erinnerst du dich noch an den Grunwick-Streik 1977?

JOHN Der zog sich über Wochen hin. Streikposten in Massen, an den Fabriktoren wurde gekämpft, Bilder in jeder Nachrichtensendung, jeder, der was auf sich hielt, kam, um mitzudemonstrieren. Die Allgemeinheit war damals stark daran beteiligt.

ROBIN Aber das öffentliche Interesse stand in keiner Beziehung zur Größe oder Bedeutung des Streiks. Ich konnte lange nicht verstehen, wieso so viele Menschen sich emotional betroffen fühlten, bis ich mich auf einmal auch dabei ertappte, mitmachen zu wollen und ein paar Steine zu schmeißen. Und ich bemerkte auch, wie allein der Gedanke daran mich fröhlich und unternehmungslustig stimmte, während ich mich kurz vorher noch trübsinnig und unlustig gefühlt hatte. Und ich verstand, daß der Grunwick-Streik zum Zentrum aller Aufmerksamkeit geworden war, als wir in England endlich der Tatsache ins Auge schauen mußten, daß die allgemeine wirtschaftliche Lage im Land sehr schlecht war – daß wir von da ab alle ärmer werden würden. Ich erinnere mich, deswegen oft sehr deprimiert gewesen zu sein, aber diese Kampfgedanken um Grunwick gaben mir Aufmunterung, einen Adrenalinstoß.

John Und dann wurde das ganze nach und nach uninteressant, obwohl sich nichts geändert hatte. Das geht also so vor sich: Unser aller Lebensstandard sinkt, weil die Umstände entsprechend sind und wir sie nicht ändern können – das deprimiert uns alle. Aber wenn sich zwei Lager bilden, die entweder den gierigen, selbstsüchtigen Bossen, ohne die es uns allen besser ginge, oder den Gewerkschaftsbossen und faulen Arbeitern die Schuld zuschieben, dann ist es wie bei einem Pokalspiel, bei dem jeder aggressiv und wütend wird und die deprimierenden und komplizierten realen wirtschaftlichen Probleme vergessen kann.

Robin Genau. Natürlich wird so das bestehende Problem nicht gelöst. Wir müssen uns der Wirklichkeit stellen, um das zu erreichen, selbst wenn das zu allgemeiner Untergangsstimmung führt. Und wir müssen zusammenhalten, wenn wir Erfolg haben wollen.

John Also kann paranoides Verhalten aufmuntern, aber es hat seinen Preis ...

Robin Ja. In kleiner Dosierung ist das ungefährlich. Solange wir wissen, was wir tun, und wir uns nicht zu sehr von der Wirklichkeit entfernen, stimuliert es uns, ohne andere zu schädigen. Es ist nur ein Beispiel dafür, wie normale Erwachsene zu kindlicheren Verhaltensweisen zurückkehren können, wenn sie nicht ernst und fürsorglich sein müssen. Aber sie können dieses Verhalten sofort aufgeben, wenn wichtige Vorkommnisse anstehen und präzises, ausgewogenes Urteilen erforderlich ist.

John Und, wie du gesagt hast, die wirklichen Extremisten können das nicht, die sind in dieser paranoiden Verhaltensweise verhaftet. Was geschieht denn, wenn sie an die Macht kommen?

Robin Das hängt davon ab, wie extrem ihr Wahnsinn ist. Wenn der Anführer zwar in der verschwommenen Familienstufe steckt, aber auch klug und überzeugend ist, entsteht jene Situation, wie wir sie im Nazi-Deutschland hatten. All die paranoiden Systeme werden in extremer Weise benutzt, um irgendeine Minderheitengruppe zum Sündenbock zu machen. Das lenkt die zornigen, frustrierten Gefühle in der Bevölkerung von der Führung ab auf diese Sündenböcke. Hinzu kommt eine große Unsicherheit des Führers bezüglich seiner eigenen Grenzen. Er sieht sich immer noch als allmächtig, ohne jegliche Grenzen – als wäre er Gott. Er muß alles und jeden kontrollieren, kein Aspekt des Lebens darf seinen Phantasien entgegenlaufen. Um nur das einfachste Beispiel zu nennen: Jedesmal, wenn Hitler den Arm hob, mußten es alle anderen ihm nachtun!

JOHN Und vermutlich funktioniert das auch andersrum. Je mehr alle Leute sich so verhalten, wie es der Diktator will, um so mehr verwischen sich dessen Grenzen.

ROBIN Vermutlich liegt darin der Grund, warum zuviel Macht korrumpiert. Macht verdirbt den Charakter, wie man so sagt. Der Mächtige verliert seinen Wirklichkeitssinn, weil er die Frustrationen nicht mehr erlebt, die er zur Definition seiner Grenzen braucht. Und je unsicherer er wird, um so bedrohlicher findet er jegliche Individualität oder jedes Verhalten, das er nicht selbst eingeführt hat. Denn diese Unterschiede bestimmen seine Grenzen: Er ist nicht alles, er ist nicht Gott. Daher lieben Diktatoren Uniformen und Uniformität, und alle Unterschiede, jede Andersartigkeit hassen und zerstören sie, besonders alles, was eine starke, eigene Identität hat. Die Juden haben eine besonders starke, unverwechselbare Identität, daher sind sie eine ideale, natürliche Zielscheibe für jeden, der sich gottgleich wähnt.

JOHN Auch Menschen anderer Hautfarbe sind ein augenfälliges Ziel. Der Diktator kann nicht umhin, sie zu bemerken – und er kann diesen Unterschied schlecht verbieten.

ROBIN Richtig. Der Diktator muß also all die Menschen loswerden, die sein Bild von sich selbst bedrohen. Gleichzeitig kann er ihnen all die Attribute anhängen, die er an sich nicht mag, die schwachen, schlechten, so gar nicht »gottgleichen« Teile seiner selbst.

JOHN Als nächstes werden wohl die anderen, unabhängigen Staaten zu seinem Problem?

ROBIN Ja. Daher muß der Diktator sie erobern und sie entweder gleichschalten oder auslöschen. So schrecklich es klingt, es ist ein logischer, automatischer Ablauf. Und wenn jemand diesen Weg einschlägt, dann fühlt er sich gezwungen zu immer neuer Projektion und Zerstörung, *je mehr Erfolg er dabei hat.* Der Diktator und seine Kumpane sind natürlich ihre schlechten Gefühle nicht wirklich losgeworden, sie haben sie einfach auf eine andere Gruppe projiziert – die dann Staatsfeind Nr. 1 wurde. Dann wurde Feind Nr. 1 liquidiert – und nach einer Pause fangen sie wieder von vorn an, mit einer neuen Projektion auf eine andere Gruppe und so weiter.

John Das ruft Erinnerungen an den lieben alten Oliver Cromwell wach. Anfänglich wurde er von Parlament, Armee und den schottischen Puritanern unterstützt. Die halfen ihm, die Königstreuen zu beseitigen. Anschließend hat er zuerst die Schotten kleingekriegt. Dann mußte die Armee gesäubert werden, danach das Parlament. Dann hat er das Parlament ganz abgeschafft. Als er starb, hatte er praktisch alles abgeschafft, was seine Herrschaft ermöglicht hatte. Kein Wunder, daß zwei Jahre später die Monarchie wiederhergestellt war. Hitler eliminierte die Kommunisten, die Sozialisten, die Gewerkschaften, Katholiken, Protestanten, Juden, Zigeuner und so weiter. Er »säuberte« auch die »Braunhemden«, war schon dabei, die Heeresführung anzupeilen, sich die Luftwaffe und sogar die SS vorzunehmen, als ihn die Ereignisse einholten. Und Stalin brachte es fertig, fast alle Anführer der Revolution von 1917 auszulöschen, indem er sie der Konterrevolution beschuldigte. Ein Führer dieser Art wird eines Tages alle seine Feinde eliminiert haben und in den eigenen Reihen nach Sündenböcken suchen.

Robin Es müssen immer mehr Abtrünnige, Verräter und so weiter innerhalb der Bewegung gefunden werden. Wenn irgendwann einmal keine mehr da wären, käme der Diktator an den Punkt, an dem er sich fragen müßte, ob all diese schlechten Gefühle wirklich nur von außen kommen.

John Seine Jalousie schnappt hoch.

Robin Und der logische Schluß wäre, er würde sich selbst auslöschen.

John Das ist witzig, daß du das so sagst – ich habe immer den leisen Verdacht gehegt, daß der Ayatollah irgendwann mal ganz allein im Iran sitzt und in heiligem Ernst seine eigenen Glieder Stück für Stück abhackt ... Weißt du, das erinnert mich auch an den Jim Jones-Kult. Als sie in Guayana, im »gelobten Land«, ankamen, brachten sich alle um.

Robin Das ist ein besonders gutes Beispiel. Sie waren ja in Guayana endlich weit weg von all den schlechten, sie verfolgenden Außenseitern. Jetzt hatten sie niemanden mehr, auf den sie ihre schlechten Gefühle projizieren konnten. Sie konnten kaum mehr umhin, die Wahrheit zu sehen: Sie hätten sich diese schlechten Gefühle wieder zu eigen machen, sie akzeptieren müssen – und das konnten sie nicht. Es wird deutlich, wie Tod und Zerstörung die logische Folge dieser paranoiden Einstellung ist, die versucht, jegliche Kritik an uns selbst zu vermeiden. Denn sowohl positive wie negative Kritik sind gut für unsere geistige Stabilität. Du erinnerst dich doch noch an diese Karte in unserem Kopf. Wir müssen eben dauernd an ihr arbeiten und die Grenzen umzeichnen, und das können wir nur, wenn uns andere genaue Informationen geben. Wenn du also ausflippst und dann jede Kritik wegfegst, dann hat deine Karte bald nichts mehr gemein mit der realen Welt – und daher wirst du immer verrückter. Es ist typisch für diese Art Regime, daß sie die Kommunikation scharf kontrollieren, um so jegliche widersprüchliche Meinung zu ersticken. Familien dieses Typs raten ihren Familienmitgliedern, nicht zu offenherzig mit anderen Leuten zu verkehren.

JOHN In dem Buch ›Der Pate‹ beschimpft der Pate einen seiner Söhne, der sich mit einer anderen Mafia-Familie getroffen hat: »Dino, bist du weich im Kopf? Sag nie wieder jemandem außerhalb der Familie, was du denkst!«

ROBIN Tod und Zerstörung erhielten gegen Ende der Geschichte dieser Familie reiche Ernte, wenn ich mich recht erinnere. Und von der Familie selbst waren auch nicht allzu viele übriggeblieben, oder? Das sind genau die Regeln, die verrückte Familien, extreme Kulte und extreme politische Gruppierungen bei ihren Mitgliedern geltend machen. Keine Information darf der »Familienkarte« widersprechen und die Grenze nach außen passieren, sonst könnte das System zusammenbrechen, und sie müßten sich ändern.

JOHN Totalitäre Staaten kontrollieren daher die Nachrichten, zensieren die Geschichte und erlauben ihren Landsleuten nicht, ausländische Sender zu hören?

ROBIN Da schätzt man die Freiheit in unserem Staat! Wir nehmen das oft als selbstverständlich – aber hier liegt der Unterschied zwischen Normalität und Wahnsinn.

JOHN Amnesty International verbreitet die erschütternde Meldung, daß man in einhundertzehn Ländern unserer Welt ins Gefängnis kommt, wenn man seine eigene Meinung mit friedlichen Mitteln vertritt. Ich nehme an, Paranoia hat nur einen einzigen positiven Effekt – man fühlt sich selbst gut dabei.

ROBIN Wenigstens zeitweise. Deshalb trifft man sie so häufig an. Und uns beiden macht es im Moment doch auch viel Spaß – wir schieben den Paranoikern alles in die Schuhe.

JOHN Aha, deshalb fühle ich mich gerade so gut!

Sich trennen

JOHN Wir haben uns bis jetzt mit den ersten Versuchen des Babys befaßt, seine Karte der Welt zu konstruieren. Es braucht dazu die richtige Kombination von emotionaler Unterstützung und Informationen darüber, wie es sich von der Mutter unterscheidet. Was kommt danach?

ROBIN Die folgenden Gedanken haben alle damit zu tun, daß das Baby kein Teil der Mutter ist, sondern getrennt von ihr existiert: warum Teddybären so wichtig sind; warum wir an manchen Tagen offen und entspannt, an anderen wieder »zugeknöpft« sind; worin sich Depression und Traurigkeit unterscheiden und wie nützlich Trauer ist; warum alle Depressionen »chemisch« bedingt sind; und warum Mütter ihren Babys ruhig ab und zu erlauben sollen, bekümmert zu sein.

JOHN Puh! Wo fangen wir an?

ROBIN Es beginnt ungefähr nach dem siebten Lebensmonat, wenn das Baby merkt, daß es ein von der Mutter getrennter Mensch ist. Es erkennt nach und nach diesen Abgrund zwischen sich und der Mutter und muß damit umzugehen lernen.

JOHN Du hast gesagt, daß sein Angstniveau zu dieser Zeit in die Höhe springt – so als ob der Groschen schnell fällt.

ROBIN Genau. Diesen Abstand zwischen sich und der Mutter plötzlich zu sehen ist sehr beängstigend, fast so, als ob man einen Fuß schon im Boot, den anderen aber noch am Ufer hat. Natürlich entwickelt sich zur gleichen Zeit sein Anhänglichkeitsgefühl – das heißt, es braucht Mutters Nähe und fürchtet jede Trennung. Deshalb ist ja das Guck-mal-Spiel zu der Zeit so beliebt.

JOHN Die Mutter ist da – und dann auf einmal nicht – eine kleine Aufregung, und dann ist sie ja wieder da. Die Angst ist weg, das Baby quietscht vor Vergnügen.

ROBIN Und lacht – was ja normalerweise Ent-spannung anzeigt.

JOHN Aber je älter das Baby wird, um so geringer wird seine Angst.

ROBIN Weil es ja jetzt selbst tun kann, wofür es die Mutter vorher brauchte.

JOHN Du meinst also, seine Trennungsangst verhält sich, vereinfacht gesagt, proportional zu seiner Abhängigkeit von der Mutter.

ROBIN Sagen wir einfach, je besser es sich selbst bemuttern kann, desto weniger Grund hat es, sich zu ängstigen.

JOHN Was meinst du mit »bemuttern« – die praktische oder die emotionale Seite?

ROBIN Beide. Es muß ja lernen, selbst die Knöpfe zuzumachen und zu essen, aber auch sich selbst zu amüsieren und zu helfen.

JOHN Damit meinst du, es sagt sich, daß alles gut ist oder daß es etwas tun kann, wenn es wirklich will? Ich denke da plötzlich an Tennisspieler, die sich in kritischen Momenten Mut zusprechen: »Komm schon, Jim, du schaffst das.«

ROBIN Ja, ein Kind lernt, sich später auf diese Weise selbst zu beruhigen.

JOHN Aber bis es das gelernt hat, wird jede Trennung von der Mutter es ängstigen.

ROBIN Es mag dazu neigen, aber glücklicherweise hat es einen ebenso starken Drang, die Umwelt zu erforschen. Mit etwa neun Monaten krabbelt das Baby zu Erkundungszwecken durchaus von der Mutter weg und hat viel Spaß dabei – aber das geht nur, wenn es vorher genug Liebe und emotionale Unterstützung bekommen hatte, die ihm das Selbstvertrauen für diese kleinen Soloausflüge geben.

JOHN Aber die Mutter sollte schon in der Nähe sein, falls es sich erschreckt.

ROBIN Oder damit es zu ihr zurückkrabbeln kann und *sie* entdecken kann. Es ist sehr wichtig, daß die Mutter es zu diesen Abenteuern ermutigt, ihm die Botschaft gibt: »Du kannst gehen, wann du willst, und zurückkommen, wenn du mich brauchst!«

JOHN Moment bitte. Es ist alles o. k., wenn die Mutter in der Nähe bleibt, damit sie notfalls beruhigend eingreifen kann. Aber wir hatten doch gesagt, das Baby soll jetzt unabhängiger werden. Wie soll das denn gehen, wenn es immer wieder zurückkommt, um getröstet zu werden. Anders gesagt, wenn das Baby die Mutter braucht, damit es lernt, sie nicht zu brauchen – dann beißt sich doch die Katze in den Schwanz, oder? Was kann die Mutter denn tun, um dem Baby zu helfen, wenn sie nicht da ist?

ROBIN Sie kann ihm ein transitionelles Objekt geben.

JOHN So spricht der Fachmann, und der Laie wundert sich.

ROBIN Einen Teddybär würden wir beispielsweise so nennen: ein Übergangsobjekt.

Erlaubnis, großzuwerden

JOHN Warum nennt man einen Teddybär ein »transitionelles Objekt«?

ROBIN Nun, dieses »transitionelle Objekt« oder Übergangsobjekt erlaubt dem Baby, den Übergang zu schaffen zwischen dem Punkt, an dem es nicht lange ohne Mutter sein kann, zu dem, wo es emotionale Unterstützung auch von anderen Leuten erhalten kann.

JOHN Und wie kann es ihm helfen, diese Kluft zu überbrücken?

ROBIN Indem das Baby jetzt einige dieser mächtigen Gefühle, die es bis jetzt auf die Mutter fixiert hatte, auf das Objekt übertragen kann. Deshalb ist das Knuddeltier so wichtig für ein Kind. Es nimmt es überall mit hin und schläft auch damit ein.

JOHN So wie Linus bei den Peanuts?

ROBIN Genau.

JOHN Ich hatte einen Stoffhasen namens Reggie. Dann überträgt das Kind also einige seiner Gefühle auf das »Übergangsobjekt«.

ROBIN Man kann es deutlich sehen, wenn die Mutter dem Baby den Stoffhasen oder was auch immer übergibt. Wenn sie weggeht, kann man fast spüren, wie das Baby einige seiner Anhänglichkeitsgefühle auf den Hasen überträgt.

JOHN *Deshalb* sind die Knuddeltiere also so wichtig für die Kinder. Ich habe das nie so richtig verstanden. Und wann fängt das alles an?

ROBIN Bei jedem Kind zu einer anderen Zeit – für die meisten während des zweiten oder gar dritten Jahres. Von da ab hat das Baby dann ein »tragbares Unterstützungssystem«, das ihm hilft, die jetzt anstehende Trennung von der Mutter zu überstehen.

JOHN Der Teddybär ist eine Art *Muttterersatz*?

ROBIN Das ist ein ganz wichtiger Teil seiner Rolle. Oft nimmt das Baby als erstes ein Stück Decke oder Laken her, das dann zusammen mit dem Daumen in den Mund gestopft wird. Das erinnert an Trost und Nahrung. Es *vertritt* die Mutter.

JOHN Wenn es die Decke oder den Teddy oder den Stoffhasen mit rumschleppt, dann erinnert das an Mutters Verfügbarkeit, es ist eine Art »Erinnerungs-Mutter«.

ROBIN Das ist ein prima Name dafür, denn die *Erinnerung* des Kindes zu dieser Zeit ist ja noch recht *wackelig*! Selbst wenn es die verschiedenen Teile der Mutter schon zu einem Ganzen zusammenfügen kann, wird dieses Bild bei starken, schmerzvollen Gefühlen schnell wieder zerbrechen. Wenn sie zu lange weg ist, wird es wütend, und sein Zorn zerstört ihr Bild, so wie bei einem Puzzle alles wieder auseinanderfällt, wenn man zu fest auf den Tisch haut, besonders, wenn es noch nicht ganz fertig ist. Dann kann das Kind keinen Trost mehr finden, weil es sich die Mutter nicht mehr richtig vorstellen kann. Aber der Stoffhase hilft ihm dabei, und deshalb ist es dann nicht mehr so elend dran. Es kann sich jetzt an Mutters Hilfe und Unterstützung erinnern, ohne daß sie da ist.

JOHN Aber du hast gesagt, das ist nur ein Teil seiner Funktion ...

ROBIN Das Kind kann viele Entdeckungen über sich selbst machen, wenn es mit seinem Stoffhasen spielt. Wenn du ein Kind allein mit dem »Übergangsobjekt« spielen siehst, kannst du beobachten, daß das Objekt immer es selbst vertritt, während das Kind die Rolle der Mutter übernimmt, die sich um den Stoffhasen *kümmert*.

JOHN Nach dem Motto: »Du bist ein liebes kleines Häschen«, oder: »Das tut man nicht, Mammi mag das nicht.«

ROBIN Ja, wenn es schon reden kann, dann sagt es so was. Es lernt seine eigenen Gefühle besser kennen, indem es sie auf das Spielzeug projiziert. Einerseits spielt das Kind Mutter, andererseits ist das Spielzeug die Mutter, und es klammert sich hilfesuchend daran.

JOHN Indem es zwischen Mutter- und Kindrolle hin und her wechselt, lernt es mehr darüber, wie man sich als Mutter fühlt, und wenn es die Mutter besser verstehen lernt, wird es sich natürlich in gleicher Weise auch *selbst* besser verstehen lernen: Es wird sich immer besser über seine Grenzen klar, und auch darüber, was zwischen ihm und Mutter abläuft.

ROBIN Genau.

JOHN Dabei hilft es dem Kind, daß der Stoffhase leblos ist. Er ändert sich daher ja nie, hat keine eigenen Reaktionen oder Gefühle, und das erleichtert es dem Kind, Klarheit zu bekommen.

ROBIN Weiter ...

JOHN Na ja, nehmen wir als Beispiel ein Gefühl, mit dem ich Probleme habe: Konkurrenz. Manchmal bin ich mit jemandem zusammen und empfinde plötzlich eine Menge Rivalität. Aber ich weiß nie, ob das nun von mir oder von ihm ausgeht. Während wir »im Fluß« sind, finde ich es sehr schwer, meine Grenzen zu erkennen, selbst wenn das in Ruhe später ganz gut geht. Analog dazu müßte es dem Kind daher helfen, daß sich der Stoffhase nicht verändert.

ROBIN Ja, ich glaube, das stimmt. Übrigens funktioniert die Psychoanalysetechnik genauso: Der Patient kann ja nur deshalb seine Grenzen klar finden und entscheiden, was er wirklich selbst fühlt und was er sich nur einbildet, wenn der Therapeut »stillhält«. Er reagiert ja nicht, außer daß er manchmal ein paar neutrale Bemerkungen einwirft.

JOHN Und vermutlich entdeckt das Kind dadurch, daß es »Mutter« spielt, *wie* man als Mutter ist, und lernt daher, wie eine Mutter zu handeln, sich zu bemuttern, sich um sich selbst zu kümmern. Was ja für den Trennungsprozeß sehr wichtig ist.

ROBIN Das glaube ich auch.

JOHN Das ist also der zweite Vorteil des Stoffhasen. Und was tut dieses begabte Nagetier sonst noch für das Kind?

ROBIN Noch etwas, das genauso wichtig ist für das Kind wie Sicherheit und Lernprozesse, fast noch wichtiger. Der Stoffhase verkörpert die Botschaft der Mutter: »Du darfst erwachsen werden.«

JOHN Das klingt wie ein Orakel!

ROBIN Na ja, erinnere dich doch kurz an all das, was mit dem Größerwerden verknüpft ist: Das Baby muß über die Phase, in der die Mutter das Allerwichtigste ist, hinauswachsen – von ihr weg wachsen – hin zu der Möglichkeit, seine Zuneigung auch anderen zu geben, dem Vater, den Geschwistern. *Wenn* also die Mutter mit dieser Entwicklung einverstanden ist – und das drückt sie aus, indem sie dem Kind den Stoffhasen gibt und durch ihre Beachtung, die sie dem Hasen zukommen läßt –, dann sendet sie dem Kind diese lebensnotwendige Botschaft.

JOHN Und die lautet: »Es ist mir recht, wenn du von mir wegwächst.« Ich glaube, ich hab's. Sie zeigt dem Baby, daß es ihr recht ist, daß *sie sich freut,* wenn es mit dem Stoffhasen spielt, wenn *sie nicht da ist.* Und damit sagt sie ihm auch, daß es gut ist, *Spaß zu haben,* wenn sie nicht da ist. Aber gleichzeitig ist ein Stück von ihr doch da, eben der Hase, und das tröstet das Kind während ihrer Abwesenheit.

ROBIN Das Kaninchen hat auch noch eine andere Botschaft: »Du kannst so schnell oder langsam von mir wegwachsen, wie du möchtest – du brauchst aber nicht schneller zu sein, als dir angenehm ist. Und am Ende kann ich es ertragen, wenn du dann weggehst.«

JOHN Was, total weggehen?

ROBIN Ja. Es sagt: »Ich will, daß du erwachsen wirst und mich gar nicht mehr brauchst.«

John Also, weißt du, das klingt ein bißchen überdreht für das arme Häschen.

Robin Das ist doch nur die logische Fortführung von dem, was wir schon gesagt haben.

John Nun ja, du bist der Weise. Aber laß mich sehen, ob ich das auch wirklich verstanden habe. Mit ungefähr sechs Monaten sollte das Baby damit beginnen, sich von seiner Mutter zu trennen. Statt emotional vollkommen von der Mutter abhängig zu sein, kann es jetzt auch andere Leute um Unterstützung bitten. Dabei hilft ihm das Übergangsobjekt in verschiedener Weise: Das Baby kann einen Teil seiner Mutterfixierung auf das Stofftier übertragen. Wenn es sich ängstigt, kann es den Stoffhasen dazu benutzen, sich an den Trost zu erinnern, den ihm die Mutter gab. Zweitens kann das Baby die verschiedenen Rollen spielerisch kennenlernen, und es lernt, was es heißt, Mutter zu sein, und wie es sich »bemuttern« kann. Schließlich kann es so auch seine eigenen Grenzen klarer erkennen, wenn es die Mutter besser versteht. Und drittens: Da die Mutter sein Spiel mit dem Stoffhasen gerne billigt, heißt das für das Baby, es ist gut, unabhängig zu werden. Also ist dieser Stoffhase eine Erinnerungs-Mutter, ein »Grenzaufklärer«, ein Bemutterungslehrer und ein Unabhängigkeitsfürsprecher – kein Wunder, daß die Dinger teuer sind!

Robin Obwohl das Baby jetzt weniger nah bei der Mutter ist, fühlt es sich doch unterstützt und lernt, sich auch selbst zu helfen. Und dadurch ist es entspannt. Langsam kann es dann mit Selbstvertrauen und Offenheit auf alle Veränderungen, die ihm in seiner Entwicklung begegnen, reagieren.

John Das gilt doch auch für Erwachsene, oder? Wenn wir uns aller Hilfsquellen bewußt sind, auf die wir uns stützen können, dann ist es viel einfacher, mit Streß fertigzuwerden und offen zu sein für Veränderungen. Vermutlich tragen Menschen deshalb allerlei Dinge mit sich rum: Familienfotos, Ringe, Sachen, die uns mit unseren Lieben verbinden – selbst Kreuze?

Robin Ja, das alles hilft uns, zuversichtlich zu sein, daß wir mit allen Veränderungen fertigwerden können.

John Dieses Nachdenken über die verschiedenen Entwicklungsphasen des Babys hat mir etwas anderes bewußt gemacht. Veränderungen sind deshalb so stressig, weil man sich nicht auf Neues zubewegen kann, ohne Altes loszulassen. Das Baby kann nicht wirklich

Spaß mit Papa haben, wenn es nicht schon ein bißchen befreit von Mama ist. Und die Schule macht ihm nur dann Freude, wenn es einige Annehmlichkeiten des Zu-Hause-Seins aufgeben kann.

Robin Genau. Man kann noch nicht mal einen neuen Gedanken fassen, ohne dafür einen alten aufgegeben zu haben.

John ... vielleicht ist Denken deshalb Schwerarbeit. Es gibt somit bei diesen Neuanfängen zwei Quellen der Angst: Erstens bringt das Aufgeben, das nichts anderes als eine Art Verlust ist, üblicherweise Gefühle von Unbehagen mit sich, und zweitens kann man dem Neuen, da man es nicht kennt, nicht trauen. Etwas Unvertrautes verursacht mehr Angst als tatsächliche Gefahr.

Robin Stimmt. Und die Beängstigung ist in der Übergangsphase am größten, wenn wir das Alte schon nicht mehr haben, aber das Neue noch nicht richtig kennen. Deshalb ist es unerläßlich, daß das Baby in dieser Phase Selbstvertrauen und Zuversicht entwickelt, so daß es loslassen kann, weil es weiß, das Neue ist zumindest ebenso gut, wenn nicht besser. Wenn es diese Zuversicht hat, wird es sein ganzes Leben lang allem Neuen in offener, entspannter Weise begegnen und immer weiter wachsen.

John Und falls nicht, bleibt es dann stecken, abweisend, voller Angst vor Neuem, zugeknöpft?

Robin Ja. Wenn uns Zuversicht mitgegeben wurde, können wir der Welt offen und entspannt gegenüberstehen. Müssen wir etwas abgeben, können wir das in der Gewißheit, mit den dabei entstehenden Verlustgefühlen fertigzuwerden. Indem wir die unangenehmen Gefühle zulassen und durchleben, befreien wir uns davon, das Verlorene zu brauchen. Wenn wir mit dem Neuen konfrontiert werden, ängstigen wir uns nicht und ziehen uns zurück, sondern öffnen uns für die Entdeckung und wissen, daß diese neuen Dinge keine Gefahr sind, sondern ganz im Gegenteil hilfreich und nützlich.

John Und wenn wir diese Phase *nicht* richtig abgeschlossen haben, dann können wir nicht gut loslassen, weil uns die Zuversicht fehlt, diese dabei auftretenden Verlustgefühle gut zu überstehen.

Robin In einer uns nicht vertrauten Situation reagieren wir sehr angespannt, sind nervös, gereizt, auf der Hut. Während das natürlich eine recht normale Art ist, sich in gefährlichen Situationen zu schützen, ist es jedoch unangemessen, auf alles Neue so zu reagieren, nur weil es neu ist.

JOHN Man ist dauernd kampfbereit – in voller Montur und geschlossenen Reihen.

ROBIN Genau. Deshalb wird ein Kind, das die notwendige Unterstützung nicht bekommt, sofort »Position« beziehen, um sich vor zuviel Streß und Veränderungen zu schützen. Es wird wahrscheinlich immer etwas steif sein, angespannt, für sich bleiben, ein bißchen mißtrauisch – wie du schon gesagt hast ... »zugeknöpft«.

JOHN Und erhält daher nie die Gelegenheit herauszufinden, daß Neues nicht gefährlich ist.

ROBIN Oder aber es kann schon auf andere Hilfe zurückgreifen, die langsam die der Mutter ersetzen kann, es entdeckt Vater, Geschwister, Freunde, Schulkameraden, Clubs und Gruppen als Unterstützungssystem, und schließlich natürlich den Freund oder die Freundin.

JOHN Es gibt also zwei Methoden zu leben, die »offene, entspannte« Weise und die »verschlossene, zugeknöpfte« Art.

ROBIN Die erste führt zu Wachstum und Veränderung, die zweite zum »Klebenbleiben«.

JOHN Die meisten Leute erleben sicherlich beides, oder? Ich fühle mich zum Beispiel manchmal so entspannt, daß selbst die unangenehmsten Situationen mir nichts ausmachen und ich die Dinge mit angenehm distanzierter Neugier und Offenheit an mich herankommen lassen kann, so daß Streitigkeiten sich ganz einfach auflösen. Aber wenn ich unter Streß stehe und in meiner »Kampfposition«

bin, bin ich viel weniger flexibel, und Problemlösungen und Kompromisse brauchen länger. Was ich sagen will ist: Abhängig von meiner Stimmung verhalte ich mich auf beide Arten.

ROBIN Versteh ich. Selbst ein sehr offener Mensch verkriecht sich, wenn er zu lange unter zu viel Streß steht, und steife, starre Leute können sich öffnen, wenn sie genug Wärme empfangen. Aber man funktioniert meist *stärker* auf die eine als auf die andere Art.

Das richtige Gleis ...

JOHN Du meinst also, wir können uns auf zwei Gleisen durch das Leben bewegen. Eins ist offen, entspannt, das andere geschlossen, zugeknöpft. Auf welchem Gleis wir laufen, wird dadurch bestimmt, wie wir mit unseren Müttern die Trennungsphase im Alter zwischen sechs Monaten und drei Jahren bewältigen.

ROBIN Das stimmt zwar, aber du schiebst der Mutter zuviel Verantwortung zu. Du weißt ja, wenn sie selbst in dieser verschlossenen, zugeknöpften Phase steckengeblieben ist, dann hat sie daran keine Schuld, denn ihre Familie war auch so. Und es wird ihr sehr schwerfallen »umzukoppeln«, damit ihr Baby auf das »offene, entspannte« Gleis kommen kann.

JOHN Dafür bräuchte sie viel Hilfe von *außen*. Ihr Mann wird kaum in Frage kommen, da sie ihn wahrscheinlich ausgesucht hat, weil er auf demselben Gleis ist wie sie.

ROBIN Genau. Diese Idee von den zwei Gleisen hat eine so große Bedeutung für unsere Entwicklung, daß ich gerne noch mal untersuchen möchte, wie die Mutter-Kind-Beziehung auf jedem dieser Gleise abläuft. Nehmen wir zunächst das »gesunde Gleis«, die gesunde Mutter, die, wie du dich erinnerst, »gut genug« ist.

JOHN Ja, sie kann sich um sich selbst kümmern, kennt ihre eigenen Bedürfnisse und erlaubt sich, sie zu befriedigen. Daher übergibt sie das Baby anderen, wenn sie eine Pause braucht, und sie kann auch um Liebe und Unterstützung für sich bitten.

ROBIN Richtig. Endresultat ist, sie hat *genug* Liebe, emotionale Unterstützung, Selbstvertrauen, Entspannung, Zuversicht oder wie man das sonst bezeichnen will. Das wiederum hat zwei Folgen: Da sie für sich selbst genug hat, kann sie dem Baby auch viel geben, daher bekommt es die Hilfe, die es braucht. Und zweitens: Da sie selbst genug hat, ist sie nicht auf die Liebe des Babys angewiesen. Deshalb kann sie es auch weggehen lassen, wenn die Zeit dafür kommt.

JOHN Deshalb erlaubt sie ihm auch sein Stückchen Decke oder gibt ihm einen Stoffhasen. Das hilft ihm, sich von ihr zu trennen, nicht nur weil es den Hasen mit der Mutter und ihrer Liebe verbindet, sondern auch weil sie seine Unabhängigkeitsbestrebungen so eindeutig unterstützt. Sie zeigt ihm damit, daß es frei sein soll, wenn es will.

ROBIN Dieses Baby ist viel selbstsicherer, wird mutiger sein und gerne was riskieren. Es braucht sich aus Angst vor Veränderungen oder neuen Erfahrungen nicht abzukapseln. Daher ist dieses Baby fröhlicher, schließt schnell Freundschaften und hat deshalb ein größeres Hilfsnetz zur Verfügung, vor allem wenn Mutter und Vater mal nicht in der Nähe sind. Es braucht daher seine Mutter und später seine Familie weniger, und das heißt, daß es mehr Freude an ihnen hat.

JOHN Warum?

ROBIN Weil es sich nicht dauernd ängstigt, daß sie verschwinden könnten, wenn es nicht mit ihnen zusammen ist. Diese Sorgen verderben ihm somit nicht sein Vergnügen. Es kann viel besser mit Veränderungen, Verlusten und Streß fertigwerden, und sein Leben ist nicht nur voller, sondern wird auch immer erfüllter und abwechslungsreicher.

JOHN Das ist also das gesunde Gleis. Kann die Mutter auf dem anderen Gleis nicht auf diese gesunde Art egoistisch sein? Kann sie sich nicht verschaffen, was sie braucht?

ROBIN Nein – daher hat sie selbst nicht genug. Und wenn sie selbst nicht genug hat, wie könnte sie etwas geben? Daher hat ihr Kind von Anfang an zu wenig emotionale Unterstützung. Und der zweite Punkt ist natürlich, sie wird von der Liebe und Zuwendung des Kindes abhängig werden. Sie wird sich an das Kind klammern, genauso wie das Baby sich an sie klammert. Und selbst wenn sie ihm ein Häschen oder einen Teddy geben sollte, ist ihre *Einstellung* dazu gänzlich verschieden. Besitzergreifend und gar nicht glücklich, wenn das Kind dem Teddy einen Teil seiner Liebe schenkt, wird sie ihn bald als Rivalen empfinden, da er fast genauso wichtig wie sie selbst ist.

JOHN Der Stoffhase trägt hier eben nicht die Botschaft: »Ich unterstütze dich darin, von mir wegzuwachsen«, und das Baby hat deshalb auch nicht den Mut, das zu versuchen. Es erhält sogar die entgegengesetzte Botschaft!

ROBIN Genau. So kann das Leben auf dem ungesunden Gleis ablaufen. Aber es gibt noch eine andere Möglichkeit, wenn die Mutter gelernt hat, ihr eigenes Hilfsbedürfnis *zu verleugnen.*

JOHN Wenn sie es hinter die Jalousie verbannt hat.

ROBIN Ja. Dann ist ihr nämlich jegliches Anklammern unangenehm, sowohl ihr eigenes als auch das ihres Kindes. Sie wird versuchen, ihrer beider Bedürfnisse zu verneinen, und stößt das Kind weg, sollte es sich anklammern wollen. Daher empfindet sie es als peinlich, wenn das Kind den Stoffhasen dauernd um sich hat und liebkost, besonders wenn es etwas älter wird. Sie wird ihm die Freude daran verderben.

JOHN Auf jeden Fall bekommt das Kind eine sehr negative Botschaft mit seinem Stoffhasen mit, wenn die Mutter auf dem ungesunden Gleis ist.

ROBIN Das Kind braucht ja die Zustimmung der Mutter für die Botschaft, deren Verkörperung der Hase ist: »Du bist frei.« Nur so kann es von ihr wegwachsen und unabhängiger werden. Da der Hase in diesem Fall als Hilfsmittel bedeutungslos ist, bleibt es stekken und klammert sich an ihre Schürze wie eine Klette.

JOHN Es »steckt fest«, weil es den Übergang zwischen der Mutter als einziger Hilfsquelle und anderen Unterstützungsmöglichkeiten in seiner Umgebung nicht schafft.

ROBIN Daher klammern sich die Kinder auf diesem ungesunden Gleis an die Mutter oder an jede andere sich bietende Quelle der Sicherheit.

JOHN Trotzdem bekommen sie von der Mutter nicht genug Zuneigung, daher ist selbst dieses enge Zusammensein mit ihr nicht sehr befriedigend.

ROBIN Diese Kinder scheinen immer etwas zu wollen, auf etwas zu hoffen. Sie bekommen anscheinend nicht viel. Sie haben nicht viel Selbstvertrauen oder sind nicht offen für neue Erfahrungen.

JOHN Das arme Kind weiß doch auch nicht, was es tun soll! Ich glaube, es ist nicht so sehr Trauer, was es empfindet, sondern vielmehr Perplexität. Ja, es ist wie angewurzelt, ohne zu wissen, weshalb.

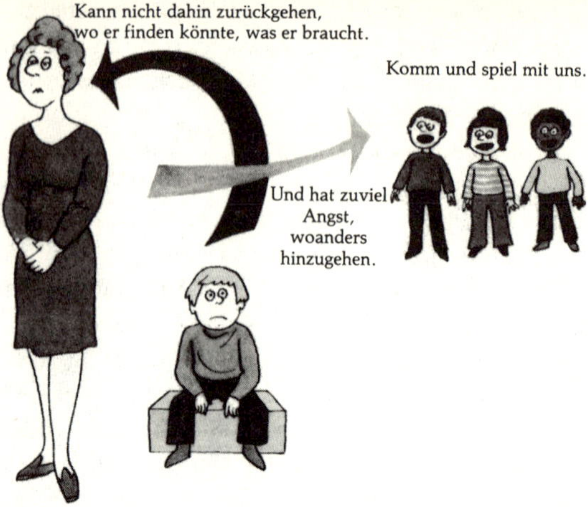

Robin Natürlich! Und seine Verunsicherung wird größer durch das Verhalten der Umwelt. Denn schon bald werden die Kinder nicht mehr rufen: »Komm und spiel mit uns«, sondern ganz andere Sachen, *besonders* wenn das Kind ein Junge ist.

Jetzt steigert sich seine Verwirrung – denn nun wird ihm ja befohlen, seine Mutter zu verlassen, aber er hat keine Ahnung, wie! Und gleichzeitig wird er dafür kritisiert und ausgelacht, daß er feststeckt.

John Wenn er mit seiner Mutter allein sein könnte, fänden sie vielleicht zumindest aneinander Halt. Kleine Mädchen dürfen das eher. Die nennt man einfach »häuslich veranlagt« oder »ruhig«. Ein Junge aber ist ein »Schwächling«.

Robin Das macht die Sache für den Jungen natürlich schwieriger, denn sein unbefriedigtes Bedürfnis, sich anzuklammern, wird er jetzt hinter die Jalousie verfrachten, da die Außenwelt ihn ja lächerlich macht.

John *Jetzt* muß er also verleugnen, daß er überhaupt feststeckt! Was kannst du denn für so jemanden tun? Wie kannst du diesen Menschen auf das gesündere Gleis umrangieren – wo sie entspannter, zuversichtlicher werden und wachsen können?

Robin Das ist nicht einfach. Sobald eine Familie sich auf einem dieser Gleise befindet, ist es schwierig umzuschalten. Ohne Hilfe von außen geht das wahrscheinlich nicht.

JOHN Können die Familienmitglieder einander nicht helfen, weil sie alle auf die gleiche Art funktionieren?

ROBIN Nein. Deshalb hatten die Eltern ja einander ausgewählt. Und die Kinder wachsen mit denselben unbewußten Einstellungen auf. Die ganze Familie hat diese angespannte, ängstliche Sicht der Welt. So funktioniert diese Familie eben, es ist das Familiensystem.

JOHN Alle haben Schwierigkeiten, auf gesunde Weise egoistisch zu sein, zu nehmen, was sie brauchen.

ROBIN Ja. Und wenn ein Elternteil sich nicht richtig »bemuttern« kann, müssen die anderen Familienmitglieder in der Nähe bleiben und versuchen, es für ihn zu tun.

JOHN Und deshalb kleben diese Familien so aneinander.

ROBIN Genau. Sie stecken alle fest. Aus solchen Familien kommen häufig Menschen, die an der zweiten großen Gruppe der Gefühlskrankheiten leiden – an Depressionen.

JOHN Was war denn die erste große Gruppe?

ROBIN Krankheiten, die mit verschwommenen Grenzen zu tun hatten – im Extremfall Autismus und Schizophrenie.

JOHN Moment. Jetzt verlier ich den Faden. Wir haben bis jetzt gesehen, daß das Baby sich nur gut entwickeln und unabhängiger werden kann, wenn es ihm erlaubt ist, von der Mutter wegzuwachsen. Ist seine Mutter gesund, in ihren Augen »gut genug«, dann wird sie das begrüßen. Sie gibt ihm ein Übergangsprojekt, um es ihm zu erleichtern. Und ihre positive Einstellung zu diesem Objekt hilft dem Baby dabei, seine ersten Schritte allein und von ihr weg zu tun. Dadurch gewinnt es die Zuversicht, um Altes aufgeben und auf Neues zugehen zu können. Und das bedeutet: Das Baby ist auf dem gesunden Gleis.

ROBIN So weit, so gut.

JOHN Nun, wenn die Mutter aber ihre eigenen Bedürfnisse nicht stillen kann, dann bekommt erstens das Baby von Anfang an zu wenig Unterstützung und zweitens braucht die Mutter die Liebe des Kindes so sehr, daß sie es tief im Inneren nicht wirklich unabhängig werden lassen will. Selbst wenn sie ihm einen Stoffhasen gibt, hat das doch nicht die gleiche Bedeutung. Auf jeden Fall bekommt das Baby nicht genug Selbstvertrauen mit auf den Weg, um sich fortentwickeln zu können. Daher wird es sehr wahrscheinlich »kleben bleiben«, sich an die Mutter anklammern und nicht loslassen können. Letztendlich ist es auf dem ungesunden Gleis, und es ist gut möglich, daß es später an einer depressiven Krankheit leiden wird.

ROBIN Selbst ein Dichter hätte das nicht besser sagen können.

JOHN Manchmal brechen meine Talente durch! Aber sprich, warum sagst du »depressive Krankheit«, wieso nicht einfach »Depression«?

Trauer und Schlimmeres

ROBIN Was man als »Depression« bezeichnet, ist ja nur eine Form der »depressiven Krankheiten«. Es gibt viele andere, die oft »depressive Entsprechungen« genannt werden. Diese Depressionen sind überdeckt und zeigen sich jetzt in versteckter Form.

JOHN So wie psychosomatische Krankheiten?

ROBIN Ja, wo zum Beispiel Schmerzen auftreten – wirkliche Schmerzen –, aber man keine physische Ursache dafür finden kann. Aber es gibt auch andere Erscheinungsformen, zum Beispiel Eßstörungen, Alkoholismus, viele Phobien, unnötige Sorgen um die Gesundheit – es gibt da so vieles . . .

JOHN Das können alles versteckte Depressionen sein?

ROBIN Ja. Wenn man sich näher mit diesen Krankheiten beschäftigt, entdeckt man, daß sie von Ereignissen oder Erziehungsmethoden verursacht worden sind, die normalerweise zu Depressionen führen. Und sie können übrigens nur dann geheilt werden, wenn die zugrundeliegende versteckte Depression erkannt und behandelt wird.

JOHN Ja, was ist denn eine Depression, Doktor?

ROBIN Dazu muß ich zuerst eine genaue Trennung machen zwischen Trauer und Depression.

JOHN Wirklich? Normalerweise benutzt man doch beide wie Synonyme?

ROBIN Du auch?

JOHN Oft. Wahrscheinlich schon deshalb, weil es einfach weniger dramatisch klingt, wenn ich sage: »Ich bin heute deprimiert«, als wenn ich sagen würde: »Heute bin ich traurig.« Obwohl ich eigentlich Depression mehr mit einem toten Gefühl in meinem Inneren verbinde, während man bei Trauer das Gefühl eher aktiv erlebt.

ROBIN Laß uns das mal genauer beleuchten, denn ich glaube, dieser Unterschied ist fundamental. Wenn wir diese Begriffe verwechseln, können wir das Konzept nicht richtig verstehen. Also, du hast ja eben schon gesagt, jemand kann nicht vorwärtskommen, wenn er nicht auch gleichzeitig etwas zurückläßt, mit anderen Worten, einen Verlust erleidet. Wie reagieren wir aber auf Verlust? Wenn ein geliebter Mensch uns verläßt oder jemand, der uns nahesteht, stirbt oder wir unseren Job verlieren?

JOHN Zuerst durchzuckt uns ein Schmerz. Aber wir überdecken ihn

schnell durch Zorn und Groll auf die Verantwortlichen, um den Schmerz erträglicher zu machen, nehme ich an.

ROBIN Aber nach einer gewissen Zeit verschwinden diese Gefühle, und wir werden traurig.

JOHN Wir fühlen den Schmerz wirklich.

ROBIN Und der dauert eine bestimmte Zeit. Wenn wir einigermaßen gesund sind, gehen wir durch dieses Stadium durch, und es geht uns besser. Wir haben langsam wieder gute Laune und überwinden den Schicksalsschlag. Wir beginnen, was auch immer wir verloren haben hinter uns zu lassen, und wenden uns Neuem zu.

JOHN Der Grund dafür ist, daß wir es uns erlaubt haben, eine Weile traurig zu sein.

ROBIN *Genau.* Weil wir betrauert haben, was wir verloren haben, können wir es schließlich loslassen und uns auf Neues zubewegen.

JOHN Aber wenn wir nicht richtig darum trauern, können wir es nicht loslassen.

ROBIN Das stimmt. Das Verlustgefühl wird uns weiter anhängen, und wir werden nicht frei, um weiterzumachen.

JOHN Bezüglich gesunder Familien erwähntest du mal, eines ihrer bemerkenswertesten Merkmale sei die Leichtigkeit und Natürlichkeit, mit der sie wieder heiraten, wenn sie ihren Partner verloren haben.

ROBIN Das stimmt. Sie waren voller Trauer und beklagten den Verlust sehr heftig. Aber da es ihnen möglich war, die Trauer so umfassend zu durchleben, konnten sie sich auch schneller von ihrem Verlust erholen als die meisten von uns. Danach konnten sie die Fäden wieder aufnehmen und ein neues Leben planen.

JOHN Trauern – das tiefe Gefühl von Schmerz über einen Verlust – ist nicht nur ganz natürlich, es vollendet auch etwas.

ROBIN Ja. Wir müssen uns erlauben, die alten Verbindungen abzubrechen, bevor wir uns für neue bereit machen können. Wie man ein Haus teilweise abbrechen muß, bevor man es umbauen kann. Und *das* verstehe ich unter »Trauern«.

JOHN Ja. Weißt du, ich glaube, diese nützliche Funktion des Trauerns war wohl das Wichtigste, aber auch das Überraschendste, was ich in deiner Gruppe gelernt habe. Bis dahin hatte ich immer gemeint, traurig zu sein sei Zeitverschwendung. Und natürlich auch sehr jämmerlich, es roch so nach Selbstmitleid. Ich fragte mich immer: »Wieso bist *du* traurig, wenn in Indien Millionen Menschen verhungern?«, oder: »Warum kann ich nicht endlich aufhören mit dem Traurigsein und Spaß haben wie alle anderen?« Es schien immer so nutzlos. Aber in deiner Gruppe habe ich nicht nur gelernt, daß Traurigsein gut ist, sondern daß es auch hilft, Situationen abzuschließen. Und das hilft, Trauer umfassender zu empfinden und sie dann schneller loszuwerden.

ROBIN Viele Leute sind oft sehr erleichtert zu hören, daß Trauern eine ganz normale, *gesunde* Reaktion ist.

JOHN Warum meinen wir denn eigentlich, daß das nicht so ist? Ist es, weil die Leute, die ihre Trauer unterdrücken, sie ganz allgemein verleugnen, mißbilligen?

ROBIN Nun mal nicht so schnell – dazu kommen wir gleich noch. Mach dir jetzt nur mal klar, daß das, was wir über große Verluste gesagt haben, auch für kleine gilt. Natürlich sind Zorn und Trauer, die kleinere Verluste begleiten, geringer und können daher schneller bewältigt werden.

JOHN Wenn also Bayern München verliert, brauche ich eine Stunde für die Trauerarbeit, für Werder maximal drei Minuten, und der HSV kostet mich nicht mal 0,006 Sekunden.

ROBIN Sehr plastisch ausgedrückt. Laß uns diesen Gedanken jetzt auf Mutter und Kind anwenden. In dieser Phase dreht es sich um die Ablösung des Kindes von der Mutter. Jede kleine Trennung ist auch ein kleiner Verlust, mit dem es fertigwerden muß. Es muß ein bißchen trauern, das ist gesund und normal. Diese Trauer und Ängstlichkeiten helfen dem Kind dabei, die Trennung zu vollziehen.

JOHN Wenn es diese schmerzlichen Momente nicht durchmacht, kann es sich nicht allmählich ablösen.

ROBIN Genau. Deshalb muß die Mutter diese Momente der Angst und Trauer in ihrem Kind ertragen können, denn das ist ja ein Teil seiner Weiterentwicklung, nur so wird es unabhängiger. Sie muß das natürlich auch gut abwägen. Falls das Kind zu verängstigt sein sollte, muß sie sein Leid mildern. Aber wenn es nur »Wachstumsschmerzen« sind, sollte sie es ruhig ein bißchen leiden lassen, obwohl sie natürlich in der Nähe bleibt für den Fall, daß es wirklich nicht damit fertigwird.

JOHN Du meinst, wenn die Mutter das *nicht* ertragen kann und bei jedem kleinen Wehwehchen herbeieilt, dann kann es sich nicht schrittweise von ihr lösen. Sie hindert das Kind, jede dieser kleinen Trennungen zu betrauern.

ROBIN Genau! Sie verwehrt ihm diese Möglichkeit! Da die Mutter sich nicht nehmen kann, was sie selbst braucht, und daher ängstlich und deprimiert ist, reagiert sie natürlich übersensibel auf den Schmerz des Kindes. Daher wird die Mutter auf dem ungesunden Gleis schnellstens herbeieilen, um das Kind zu trösten, das gerade eine normale, gesunde Trauer spürt, weil es einen Schritt weg von ihr machte. Die Konsequenz ist, daß das Kind diesen Sprung nicht vollziehen kann und wieder da ist, wo es vorher war. Sie hat den Prozeß gestoppt.

JOHN Das Kind kann so nicht lernen, Trauer zu verarbeiten, genauso wie es sich nicht erlauben kann, Trauer zu fühlen und zu durchleben, ohne Angst davor zu haben.

ROBIN Jetzt kommen wir auf die Depression zu.

JOHN Olé!

ROBIN Wenn das öfter passiert – wenn die Mutter immer bei den Anzeichen von Kummer einspringt –, lernt das Kind nicht, wie man Trauer ganz erfühlen und durchleben kann, sondern genau das Gegenteil. Es lernt, dieses unangenehme Gefühl zu vermeiden, indem es der Mutter Kummersignale sendet, auf die sie reagieren muß.

JOHN Es lernt also, wie man vermeidet, Trauer zu verarbeiten, und es wird ihm nicht möglich, Verluste zu ertragen. Daher kann es sich nicht weiterentwickeln.

ROBIN Richtig. Die gesunde Trauer, die es ihm erlaubt hätte, sich schrittweise, ganz automatisch, von seiner Mutter zu lösen, ruft statt dessen die rettende Mutter sofort auf den Plan. Und ganz so wie Pavlovs Hunde lernt das Kind, sich diesem Verhalten anzupassen. Es gewöhnt sich an, ein elendes, leidendes Gesicht zu ziehen, sobald es auch nur im geringsten bekümmert ist, lange bevor es wirklich leidet. So verleitet es die Mutter dazu, jeglichen Streß, den es für seine Weiterentwicklung notwendig braucht, zu beseitigen. Und je mehr die Mutter auf dieses »Bitte nicht, Mama«-Gesicht reagiert und jegliche Schwierigkeit vom Kind fernhält, um so mehr wird dieses Verhaltensmuster bestärkt, wird es zur Gewohnheit und sehr schwer veränderbar.

JOHN Ist das so eine Art vorgeschütztes Leiden?

ROBIN Nein, nein, überhaupt nicht. Das hieße ja, das Kind weiß, was es tut!

JOHN Nein, ich meinte *unbewußte* Drückebergerei.

ROBIN Es weiß absolut nicht, was es tut. Das Muster entwickelt sich so früh, daß das Kind es als ganz natürlich empfindet, auch wenn es älter wird. Es denkt: »Ich kann nichts dafür«, und das ist wahr. Es hat ja nie gelernt, daß man sich überhaupt anders verhalten kann. Nein, also weißt du, »Drückeberger« ist wirklich das falsche Wort.

JOHN Dann drücken wir es doch anders aus. Es signalisiert: »Hilf mir, es geht mir schlecht«, ohne daß es ihm besonders schlecht geht.

ROBIN Genau. Es zeigt alle möglichen Anzeichen von Kummer und Leid, aber es hat nie die Möglichkeit, diese Trauer wirklich ganz zu *fühlen*.

JOHN Aber es fühlt doch *irgendwas*, das ihm keinen Spaß macht, oder?

ROBIN Da hast du recht, aber das ist ein ganz anderes Gefühl als die Trauer, die es verleugnet.

JOHN ... du willst sagen, das Kind erlebt eine Depression.

ROBIN Du hast's erfaßt!

JOHN Oder vielmehr das, was du als »Depression« bezeichnest, du Quelle aller Weisheit!

ROBIN Vergleichen wir doch mal diese Erfahrungen. Wenn wir traurig sind, ist das Gefühl doch sehr tief und ausgeprägt. Und wir fühlen uns sehr lebendig, obwohl es weh tut. Wir fühlen uns nicht von der Welt abgeschnitten, ganz im Gegenteil, wir fühlen uns mit allem um uns herum verbunden.

JOHN Und irgendwie fühlt man sich ganz »angefüllt«, man spürt seinen Körper deutlich und alles, was vor sich geht. Man kämpft auch nicht dagegen an. In solchen Momenten akzeptiere ich scheinbar alles, bin ganz offen und merke daher, wieviel Hilfe mir angeboten wird. Obwohl es sehr weh tut, ist es erträglich, weil man sich so lebendig fühlt.

ROBIN Wahrscheinlich fühlen wir uns, wenn wir ein Drama oder einen tragischen Film gesehen haben, der uns wirklich mitreißen konnte, deshalb auch so lebendig. Wenn man sich aber von diesem Gefühl abzuschneiden versucht, bleibt nur Leere und todesähnliche Starre, Leblosigkeit und Kontaktarmut.

JOHN Hmh, so habe ich mich vor einigen Jahren oft gefühlt. Das Leben schien mir fast sinnlos. Ich fühlte mich von allem abgeschnitten, selbst von meinem eigenen Körper! Ich hatte enorm viele muskuläre Verkrampfungen, was das wohl erklärt. Und weil ich von allem um mich herum so abgetrennt schien, fühlte ich mich auch sehr isoliert. Das war wirklich ein sehr dumpfes, totes Gefühl –

elende Leere. Ich schien immer gegen das Gefühl anzukämpfen, anstatt es anzunehmen. Leben war Kampf. Meinen Humor verlor ich als erstes. Merkwürdigerweise wurde es besser, sobald ich darüber lachen konnte. Bemerkenswert ist auch diese bleierne Schwere, die auf einem lastet und uns zusammenzudrücken scheint. Vermutlich kommt das Wort »Depression« daher.

ROBIN Ja, die Körperhaltung von jemandem, der depressiv ist, vermittelt diesen Eindruck.

JOHN Heute erstaunt mich, daß ich damals *nicht* gemerkt habe, daß ich nicht wirklich *traurig* war. Ich erinnere mich an eine Fernsehsendung, in der jemand erklärte, er fühle sich nicht traurig, wenn er depressiv sei. Das konnte ich nicht verstehen. Warum sieht man den Unterschied denn nicht – haben wir uns einfach angewöhnt, die Wörter falsch zu gebrauchen?

ROBIN Ich glaube, ja. Es wäre sehr viel besser, wenn alle das Wort »Depression« nur in seiner engen, klinischen Bedeutung benutzen könnten. Dann würden wir diese beiden Zustände nicht so schnell verwechseln.

JOHN Wären denn die meisten Leute einverstanden mit unseren Definitionen?

ROBIN Ich denke schon. Es gab natürlich viele Beschreibungen dieser Gefühle über die Jahre, aber der Hauptunterschied schien immer der zwischen »sich tot fühlen« und »sich lebendig fühlen« zu sein. Vergiß bitte nicht, Sinn und Zweck der Depression ist ja, das Gefühl Trauer zu *vermeiden.* Und es ist nicht möglich, nur ein Gefühl abzuschalten, ohne damit auch alle anderen abzuschneiden. Wenn man also Trauer ausschaltet, schaltet man alle anderen Gefühle auch aus. Und wenn die Gefühle tot sind – dann bist *du* tot. Daher ist es absolut nicht erstaunlich, wenn man in dieser Stimmung zu nichts Lust hat.

JOHN Da gibt es noch einen Unterschied. Wenn ich traurig bin, kann ich zu jemandem sagen: »Ich bin traurig, aber das ist o. k.« Und ich kann mit ihm zusammensein, mich freuen, daß er da ist – aber ich erwarte nichts von ihm, außer vielleicht diesen Kontakt. Aber als ich depressiv war, hoffte ich immer – wenn ich ehrlich bin –, daß jemand anderes mein Problem lösen, mich irgendwie ändern sollte – und ich war sauer, wenn sie das nicht taten. Ein total absurdes Verhalten, aber so war's! Ist vielleicht andauerndes Klagen ein Anzeichen von Depression?

ROBIN Ja. Der Großteil aller Botschaften von Depressiven lautet – wenn auch manchmal in versteckter Form: »Niemand liebt mich«, »Warum immer ich?«, »Jemand sollte das alles für mich machen«.

JOHN Tja, wenn man sich das »traurige Gesicht« erst mal antrainiert hat, damit Mutter alles in Ordnung bringt, und sie *tut es nicht* ..., will vermutlich ein Teil von dir sie dafür tadeln. Sie hat einen ja immerhin im Stich gelassen. Daher zeigt die ständig klagende Miene jetzt, daß *irgend jemand* seine Pflicht versäumt, dein Leben angenehm zu gestalten.

ROBIN Und wenn man natürlich rumsitzt, auf jemanden wartet, der das endlich alles tut – dann bleibt man stecken.

JOHN So ist dies eine andere Erklärung dafür, warum Menschen auf dem ungesunden Gleis stecken bleiben. Aber wie können sie sich denn weiterbewegen, wie könnten sie auf das gesunde Gleis überwechseln?

ROBIN Man muß ihnen irgendwie klarmachen, daß sie nicht von anderen Leuten erwarten können, daß die ihr Leben für sie verändern, und muß sie dazu veranlassen, diese Veränderungen selbst vorzunehmen.

JOHN Und wie macht man das?

ROBIN Nur indem man sie mit ihren Trauergefühlen in Berührung bringt. Und dafür brauchen sie Hilfe, denn das ist ja genau das, was man ihnen beigebracht hat, nicht zu tun.

Gleiswechsel

JOHN Wenn wir all dies in bezug auf Mutter und Kind auf dem »ungesunden« Gleis sehen, könnte man sagen, das traurige Gesicht des Kindes ist kein Signal mehr dafür, daß es dabei ist, eine notwendige Veränderung zu bewältigen. Jetzt signalisiert es den anderen, den Streß von ihm fernzuhalten.

ROBIN Gut gesagt. Aber wenn du von »Signalen« sprichst, klingt das stärker nach bewußter Absicht, als es tatsächlich ist. Aber die Mutter beobachtet die Reaktion nicht, registriert sie und entschließt sich dann, darauf zu reagieren. Genausowenig wie das Kind sich entschließt, eine Botschaft zu schicken. Das spielt sich alles sehr viel automatischer ab.

John Beide haben keine Ahnung, warum sie es machen.

Robin Noch nicht mal, *daß* sie es machen. Das läuft genauso ab wie die Programme bei einer Waschmaschine. Und es ist ja nicht die Mutter allein – der Vater und die anderen Kinder, die *ganze* Familie verhält sich in dieser Weise. Denn wie üblich ist das Verhaltensmuster bei beiden Familienteilen über Generationen weitergereicht worden. Daher steckt jeder in der Familie auf derselben Stufe fest, selbst wenn sie vorgeben, es wäre nicht so.

John Wie können sie denn »so tun, als ob«?

Robin Die Mutter verwöhnt zum Beispiel das Kind möglicherweise zu sehr, und der Vater scheint ihr deshalb Vorwürfe zu machen. Er schimpft vielleicht, sie solle das Kind »nicht so verwöhnen«. *Aber* wenn man die Familie *zusammen* sieht, erkennt man bald, daß er einfach eifersüchtig ist und selbst »verwöhnt« werden will. Daher kann er nicht wirklich helfen. Wie dem auch sei – das Kind lernt auf diese Weise bald, seinem Streß zu entkommen, indem es das hilflose, leidende Gesicht aufsetzt.

John Wenn das so automatisch passiert, ist dann dieser *ganze Prozeß* hinter der Jalousie?

ROBIN Ja, bei jedem in der Familie, nicht nur bei demjenigen, der die Symptome zeigt. Daher brauchen sie jemanden von »außen«, der ihnen helfen kann zu sehen, was eigentlich vor sich geht. Dann können sie die Trauer hinter der Jalousie erkennen und sich von diesem Verhaltensmuster befreien.

JOHN Können Freunde auch helfen?

ROBIN Vielleicht, wenn es nicht so ausgeprägt ist. Aber wenn das Verhalten deutlich erkennbar und tief eingewurzelt ist, dann geht das kaum. Du weißt doch, jemand, der alles von seiner Familie gelernt hat, wird sich ja auch solche Freunde aussuchen.

JOHN Genauso wie er auch jemanden heiraten wird, der in seiner Familie dieselben Signale automatisch befolgt hat.

ROBIN Daher ist es unwahrscheinlich, daß zufällig gerade jemand da ist, der weiß, was zu tun ist.

JOHN Was sollte man denn tun?

ROBIN Mit solchen Leuten muß man verschiedene Dinge gleichzeitig machen. Man muß sie in eine Situation bringen, wo das »traurige Gesicht« nichts hilft – es funktioniert nicht mehr. Zugleich müssen sie die Gründe für dieses Signal verstehen können, ohne es zu verurteilen. Ebenso wichtig ist, daß sie gleichzeitig emotional unterstützt werden, damit sie beginnen können, die Trauer zu fühlen.

JOHN Moment mal. Ich muß das alles der Reihe nach kapieren. Also: Das »traurige Gesicht« darf nichts helfen – ja, wie kann es denn überhaupt helfen?

ROBIN Ganz einfach. Jemand eilt herbei und sagt: »Du brauchst dich mit diesen schwierigen Erfahrungen nicht auseinanderzusetzen.«

JOHN Also muß der Therapeut sagen: »Du mußt dich mit den schmerzhaften Dingen in deinem Leben auseinandersetzen, auch wenn sie dich traurig stimmen.«

ROBIN Ein bißchen grob – aber ja, so ungefähr.

JOHN Als nächstes muß der Grund für das traurige Gesicht verstanden, aber nicht verurteilt werden.

ROBIN Damit will ich sagen: Derjenige muß verstehen, es ist in Ordnung, traurig zu sein, dadurch wird er nicht zum Baby.

JOHN Dadurch kann er die Gefühle hinter der Jalousie herauslassen und sich mit ihnen auseinandersetzen.

ROBIN Genau. Er kann sie wirklich fühlen. Und das ist alles, was er zu tun hat.

JOHN Da er das aber noch nie gemacht hat, muß das ganz schön furchterregend sein. Deshalb braucht er dabei emotionale Unterstützung.

ROBIN Und die ist genauso wichtig wie die beiden anderen Punkte.

JOHN Derjenige auf dem gesunden Gleis ist natürlich all seine Traurigkeit schrittweise losgeworden: immer wenn gerade ein kleiner Verlust anstand. Um es albern auszudrücken: Wenn es tausend Traurigkeitseinheiten ausmacht, sich von der Mutter zu lösen, dann hat das gesunde Kind das langsam, Einheit für Einheit, durchgemacht. Daher ist jeder Verlust klein, und man kann gut damit fertigwerden. Aber derjenige auf dem ungesunden Gleis hat diese riesige Menge Einheiten hinter seiner Jalousie angehäuft.

ROBIN Und alle späteren Verluste addieren sich dazu. Daher wird er immer mehr Angst haben mit diesen Gefühlen in Berührung zu kommen. Wenn er natürlich damit beginnt, die Trauer zu fühlen, braucht er nicht alles zusammen zu empfinden – er kann das »stückweise« machen. Aber er spürt sicherlich, wieviel noch ansteht, und er hat oft Angst, davon überwältigt zu werden. Deshalb ist beständige emotionale Unterstützung jetzt so wichtig.

JOHN Es war wie eine Offenbarung für mich, als ich das in deiner Gruppe zu verstehen begann. Wenn ich – vorher – mit jemandem zusammen war, der depressiv war, sah ich nur zwei mögliche Reaktionen: Entweder man läßt sich mit hineinziehen, spielt die »Ach du armer Kerl«-Rolle und spürt ohne Zweifel Liebe und Zuneigung und unterstützt ihn vorbehaltlos in seiner düsteren Stimmung – das unglückliche Gesicht hat sich gelohnt, wie du sagen würdest. Oder, wenn ich manchmal depressiv war, habe ich den kühlen Briten gespielt, nach dem Motto: »Schütt dir einen Whisky ein und reiß dich zusammen.« Es ist mir einfach nie eingefallen, bloß bei jemandem zu sitzen und zu ihm zu sagen: »Ja, ich weiß, wie schwer das alles für dich ist und daß du sehr schmerzhafte Gefühle verarbeiten mußt. Ich bleibe einfach bei dir, solange du möchtest.« Ich erinnere mich jetzt daran, wie ein Mädchen, nachdem unsere Beziehung zerbrochen war, zu mir gesagt hat, wenn sie deprimiert gewesen sei, sei ich nie »einfach für sie da« gewesen. Damals habe ich das nicht kapiert, aber ich hoffe, jetzt sehe ich klarer.

ROBIN Dieser depressive Zug war in meiner Familie sehr stark, und ich habe lange gebraucht, bis ich verstanden habe, was die Menschen in dieser Situation brauchen, um dieses Muster zu durchbrechen und zu ändern. Natürlich ist es einfacher, diese Erfahrung innerhalb einer neutralen, ruhigen, hilfreichen und professionellen Umgebung zu vermitteln, weil dann die eigenen Gefühle nicht so beteiligt sind. Es ist ganz offensichtlich schwieriger, die Balance zu halten zwischen hilfreicher Unterstützung und bestimmender Entschlossenheit, wenn man dem Betroffenen nahesteht.

JOHN Deine eigenen Bedürfnisse behindern dich!

Schwere Depressionen

JOHN Wie ist das denn mit schweren Depressionen? Ich habe oft gehört, sie seien chemischen Ursprungs, nicht psychisch bedingt und könnten daher mit Medikamenten behandelt werden.

ROBIN Nun, wir bestehen ja alle aus chemischen Substanzen. Jede Veränderung in uns bedeutet demnach zugleich eine chemische Veränderung. Wenn du ein hübsches Mädchen siehst, oder ein Lkw braust auf dich zu, verändert sich die chemische Zusammensetzung in deinem Blut. Deshalb ist es natürlich möglich, diese Reaktionen in gewissem Maße chemisch zu beeinflussen. Einige Depressionsformen können so gelindert werden. Vorübergehend können Medikamente sogar sehr hilfreich sein, da sie den Teufelskreis chemischer Reaktionen durchbrechen, der bei schweren Depressionen entstehen kann und diese Patienten daran hindert, mitzuhelfen und klar zu denken. Diese chemischen Reaktionen können manchmal den Nutzen der Psychotherapie oder sogar das Leben des Patienten gefährden. Aber natürlich verändern Medikamente nicht die zugrundeliegenden Verhaltensmuster, von denen wir gesprochen haben. Diese Verhaltensmuster veranlassen den Körper nur immer weiter, diese Chemikalien zu produzieren, die die Medikamente bekämpfen sollten. Aber wenn man diese *automatischen Reaktionsmuster* verändern kann, wird der Betroffene vielleicht nie wieder depressiv und braucht keine Medikamente mehr.

JOHN Selbst bei den schlimmsten Depressionen?

ROBIN Schwer zu sagen, weil zur Zeit so viele Fälle, die man früher nur mit Medikamenten behandelt hätte, jetzt mit Familientherapie Erfolge verzeichnen. Und laufend werden ja neue, effektivere Methoden entwickelt. Daher werden die Fälle, die wir heute nicht behandeln können, vielleicht schon nächstes Jahr eine bessere

Chance haben. Gewiß, im Moment sind die traditionellen Wege, das heißt Medikamente, professionelle Behandlung im Krankenhaus – mit Elektroschocktherapie, wo wirklich nichts anderes hilft – die einzigen Hilfsmittel für sehr schwere depressive Erscheinungen.

JOHN Warum sind einige depressive Fälle schwerer als andere und folglich schwieriger zu behandeln?

ROBIN Darüber gibt es verschiedene Ansichten. Was mir am meisten einleuchtet und sich in der Praxis bestätigt, ist, daß diese Menschen in verschiedenen Entwicklungsstadien von sechs Monaten aufwärts steckengeblieben sind. Jemand, der nur eine kurze Strecke auf seinem Weg, sich von der Mutter abzulösen, zurückgelegt hat, wird also schlimmer betroffen sein als jemand, der doch schon einen Teil des Prozesses bewältigt hatte. Daher ist der erste auch schwerer zu behandeln.

JOHN Wenn also jemand als Kind schon steckenbleibt, sobald er anfängt, seine Grenzen zu ziehen, wenn er also gerade erst die Mutter als getrennt von sich erlebt hat, wird er dann verwundbarer sein?

ROBIN Ja. Denn da seine Grenzen noch ganz verschwommen sind, wird dieser Mensch auch sehr schnell den Bezug zur Realität verlieren, besonders unter Streß. Der Verlust von etwas für ihn Wichtigem, zum Beispiel einer geliebten Person, einer Zielsetzung oder einer Vorstellung von sich selbst, die ihm gefällt, bedeutet für diesen Menschen mehr Schmerz, Streß und Ärger, als er verkraften kann. Er hat noch nicht jenes Stadium erreicht, in dem er sich an geliebte Menschen und glückliche Zeiten erinnern kann, um den Schmerz in Grenzen zu halten und mit dem Guten aufzuwiegen. Daher scheint ihm der einzige Ausweg aus diesem unerträglichen Schmerz eine Rückkehr ins frühkindliche Verhalten zu sein, in dem nämlich durch das Sicherheitsventil der Projektion alle schmerzlichen Gefühle auf die Außenwelt abgewälzt wurden. Oder er kann manchmal sogar ganz zurückgehen in das Stadium, wo er glaubt, allmächtig zu sein.

JOHN Bis zu Paranoia oder sogar Schizophrenie?

ROBIN Ja, in einigen Fällen kehrt er in diese frühen Phasen zurück und entwickelt Wahnvorstellungen, Halluzinationen et cetera.

JOHN Und wenn er sich doch ein bißchen weiterentwickelt hat in seiner Ablösung …

ROBIN Dann hat er trotz des Schmerzes über einen großen Verlust die

Erinnerungen an gute Erfahrungen zur Verfügung, die er dagegensetzen kann. So bleibt er zwar in seiner »depressiven« Phase, aber er zieht sich nicht weiter in die Vergangenheit zurück. Und da er ja noch mehr erwachsene Züge entwickelt hat, kann er leichter mit den Problemen fertigwerden, und es ist natürlich auch für den Therapeuten einfacher, mit ihm zu arbeiten.

JOHN Gibt es eigentlich einen Hinweis darauf, daß die schweren Depressionen genetisch übertragen werden?

ROBIN Ja. Ich glaube, die Forschung stimmt wohl zumindest darin überein, daß eine gewisse Disposition dafür vererbbar ist. Es scheint auch Unterschiede in der Vererbung der einzelnen Typen der Depression zu geben. Diese Anfälligkeit kann einige Familien oder Familienmitglieder besonders empfindlich machen gegenüber bestimmten Streßerscheinungen, außerdem entwickeln sie eher diese automatischen Verhaltensmuster, von denen wir geredet haben.

JOHN Und wo paßt die manische Depression hinein – bei der die Stimmung ständig auf und ab geht?

ROBIN Viele Ärzte glauben, sie ist ganz vererbt, aber manches weist auch auf Umwelteinflüsse hin. Zur Zeit wissen wir noch nicht genau, wie das alles zusammenhängt.

JOHN Aber wo in unserem Spektrum ist die manische Depression angesiedelt?

ROBIN Ich würde die manisch-depressive Persönlichkeit am unteren Ende sehen, neben der Paranoia. Beide haben ein ähnlich geringes Maß Klarheit über ihre Grenzen und ungefähr das gleiche Ablösungsstadium erreicht. Und wie die meisten Therapeuten verstehe ich die Manie als eine noch weniger erwachsene Art zu handeln als Depression, es scheint eine Verteidigung gegen sie zu sein.

JOHN Damit liegt dann die Manie zwischen Depression und Paranoia.

ROBIN Genau. Sie besitzt einige der charakteristischen Merkmale des Stadiums, das zu Schizophrenie oder Paranoia führen kann, nämlich die verschwommenen Grenzen, Realitätsverlust, Trennung in gute und schlechte Gefühle und Projektion des Unangenehmen nach außen. Aber das wird auf viel raffiniertere Art gemacht, weil der manisch Depressive sich schon durch diese Phase hindurch entwickelt hat.

JOHN Das klingt fast wie ein Rückzug auf Paranoia, der auf halbem Wege gestoppt wird.

Robin Ja, es wird oft durch einen Verlust ausgelöst, es ist eine Abwehrmaßnahme gegen schwere Depressionen.

John Aber Manie ist doch fast das Gegenteil von Depression? Eine manische Person ist doch höchst optimistisch, anstatt depressiv und übertrieben pessimistisch zu sein.

Robin Genau. Die manische Stimmung ist so ähnlich wie unsere triumphierende, aufgeregte Stimmung: Man »schwebt auf Wolken«. Manische Leute verlieren den Kontakt mit der Erde, wie man so sagt, werden ausgesprochen heiter, fühlen sich gigantisch und mächtig und fangen alle möglichen völlig überzogenen Projekte an.

John Und sie geben eine Menge Geld aus, das sie noch nicht haben. Aber sie sind absolut sicher, daß sie bald viel verdienen werden.

Robin Richtig. Sie sind unrealistisch und glauben, die Dinge im Griff zu haben. Daher ist es für andere sehr schwer, sie unter Kontrolle zu halten!

John Das ist ein bißchen wie das »Ballon«-Stadium, oder?

Robin Fast – es gibt einen Unterschied zwischen Manie und Schizophrenie: Ein durchschnittlich manisch Depressiver ist in der manischen Phase sehr viel vernünftiger und verständlicher als ein Schizophrener.

John Sie haben in gewisser Weise mehr Kontakt mit der Wirklichkeit?

Robin Fast kann man das so beschreiben, daß der Schizophrene noch nie seine Grenzen erfahren hat; er denkt *immer noch,* er *ist* der größte Ballon. Der Manische hat zwar schon entdeckt, daß er nicht alles unter Kontrolle hat, doch gibt er verzweifelt vor, ein großer Ballon zu sein. Und weil er ja tief drinnen *weiß,* daß dem nicht so ist, platzt der Ballon irgendwann – und er fällt in sich zusammen und ist wieder depressiv.

John Die manischen Phasen können Monate dauern, nicht?

Robin Ja, manchmal gibt es eine Art Rhythmus in der Abfolge der Phasen, aber meist ist keine Struktur zu erkennen. Aber man hat gefunden, daß oft Streß – meist in Form eines Verlusterlebnisses – den Umschwung bewirkt, entweder hinauf oder hinunter.

John O. k. Und wie sind die nicht so schlimmen Fälle? Vermutlich leiden die zwar nicht so schwer an Depressionen, aber dafür ununterbrochen.

Robin Ja. Ihre Persönlichkeit ist besser entwickelt, und sie erscheinen nicht als abnormal. Sie hatten einfach nur Eltern, die sie in übertrie-

bener Weise vor allem beschützt haben, daher fühlen sie sich verletzlich und schnell angegriffen, wenn mal etwas schiefgeht. Und die Familien solcher Menschen hängen natürlich enger zusammen als gesunde Familien.

JOHN Damit haben wir also das ganze Spektrum der depressiven Krankheiten: Am schlimmen Ende geht der Betroffene eventuell bis zur Paranoia oder Schizophrenie zurück, wenn er sich mit großem Streß auseinandersetzen muß, und findet es sehr schwer, ein normales Leben zu führen. Danach kommt der Manisch-Depressive, der nicht ganz so schlimm dran ist, weil er doch mehr in Berührung mit der Realität ist. Zeiten freudigster Erregung wechseln sich ab mit Phasen tiefer Niedergeschlagenheit. Und in der Mitte des Spektrums sind die Leute, die zwar ein normales Leben führen können, aber nicht viel Freude daran haben.

ROBIN Das ist es so ungefähr.

JOHN Und wie ist das mit der Behandlung? Was machst du denn mit den schweren Fällen?

ROBIN Je schwerer die Depression ist, desto dringender muß man Medikamente verabreichen, um den Kranken aus der akuten Phase herauszuholen. Und man braucht auch die Anwesenheit der ganzen Familie, um eine Heilung zu erreichen.

JOHN Und bei den leichteren Fällen?

ROBIN Die Prognose für eine psychologische Behandlung solcher Fälle ist ausgezeichnet. Falls sie zur Behandlung erscheinen! Solche Leute sind nämlich häufig sehr erfolgreich in ihrem Beruf – denn da sie ja geliebt und gebraucht werden wollen, geben sie hervorragende Arbeiter ab und opfern sich auf für ihre Firma!

JOHN Und auch für ihre Familien.

ROBIN Ja, das ist ein Teil des Problems. Du erinnerst dich ja noch – sie können nichts für sich selbst verlangen. Sie hängen an ihrer Familie und an anderen Gruppen, denen sie sich anschließen, sind sehr loyal, verläßlich und manchmal quälend gewissenhaft. Daher machen sie oft beruflich gute Fortschritte und werden mit Erfolg belohnt.

JOHN Und mit Magengeschwüren. In meiner Gruppe waren alle Leute sehr erfolgreich in ihrem Beruf, und ihre Frauen auch. Aber irgendwie schienen sie nie Spaß zu haben, oft, weil sie so von ihrem Partner abhängig waren. In diesen Familien gibt es eine Menge »Kletten«, oder?

ROBIN Manchmal in versteckter Form – aber du hast schon recht.

JOHN Aber da sie alle nicht fähig sind, sich auf gesunde Weise zu nehmen, was sie brauchen, haben sie auch nicht viel zu geben – wie du natürlich schon tausendmal gesagt hast. Was *kriegen* diese Leute denn voneinander durch dieses Aneinanderkleben?

ROBIN Den besten Kompromiß, den sie zustandebringen können. Da sie dieselben Schwierigkeiten in Beziehungen haben, sie in gleicher Weise feststecken, passen sie besser zueinander als zu anderen, normalen Leuten. Es ist nicht so gut, wie es vielleicht sein könnte, aber sie geben einander soviel, wie ihnen möglich ist. Dieses System funktioniert, solange kein ernsthafter Verlust zu beklagen ist wie ein Todesfall zum Beispiel, eine Trennung oder größere Veränderung. Die Balance in einer solchen Familie ist ziemlich unsicher, es gibt viel schneller eine Krise, wenn das System gestört wird. Deshalb war die Großfamilie eine so gute Lösung, und die heutige Kleinfamilie ist oft eine aufreibende Dauerstreßanlage.

John Viele der Depressionssymptome, die du beschrieben hast, erkenne ich wieder. Obwohl ich heutzutage nicht mehr an diesen schweren, lange andauernden Depressionen leide wie vor sieben oder acht Jahren, kann ich doch noch das Echo in meinem Verhalten erkennen, wenn ich in bestimmten Stimmungslagen bin. Wenn zum Beispiel jemand etwas Verletzendes sagt, merke ich oft, wie ich mich verkrampfe, anstatt das entspannt als momentanen Verlust der Selbstachtung hinzunehmen. Oder wenn ich unter Arbeitsdruck stehe, kann ich nicht gut Pausen einlegen, mir Zeit gönnen. Ich bleibe mit der Nase am Mahlstein, verspanne alle Muskeln und vergesse meinen Körper und die Welt um mich. Und dann erscheint der Charakterzug, den ich überhaupt nicht an mir mag: Ich grolle dem Allmächtigen, beklage mich über diesen miesen himmlischen Scherz, den er mit mir spielt, indem er mir alles danebengehen läßt. Eine Menge meiner Freunde reagieren auch so »depressiv« unter Streß. Zweck dieses unendlichen Klagelieds ist, dich zu fragen: Geht dir das auch so?

Robin Als ich in der Kinderpsychiatrie anfing, hatte ich einen Standardwitz: Wenn ich mit meiner Arbeit Erfolg haben sollte, wäre die Erklärung einfach: In meiner Familie hatte jedes Mitglied eine andere psychische Störung, nur andeutungsweise – aber so konnte ich immerhin das ganze Spektrum aus erster Hand studieren! Natürlich war das auch teilweise eine ganz gewöhnliche Medizinerkrankheit: sich jede Krankheit einzubilden, über die sie gerade lesen. Aber es steckte doch auch ein Körnchen Wahrheit darin. Zuerst dachte ich, daß das nur bei mir der Fall sei – aber als ich dann während meines Studiums eine Therapiegruppe besuchte, fiel mir auf, daß die anderen Studenten auch alle problematische Familien hatten. Später verstand ich meine Motivation etwas besser und wußte im Rückblick, daß ich dieses Studium wohl auch begonnen hatte, um mir selbst zu helfen, nicht nur anderen. Und vielleicht war ich sogar von meiner Familie unbewußt ausgesandt worden, um auch sie zu retten ... Glücklicherweise kann man in diesem Beruf aus solchen Schwierigkeiten Vorteile ziehen.

John Und wie ist das mit der Politik? Ist das nicht auch so ein Job?

Robin Vielleicht. In meinem Beruf kann jeder, der zugibt, Hilfe zu

brauchen, diese – auch für sich selbst – erhalten und so vielleicht manche Probleme lösen.

Vor kurzem habe ich mir noch mal die Tonbandaufnahme der ersten großen Familientherapiekonferenz in England angehört. Sie fand 1973 statt, und wir haben uns damals, sehr ermuntert von den amerikanischen Besuchern aus dem New Yorker Ackerman Institut, alle an Rollenspielen beteiligt. Wir spielten also Szenen aus unseren Familien und aus Patientenfamilien, um sie so besser zu verstehen. Es ist ganz interessant, meine Rede während der Schlußsitzung anzuhören, das klingt wie eine Vorahnung unseres Buches:

»Eine der wertvollsten Erfahrungen, die ich bei dieser Konferenz gemacht habe, war, meine Verbindung zu meiner eigenen Familie neu zu erleben. Ich wußte zwar, daß ich das brauchte, wußte aber nicht, wie ich es anfangen sollte. Aber jetzt ist mir klar, *all* die Familien, die wir hier gesehen haben, sind *meine* Familie – wir haben dauernd dieselbe Familie vorgeführt.

Jedesmal haben wir eine unsichere Mutter gesehen, die keine sichere Basis hat, von wo aus sie auf Entdeckungsreise gehen könnte. Sie hat also immer noch eine zwiespältige Beziehung zu ihrer eigenen Mutter und braucht *Zuwendung* von ihrem Mann und den Kindern. Aber sie gibt es nicht zu und gibt statt dessen anderen diese Zuwendung, ob diese sie nun brauchen oder nicht. Und sie ist deprimiert, weil sie über diese Phase nicht hinausgekommen ist.

Und jedesmal haben diese Familien einen Vater, der kein gutes Verhältnis zu seinem Vater hatte, der seine Mutter immer noch braucht und der zornig, impotent und aus der Familie ausgeschlossen ist.

Die sexuelle Beziehung des Paares ist nicht in Ordnung, weil es diese Phase in seiner Entwicklung noch nicht erreicht hat, da sie beide immer noch nach Eltern suchen, die sich um sie kümmern. Bis sie diese Art »Bemutterungs-«phase nicht ganz durchlebt haben, was ihnen miteinander schlecht gelingt, da sie nicht genug zu geben vermögen, können sie nicht zusammen ins Bett gehen und wirklich Spaß miteinander haben. Und die Kinder zeigen dasselbe Verhaltensmuster. Daher fühlen sich die Eltern sehr unfähig – und versuchen deshalb natürlich, allgegenwärtig zu sein; sie bestehen darauf, die Kinder »richtig« großzuziehen.

Als ich diese Verhaltensmuster in allen Rollenspielen wiedererkannte, bei Therapeuten- und Patientenfamilien, kam ich mir so vor wie der Mann, der in den Garten hinausgeht, den Mond anschaut und denkt, der Mond scheint nur für ihn allein. Vielleicht sehen wir alle hier denselben Mond, dieselbe Familie, unsere Familie. Vielleicht gibt es nur eine Familie, die *menschliche* Familie, und es gibt nur verschiedene Arten, steckenzubleiben oder vom Kurs abzukommen.«

John Ich nehme an, daß viele Leute, die dieses Buch lesen, sich darin wiederfinden werden, entweder eigene Verhaltensformen wiedererkennen oder die von Familienmitgliedern oder Freunden.

Robin Ja, das glaube ich bestimmt, selbst wenn die Verhaltensweisen vielleicht nur eine milde Variante dessen sind, was wir beschrieben haben.

John Und wenn sie gar nichts ihnen Vertrautes finden?

Robin Dann haben sie diese Phase so gänzlich abgeschlossen, wie das nur sehr wenigen Menschen gelingt.

John Ja, aber dann gibt es immer noch diejenigen, die nur *meinen*, das geschafft zu haben – aber die Wirklichkeit sieht ganz anders aus!

Robin Die können sich hier schon wiedererkennen, wenn sie es *wollen*.

John Wie denn?

Robin Weil sie jetzt auf einmal richtig verärgert sind – was ihnen völlig unerfindlich ist.

John Sehr clever, Herr Doktor, ausgesprochen clever! Aber du mußt doch diesen Typ häufig in der Therapie haben: Leute, die einfach wütend werden und sich verschanzen, wenn du vorzuschlagen wagst, sie hätten eventuell Bedürfnisse, die sie nicht befriedigen?

Robin Es ist noch schwerer mit jemandem, der, anstelle selbst wütend zu werden, sehr kunstfertig seinen Therapeuten zur Weißglut bringt, wenn der ein Trauergefühl zu berühren droht. Ich denke da an einen Mann, der mich jedesmal, wenn er kam, erfolgreich auf die Palme brachte. Er war ein Grenzfall einer paranoiden Persönlichkeit, der schon lange in Therapie war und den ich nur deshalb behandelte, weil sein Therapeut gestorben war. Er kam so alle paar Monate mal vorbei, breitete vor mir eine Menge Bücher aus – zum Beispiel Grimms Märchen, Freuds ›Interpretation der Träume‹, ›Alice im Wunderland‹, Melanie Kleins ›Neid und Dankbarkeit‹ –, und dann erzählte er mir lang und breit, wie er das alles verstand. Und ich saß da und überlegte, welche Botschaft er mir eigentlich übermitteln wollte. Ich fühlte mich immer irritiert, meinte gar, nicht hilfreich gewesen zu sein – aber er kam immer wieder, und sein Zustand schien sich zu bessern. Und eines Tages brachte er zusammen mit den Büchern eine enorm große Tüte, aus der er ganz sorgfältig einen Stoffhasen zog, der fast einen Meter groß war, und den legte er dann zu den Büchern auf den Tisch. Aber dummerweise fiel der Hase dauernd um, daher holte ich mehr und mehr Bücher aus den Regalen, um ihn zu stützen, so daß er aufrecht sitzen konnte, obwohl der Patient mir dauernd sagte, ich sollte mir keine Mühe machen damit. Das darauf folgende Interview brachte mich richtig auf Touren – er hatte den Dreh raus. Ich war so sauer und empfand das ganze nur als Zeitverschwendung, sagte aber nichts. Zu meiner großen Überraschung sah er sehr zufrieden aus, als er mich verließ. Während er seine Bücher zusammensuchte und den Stoffhasen in die Tüte stopfte, sagte er: »Vielen herzlichen Dank für das, was Sie für den *Hasen* getan haben.«

JOHN Du meinst, er konnte nicht für sich selbst um etwas bitten, aber fühlte sich unterstützt, als du den Hasen gestützt hast.

ROBIN Ja, das meine ich. Das war für ihn die Grenze: Näher konnte er nicht kommen, um mich um etwas zu bitten. Und irgendwie hatte er mir das mitgeteilt, so daß ich intuitiv richtig handelte, in einer Weise, mit der er klarkommen konnte. Nachher habe ich natürlich auch gemerkt, warum er mich dazu veranlaßt hatte, zornig zu werden. Dann konnte er sich nämlich vor jedem Mitleid sicher fühlen.

JOHN ... Ich denke gerade daran, was das transitionelle Objekt für das Kind bedeutet – es gibt Unterstützung, trägt gleichzeitig die Botschaft, daß Mutter nicht immer herbeieilen wird. Wenn ich das mit deinem Verhalten vergleiche, wenn du Depressive behandelst, muß ich sagen, professionell gesehen bist du ja nichts weiter als ein Stoffhase.

ROBIN Aber du hast keine Ahnung, wie schwer es ist, ein wirklich *guter* zu sein!

JOHN Vielleicht hättest du es leichter, wenn du ausgestopft wärst.

4 Wer hat hier das Kommando? Oder: Soll ich ein kleiner Engel sein, Mutti?

JOHN Was kommt jetzt dran?

ROBIN Ein sehr interessantes Thema: Einstellungen zu Autorität, warum man angepaßt oder rebellisch ist, wie streng Eltern sein sollten, wofür der Vater da ist, warum einige Leute gut in Teams arbeiten können und andere sich nirgendwo einfügen, warum Kinder sich schlecht benehmen oder krank werden, um ihre Eltern zusammen zu halten, Besessenheiten, Trotzanfälle, warum es manchmal ganz gut für die Eltern ist, sich zu streiten, und schließlich: der Garten Eden.

JOHN Ach, ist das schon alles? Und vermutlich folgt dies, weil es irgendwie mit der nächsten Entwicklungsphase des Babys zu tun hat!

ROBIN Das Baby wächst jetzt zu einem Kleinkind heran.

JOHN Das Baby war mehr oder minder hilflos ...

ROBIN Mehr oder minder – aber das Gehirn ist gewachsen, und die Nervenzellen sind jetzt miteinander und auch mit den Muskeln verbunden. Und *irgendwann* zwischen ein und zwei Jahren fängt das Kleinkind an, allein zu laufen und seine ersten Wörter zu sprechen.

JOHN Und wie ist das mit den »natürlichen Funktionen«, wie das bei mir zu Hause in Weston-super-Mare hieß?

ROBIN Nun, der »Draht« zwischen Blase und Darm zum Gehirn ist auch fertig. Daher kann das Kleinkind diese Funktion jetzt an- und ausstellen, wann es will, es passiert von nun an nicht mehr automatisch. Ab eineinhalb Jahren kann man deutlich erkennen, daß das Kleinkind fähig ist, selbst daran zu denken.

JOHN Die armen Eltern! Vorher konnte es seiner Mißbilligung nur durch Heulen oder Nahrungsverweigerung Ausdruck geben.

ROBIN Oder indem es krank wurde. Jetzt sind seine Möglichkeiten unbegrenzt. Es kann kommen, wenn es gerufen wird, oder weglaufen! Es kann Ja *und* Nein sagen. Es kann Sachen in die Gegend werfen oder umkippen, obwohl Mutti das nicht mag. Und wenn es auf den Topf gesetzt wird, kann es seine Pflicht erfüllen oder auf eine unpassendere Zeit verschieben. Während das Kleinkind selbst aktiver wird, zeigen ihm die Eltern auch, was sie mögen und was nicht.

JOHN Sie fangen damit an, Ansprüche an das Kind zu stellen, denn es kann ja jetzt *entscheiden*, was es tun will.

ROBIN Genau. Es wird jetzt wirklich selbständig und freier, daher muß es von jetzt an auch beginnen, die Wahl zwischen »gut« und »böse« zu treffen.

JOHN Das Böse begegnet ihm ja jetzt in vielen aufregenden Formen. *Deshalb* bekommt es also zu diesem Zeitpunkt seine Trotzanfälle!

ROBIN Ja. Es will ja damit nur seine Stärke ausprobieren und herausfinden, wieviel es unternehmen kann. Wenn es auf Widerstand trifft, geht es dagegen an, stößt und drückt, um ihn aus dem Weg zu räumen. Und manchmal sind eben die Eltern dieser Widerstand.

JOHN Also experimentiert es lediglich, was es so alles kann!

ROBIN Ja. Manchmal meinen Eltern, es sei ihre Schuld, sie machten irgendwas falsch, behandelten das Kind nicht richtig. Das stimmt nicht – Trotzanfälle sind normal!

JOHN Aber warum sind sie so heftig?

ROBIN Sieh das doch mal positiv. Die Stärke der Trotzanfälle entspricht in gewisser Weise der späteren Charakterstärke, *wenn* dem Kind dabei geholfen wird, diese Energie umzuformen. Die Unbändigkeit kommt ja daher, daß ein starker Wille blockiert wird. Man kann das gut mit der Energie vergleichen, mit der Raketen ins All geschossen werden. Bevor man entdeckte, wie man den Raketen beim Start den richtigen Schub verleiht, sind viele vor oder sofort nach dem Start explodiert.

JOHN So hab ich das noch nie gesehen: Ein Trotzanfall fängt demzufolge mit Energie an, nicht mit Zorn. Das erklärt, warum Ärger eine so gute Energiequelle sein kann. Wenn ich ein Problem beim Schreiben habe und steckenbleibe, werde ich leicht böse mit mir ..., und dieser Zorn verleiht mir oft die Energie, mich länger mit dem Problem herumzuschlagen, als es mir möglich wäre, wenn ich nicht zuerst so frustriert gewesen wäre.

ROBIN Das ist genau das, was das Kind lernen muß: seinen Zorn zu bezähmen, um diese großartige neue Energie ganz nutzen zu können. Ein guter Reiter läßt sein Pferd laufen, aber er bestimmt die Richtung. Die Trotzkoller hören auf, sobald das Kind gelernt hat, mit seiner Energie umzugehen und sie für seine eigenen Zwecke einzusetzen.

JOHN Da muß man einfach abwarten?

ROBIN Ja. Solange die Eltern wissen, daß alles ganz normal ist, können sie sich ihm gegenüber ruhig und bestimmt verhalten, und es wird die Kontrolle ganz natürlich erlernen.

JOHN Das Kleinkind hat also jetzt all diese neuen physischen Fertigkeiten und kann auch selbständig denken ... Was muß es denn zu diesem Zeitpunkt lernen?

ROBIN Wie man mit anderen zusammenlebt, sich anpaßt, zuerst innerhalb der Familie und schließlich mit dem Rest seiner Umwelt.

JOHN Wenn es das nicht lernt ..., läuft es Gefahr, deren Hilfe und Zuneigung zu verlieren, die es mit Sicherheit braucht.

ROBIN Und auf jeden Fall wird sein Leben durch andere sehr viel interessanter und lohnender, wenn es mit ihnen gut auskommt.

JOHN Daher muß es also lernen, »gut« sein zu wollen?

ROBIN Nein.

JOHN Nein??!

ROBIN Weißt du, einfach *nur* »gut« zu sein genügt nicht. Wenn es mal ein gesunder, unabhängiger, selbständiger Erwachsener werden soll, jemand, der weiß, was er will, dann muß es jetzt damit beginnen, eigenständig zu werden, kreativ nach seinen eigenen Entscheidungen zu handeln. Seine Originalität wird seine Eltern mitunter überraschen und mitunter erschrecken.

JOHN Es muß also Selbstvertrauen haben, um alles zu erforschen, und *gleichzeitig* lernen, sich anzupassen.

ROBIN Genau. Es muß lernen, nicht zu »böse« oder zu »gut« zu sein. Es muß den Mittelweg für sich entdecken.

JOHN Moment mal. Ich verstehe schon, daß es lernen muß, nicht allzu »schlecht« zu sein, denn wenn es sehr egoistisch ist, wird ihm seine Rücksichtslosigkeit anderen gegenüber schaden, es wird einsam und ohne Freunde sein. Aber wo liegt die Gefahr beim allzu »gut« sein?

ROBIN Wenn es nicht dazu ermutigt wird, ein bißchen unternehmungslustig zu sein, sich selbst Gedanken zu machen, dann wird es zu konformistisch, überangepaßt. Es wird zwar nirgendwo anecken, aber dafür matt, langweilig und uninteressant sein. Es wird rumgeschubst werden und nicht fähig sein, sich zu holen, was es braucht. Dieses Kind scheint nichts Eigenes zu entwickeln, es hat keine klare Vorstellung von seiner eigenen Identität.

JOHN Ein typischer Buchhalter also. Komisch ist das schon, ich erinnere mich, als ich unterrichtete, haben mir die Kinder, die nie etwas falsch machten, nie viel Freude gemacht, und ich fand sie nie besonders liebenswert …

ROBIN Das ist ja das Problem, sie sind bei *niemandem* sehr beliebt. Daher erfahren sie dann später auch wenig Unterstützung – genauso wie sehr egoistische Menschen. Wie du siehst, ist das wirklich eine recht schwierige Phase für die Eltern, da sie das Kind zwischen zwei Extremen durchsteuern müssen.

JOHN Sie müssen dem Kleinkind Freiheit und Ermutigung geben, damit es seine Umgebung erforscht, Selbstvertrauen und Unabhängigkeit entwickelt – aber zur gleichen Zeit müssen sie es gut unter Kontrolle haben, damit es Selbstkontrolle lernt.

ROBIN Diesen Balanceakt zwischen Konformität und Individualität, mit dem wir für den Rest unseres Lebens jonglieren.

JOHN Wenn wir erst einmal in die harte Welt entlassen werden. Dabei ging's uns so gut in unserem Kinderbettchen, als Mutters Augapfel, mit Bedienung rund um die Uhr.

ROBIN Da wir gerade von Äpfeln sprechen …

JOHN Aber gerne.

ROBIN Es gibt Leute, die meinen, darin läge der Mythos vom Paradies begründet. Die Kindheit ist unser »Garten Eden«, uns wird alles gegeben und nichts abverlangt. Der »Sündenfall« geschieht, wenn wir wählen können, wenn wir entscheiden können, ob wir tun, was *wir* oder was die *Eltern* wollen. Dann haben wir »vom Baume der Erkenntnis« gegessen, vorher waren wir »unschuldig«, »gut« und »böse« hatten überhaupt keine Bedeutung.

JOHN Wir müssen also sowohl böse als auch gut sein, bevor wir ganz wir selbst sein können.

ROBIN Wir müssen zu beidem *fähig* sein, die Wahl zwischen »gut« und »böse« haben. Und diese Wahl muß immanent die Entscheidung *gegen* das System einschließen, *selbst* wenn uns das zerstören würde. Wir vergessen das allerdings oft und *hoffen*, wir könnten frei und uns selbst treu sein, ohne zu riskieren, unbeliebt oder gefährdet zu sein.

JOHN ... So ist es! Zumindest *ich* vergesse das. Du sagst also, ein Kind kann keine genaue Vorstellung von seiner eigenen Identität entwikkeln, wenn es nicht auch böse sein darf.

ROBIN Wir vergessen auch, daß wir einzelne Individuen sind, jedes unterschiedlich. Daher ist das Kleinkind wie ein Testpilot, der ein neues Flugzeug fliegt. Es muß sich testen, ausprobieren, sehen, wie weit es gehen kann, und das heißt eben auch, manchmal zu weit zu gehen.

JOHN Und wie ist es mit den Feigenblättern? Wie entdecktenAdam und Eva die Sexualität?

ROBIN Die wirkliche Erfahrung von Sexualität kommt bei Kindern erst später. Im Kleinkindalter bemerken sie nicht die Sexualität, sondern physische, geschlechtsspezifische *Unterschiede*, die sie neugierig machen. Daher denke ich, in dieser Phase entdeckt das Kind nicht nur »gut« und »böse«, sondern auch, daß es entweder *männlich* oder *weiblich* ist, aber nicht beides!

JOHN Der Mythos betrifft also gar nicht die Sexualität, sondern die geschlechtliche Identität.

ROBIN Genau. Adam und Eva werden sich ihrer Verschiedenartigkeit bewußt und bemerken ihre Getrenntheit, ihr Alleinsein. Selbstverständlich fühlen sie sich dadurch aus dem Paradies ausgestoßen.

JOHN Fern der wunderbaren Verbindung zur allmächtigen Göttlichen Mutter. Somit hat der »Sündenfall« mit dem Wissen um »gut« und »böse« zu tun, mit der Entdeckung der Regeln, die man einhalten oder brechen kann – und er hat viel mit der Ablösung von der Mutter zu tun. Aber du hast vorher gesagt, diese Trennungsphase findet zwischen sechs Monaten und drei Jahren statt. Aber die

Kleinkindphase dauert doch, sagen wir von ungefähr zwölf Monaten bis zu vier Jahren, oder?

ROBIN Ja, mehr oder weniger. Ich würde den Beginn so um den fünfzehnten Monat ansetzen.

JOHN Ich meinte damit, daß diese Phasen sich teilweise überdecken.

ROBIN Natürlich, viele dieser Ereignisse – Lektionen, die wir lernen müssen – überschneiden sich. Das ist so ähnlich wie das Zubereiten einer Mahlzeit: Mit dem Braten muß man vor den Kartoffeln beginnen, die wiederum werden vor den Erbsen aufgesetzt – und mit der Suppe muß man vor allem anderen anfangen. Aber meistens kocht einiges zur selben Zeit.

JOHN Das Kleinkind macht also viele verschiedene Veränderungen mit. Es muß lernen, sich von der Mutter zu trennen, es muß diese aufregende neue Welt erforschen, die manchmal recht beängstigend ist, es muß anfangen, seine eigene geschlechtliche Identität zu begreifen und zu akzeptieren, und gleichzeitig muß es lernen, sich den Familienregeln anzupassen. Das Ärmste muß wohl seine Karte alle zehn Minuten umzeichnen, was?

ROBIN Und es fügt ihr zusätzlich all die Linien hinzu, die seine Eltern ihm vorzeichnen. Diese Linien zeigen die Familienregeln an. Es lernt jetzt zum ersten Mal, eine Karte darüber anzufertigen, wie die Gesellschaft funktioniert.

Bestimmtheit

JOHN Vor etwa drei Wochen hab ich in einem Supermarkt eine fast filmreife absurde Szene gesehen: Eine Mutter mühte sich mit zwei ausgesucht gräßlichen Kindern ab. Immer wenn sie etwas angestellt hatten – und das hatten sie etwa alle acht Sekunden –, schrie sie auf die Kinder ein und drohte ihnen mit unvorstellbaren Höllenstrafen – worauf die Kinder natürlich sofort losgingen und aufs neue tätig wurden. Sie vertausendfachte dann die Folterdrohungen, versprach jedem von ihnen tausend Peitschenhiebe und zweimal Streckbett. Jetzt leisteten sie sich etwas wirklich Unverschämtes, um ihr endgültig zu zeigen, wer der Boß ist. Am Ende mußte sie ihnen einen Armvoll Süßigkeiten kaufen, damit sie den Supermarkt nicht niederbrannten.

ROBIN Ich kann es mir gut vorstellen. Wenn in einer Familie soviel Streit und Unruhe herrschen, liegt es normalerweise an den Eltern, die den Kindern keine klare Richtlinie zeigen.

JOHN O. k. Ich möchte mehr über diese Richtlinien wissen. Also, wenn so ein Kleinkind lernen soll, sich ein- und anzupassen, müssen ihm sehr gut definierte, klare Grenzen aufgezeigt werden, nach denen es sich richten kann, nicht wahr? Und die vermutlich auch eingehalten werden müssen. Damit sind wir bei dem schwierigen Wort »Disziplin« angelangt.

ROBIN Es leitet sich vom lateinischen Wort »lehren« ab ...

JOHN Genau. Aber heute weckt es sofort Assoziationen von Schlägen, Grausamkeit und schrecklicher Kindheit.

ROBIN Der springende Punkt ist, daß die meisten Schläge daraus entstehen, daß die Richtlinien nicht eindeutig sind. Wenn ein Vater im Bedarfsfall völlige Kontrolle ausüben kann, braucht er für gewöhnlich nicht zu schlagen

JOHN Die Erfahrung habe ich auch mit meiner Tochter gemacht. Ich muß zugeben, ich habe mich nicht früh genug mit ihr befaßt. Aber als sie etwa vier Jahre alt war, wurde sie sehr ungezogen und schwierig, und ich habe dann irgendwann mal die Fassung verloren und ihr zum ersten Mal eine gehörige Tracht Prügel verpaßt. Und zu meinem größten Erstaunen wurde unsere Beziehung von da ab *sofort* besser! Ich mußte ihr ab und zu noch mal einen Klaps geben, aber die Abstände wurden immer größer. Nachdem sie sechs geworden war, war es fast nie mehr nötig. Und, was ich wirklich prima fand – weil man sich ja doch immer ein bißchen schuldig fühlt, obwohl man weiß, daß es richtig ist –, sie schien mir das nie übel zu nehmen. Es schien uns sogar enger zusammenzuführen.

ROBIN Ja, das ist die allgemeine Erfahrung. Ich habe das auch bei unseren Kindern so erlebt, und die Familien, die in Behandlung sind, entdecken das auch, wenn sie unserem Rat folgen und Grenzen ziehen. Die Kinder vergeben einem immer – sie lieben einen sogar mehr, denn dieses bestimmte, entschlossene Handeln zeigt ihnen, wie sehr man an ihrem Leben teilnimmt, wie wichtig sie einem sind.

JOHN Ich kann schon das Schnauben aus der Ecke der antiautoritären Erzieher hören. Aber diese Art von Sorge, die dem Kind genaue Richtlinien zeigt, ist auf ihre Weise genauso liebevoll wie der mütterlich-sorgende Typ – obwohl die beiden so verschieden sind.

ROBIN Stimmt genau. Vielleicht sogar tiefergehend, denn der strafende Elternteil riskiert, die Liebe des Kindes kurzfristig zu verlieren, denn er tut etwas dem Kind Unangenehmes, auch wenn es ihm nützt. Es ist also eine schwierige Art, dem Kind Liebe zu geben, weil sie nicht sofort mit Nettigkeit beantwortet wird. Statt dessen wird man eine Weile zurückgestoßen. Die Dankbarkeit kommt erst später!

JOHN Als ich in den Ferien mit meiner Tochter sprach, merkte ich wieder, wie sehr Kinder die Lehrer verachten, die keine Disziplin halten können. Die strengen dagegen mögen sie ..., die laschen nur so lange, wie sie die Klasse unter Kontrolle behalten. Auch die Lehrer, die nicht beständig sind – einmal streng, einmal lasch –, können sie nicht ausstehen!

ROBIN Kinder brauchen Beständigkeit. Die armen Kleinen können ja sonst nie wissen, wie sie sich benehmen sollen, wenn sie nicht wissen, wo die Grenzen des Erlaubten liegen.

JOHN Warum ist ihnen diese Ungewißheit unangenehm? Werden sie dadurch *ängstlich*? Warum brauchen sie klare Richtlinien?

ROBIN Sie fühlen sich sicher, wenn sie wissen, wie weit sie gehen können. Kindern macht es Spaß, etwas zu erreichen, zu lernen, ein bißchen gefordert zu werden, und sie fühlen sich sicherer, wenn sie wissen, wieviel Herumtollen und Entspannen akzeptabel ist. Sie sind einfach glücklicher, wenn eine Struktur ihnen dabei hilft, sich selbst zu kontrollieren.

JOHN Ich kann mir jetzt lebhaft vorstellen, wie das Kind sich fühlt. Ich sehe es auf einem Stuhl sitzen, mitten in einem dunklen, ihm unbekannten Zimmer. Das Kind muß den Mut aufbringen, von diesem Stuhl aufzustehen und den Raum zu erforschen. Aber es ist düster, es weiß nicht genau, wo die Wände sind. Trotzdem ist es wichtig für das Kind, loszugehen und zu erforschen, bis es an die Wände stößt und sie fühlt. Erst dann kann es das Zimmer voller Neugier und ohne Furcht durchforschen. Aber wenn die Wände *nicht* da sind, bekommt es Angst. Es ist nicht sicher, wie weit es gehen kann. Vielleicht fällt es in einen Abgrund, wenn es zu weit geht! Oder vielleicht findet es nicht mehr zu seinem Stuhl zurück, seiner Basis, wenn es zurück will! Durch die Wände, gegen die es stößt, geben ihm die Eltern Selbstvertrauen für seine Entdeckungen.

ROBIN Gut, aber du hast etwas Wichtiges vergessen. Wenn es die Wand findet, muß es mit der Faust dagegen schlagen *dürfen.*

JOHN Das ist sein Zorn und die Frustration, die es in dem Moment empfindet.

ROBIN Daher muß die Wand solide sein und fest! Es hämmert gegen sie, und nichts Schlimmes passiert, die Decke stürzt nicht ein, und von nun an weiß das Kind: »Hier ist also die Wand.« Weißt du, wenn du dich wirklich wohl und sicher in deiner Haut fühlen willst, mußt du irgendwann mal die Möglichkeit gehabt haben, bis zur Grenze deiner Gefühle vorzustoßen, damit du lernst, mit den extremsten Gefühlen umzugehen. Wenn du einmal an dieser Grenze warst und weißt, wo sie ist und daß du das überlebt hast und daß auch andere Leute, die du liebst, das geschafft haben, dann kannst du lockerer sein und von da an deinem Zorn trauen. Du weißt jetzt, du kommst damit klar. Aber für so eine Erfahrung brauchst du natürlich jemanden, der *sich wirklich um dich kümmert* – und der muß sich auch um *sich selbst kümmern,* da du ja soviel Zorn, Wut, Mordgelüste fühlst. Der Helfer muß die Situation unter Kontrolle halten, an ihm prallt die volle Wucht deiner Gefühle ab, ohne wirklichen Schaden zu verursachen. Wenn die Eltern also klare Grenzen zeigen und gleichzeitig ihre volle emotionale Unterstützung anbieten, kann das Kind alle seine Kräfte testen und sich dabei immer sicher fühlen. Schrittweise lernt es dann, sich zu kontrollieren.

JOHN Auf diese Weise fürchtet man sich nicht vor dem eigenen Zorn, vor der Stärke dieses Gefühls. Faszinierend! Kein Wunder, daß Kinder klare, bestimmte Richtlinien brauchen.

ROBIN Genau. Und manchmal ist das Kind wohl auch nur ungezogen, um die Eltern zu zwingen, diese Grenze zu bestimmen.

JOHN Ich denke da gerade an den Satz: »Das Kind hat es so gewollt« – den Klaps vielleicht nicht, aber doch einen klaren Wegweiser.

ROBIN Damit sie wissen, »woran sie sind« und sich nicht mehr zu ängstigen brauchen. Wenn die Eltern die Grenzen nicht festlegen, bleibt den Kindern ja gar nichts anderes übrig, als auszuprobieren, wo es langgeht! Und je länger die Eltern unentschieden bleiben, weil sie allen gefallen wollen und befürchten, sich durch eine klare Linie bei den Kindern unbeliebt zu machen, desto schlimmer müssen sich die Kinder benehmen, um endlich schlüssige Antworten zu erhalten! Und desto sicherer wird es am Ende eine Explosion geben.

JOHN Du meinst, wenn die Eltern dann doch endlich bestimmen, wo's langgeht!

ROBIN Ja. Und je länger die Eltern diese Entscheidung hinauszögern, um so größer wird die Explosion sein und um so länger braucht es, bis sich alles wieder einrenkt. Manche Eltern schieben diese Konfrontation vor sich her, bis das Kind acht oder neun oder sogar ein Teenager ist. Wenn ich in solchen Fällen rate, endlich Position zu beziehen, warne ich die Eltern, daß ihr Leben für die nächste Woche der Vorhölle gleichen wird. Danach geht es meistens besser, und sie kommen miteinander klar. Aber es ist auf jeden Fall besser, die Grenzen ganz deutlich zu ziehen, wenn das Kleinkind danach »verlangt«. Auf diese Weise kann es nach und nach lernen, sich einzupassen, seinen Platz zu finden. Seine wachsende Selbstkontrolle ermöglicht und erleichtert diesen Prozeß.

JOHN Ich sehe rot, wenn ich diese äußerst »progressiven« Eltern und Lehrer erlebe, die die Verantwortung dafür ablehnen, den Kindern Richtlinien zu geben, nur weil irgend jemand eventuell denken könnte, sie seien nicht kinderlieb oder gar diktatorisch. Das scheint mir ein verachtenswerter Mangel an Verantwortung zu sein.

ROBIN Und natürlich soll Freud an all dem schuld sein. Obwohl er in Wirklichkeit bemerkenswert feinfühlig und vernünftig war. Aber es ergeht Freud genauso wie der Bibel – jeder interpretiert in ihn hinein, was er will.

John Moment. Nehmen wir doch mal an, die Eltern sind wirklich *sehr* streng. Was für Konsequenzen hätte das?

Robin Nach meiner Erfahrung schadet Strenge nicht, *solange* sie mit viel Liebe einhergeht. Das Ergebnis ist zwar dadurch oft eine Person mit engerem Horizont, jemand, der dazu neigt, konformistisch zu sein, der wahrscheinlich konservativer denkt als du und ich und Autorität und Hierarchie auch eher akzeptiert als wir. Aber das hilft ihnen, sich in entsprechenden Organisationen und gewissen Berufen zurechtzufinden und in sie einzufügen, wie bei der Armee zum Beispiel, bei der Polizei, als Beamter, bei der Justiz und so weiter.

John Du hast die Buchhalter vergessen ... Die tun, was *man* tut, und finden das ganz in Ordnung.

Robin Interessanterweise habe ich bemerkt, daß die Menschen ihren strengen Eltern fast immer dankbar sind. Schon als Kinder scheinen sie zu spüren, daß es den Eltern nicht leichtfällt.

John Wenn es zum Wohle der *Kinder* geschieht.

Robin Ja. Wenn die Eltern nur streng sind, um die Kinder an sich zu fesseln und so ihre eigenen Bedürfnisse zu stillen, ist das etwas ganz anderes. Und so dankbar die Kinder gegenüber strengen Eltern sind – denen, die sie verwöhnen, vergeben sie nie!

John Spüren sie irgendwie, daß es ihnen letztendlich nicht gut bekommt?

ROBIN Ja, sie scheinen zu durchschauen, daß Verwöhnen mehr durch Faulheit oder durch den kindlichen Wunsch der Eltern, immer gleich stark geliebt zu werden, verursacht wird. Und selbst wenn die Kinder das alles zu dieser Zeit nicht verstehen, später in ihrem Leben merken sie es bestimmt.

JOHN Du willst also sagen, solange es liebevoll geschieht, kann selbst die altmodische wilhelminische Strenge keine psychologischen Schäden anrichten.

ROBIN Aber wirklich nur, wenn wir betonen, daß die Strenge mit Liebe gepaart sein und um des Kindes willen angewendet werden soll.

JOHN Das klingt so, als ob man im Zweifelsfall eher streng als weich sein sollte.

ROBIN Ja, so sehe ich das. Glücklicherweise gibt es ja eine Art eingebauten Mechanismus, der den Eltern zur Klarheit verhilft: »Wenn die Kinder dich zur Verzweiflung treiben, wollen sie bloß sehen, wo Schluß ist.« Daher sollte man – im Zweifelsfalle – einen Schlußstrich ziehen, bevor sie außer Rand und Band geraten. Interessanterweise gibt es auch noch einen weiteren Grund, warum es besser ist, eher streng zu sein. Die Wirkung einer allzu autoritären, harten Erziehung verblaßt mit der Zeit, und derjenige, der darunter litt, wird normaler. Aber jemand, der allzusehr verwöhnt worden ist, dem nie geholfen wurde, Selbstkontrolle zu üben, der wird es später sehr schwer haben, Selbstdisziplin zu lernen.

JOHN Aber man hört doch oft, daß Kinder und selbst Erwachsene sich darüber beklagen, wie streng ihre Eltern waren.

ROBIN Ja, das stimmt schon. Aber wenn ich mir solche Familien näher angesehen habe, stellten sich diese zu strengen Eltern immer als zu schwach heraus; sie waren ganz leicht beeinflußbar.

JOHN Ja, wo kommt denn da der Vorwurf der »Strenge« her?

ROBIN Weil die Eltern andauernd *befürchten*, zu streng zu sein und so die Liebe ihrer Kinder zu verlieren. Dieses Gefühl überträgt sich auf die Kinder, und sie nehmen es als bare Münze. Denn wenn die Eltern sich immer schuldig fühlen, dann kann man es den Kindern nicht verdenken, wenn sie sich auch so fühlen!

JOHN Sie kennen ja nur die Normen ihrer Eltern.

ROBIN Und wenn sie einmal herausfinden, daß die Eltern sich davor fürchten, als zu streng angesehen zu werden, dann nutzen sie dieses Schuldgefühl aus.

John Aha. Versteh ich. Laß mich mal kurz zusammenfassen: Kinder brauchen ganz eindeutige Grenzen. Wenn man die für sie zieht, erreicht man dreierlei: Erstens lernen sie sich einzupassen, zweitens vermeiden sie so das Angstgefühl, das dadurch entsteht, daß sie nicht wissen, wo sie stehen. Und drittens haben sie auf diese Weise die Möglichkeit, besonders im Kleinkindalter, mit extremen Gefühlen in kontrollierter Umgebung zu experimentieren. Auf diese Weise können sie mit ihnen vertraut werden und sie selbst zu kontrollieren lernen.

Robin Das reicht im Moment.

John Trotzdem verstehe ich eines nicht. Das Kind sollte doch nicht »allzu lieb und gut« sein, oder? Aber wenn diese gerechte Strenge – mit Liebe gepaart – nicht das »allerliebste« Kind hervorbrächte, würde ich mich sehr wundern!

Robin Die ganz schüchternen Duckmäuser haben in aller Regel Unterdrückung durch ihre Eltern erfahren. Aber dieser Druck ist dann nicht durch liebevolle Strenge entstanden, sondern mehr durch *Schuldgefühle.* Dieser Typ Eltern sagt nicht: »Wenn du das tust, werde ich wütend«, oder: »... dann nehm ich dir das Spielzeug weg«, oder: »ab, ins Bett mit dir.« Sie sagen: »Tu das nicht, das macht mich ganz unglücklich.«

John »Dein Vater kriegt einen Herzschlag, deine Mutter leidet, das Universum bricht zusammen ...«

Robin »Wenn ich erst tot bin, wird dir das leid tun.«
John »Wenn du mich wirklich lieb hättest, würdest du das nicht tun!«
Robin *Oder:* Dem Kind wird Angst gemacht, daß die Eltern es verlassen könnten, wenn es sich nicht benimmt.
John Dem Kind wird dadurch schrecklich viel Verantwortung aufgebürdet, nicht wahr?
Robin Sie stecken das Kind in eine Zwangsjacke, oder schlimmer, sie verleiten das Kind dazu, sich selbst in die Zwangsjacke zu stecken.
John Indem sie es verantwortlich machen für das Glück der Eltern, sogar deren Leben. Und auch für die Stabilität der Familie, was für das Kind gleichbedeutend mit seinem eigenen Leben ist.
Robin Ein Kind in dieser Lage hat keine Möglichkeit, seine eigenen Gefühle kennenzulernen und auszuleben, denn es fürchtet, schrecklichen Schaden anzurichten.
John Es war nie fähig, mit den Fäusten an die Wände zu hauen, denn es wurde ihm klargemacht, daß dann das Haus einstürzen würde.
Robin Deshalb gerät es in Angst und Schrecken, wenn es für sich selbst einstehen soll.

Vater kommt aus der Kälte zurück

John Ganz zu Anfang hast du mal gesagt, der Vater hätte eine wichtige Rolle zu spielen während der Kleinkindphase. Vermutlich fällt es ihm zu, das Kind zu ermutigen, die Welt außerhalb des Bereichs der Mutter zu erforschen.
Robin Nicht nur das allein. Er hat noch etwas anderes zu tun – er muß nämlich jetzt damit anfangen, seine Frau zurückzuerobern.
John Wie bitte?
Robin Nach der Geburt ist es üblich, daß Vater die Rettungsleine für die Mutter hält, während sie sich ganz dem Baby widmet, das ja soviel Zeit und Zuwendung braucht. Jetzt ist die Zeit für den Vater gekommen, sie zu sich zurückzuholen, sie quasi vom Baby zurückzufordern. Denn die beiden sollten ihre eigene Beziehung als Paar jetzt wieder an die erste Stelle setzen!
John Wenn sie dem Baby erlaubt, sich von ihr zu lösen, wenn sie diese erste Trennung geschehen läßt, wird sie einen Verlust erleben, den Verlust einer unerhört engen Beziehung. Dann steht der Vater

bereit, um diesen Verlust auszugleichen durch die Erneuerung ihrer Beziehung zu ihm, was ihr dabei hilft, das Baby loszulassen.

Robin Wenn der Vater aber zu dieser Zeit versäumt, seinen Platz als Ehemann und Liebhaber zu beanspruchen – nicht nur als Vater –, dann hilft er weder Mutter noch Baby, die ja jetzt den nächsten Schritt vollziehen müssen, bei dem sie sich noch mehr voneinander lösen.

John Also ist Vaters erste Aufgabe, bei der Trennung zu helfen, indem er die Mutter zurückfordert. Außerdem ist er, als zweite Quelle für Liebe und Unterstützung, auch besonders dazu in der Lage, dem Baby bei seinen Erforschungen zu helfen.

Robin Ja, er bietet ihm eine etwas andere Beziehung, weniger gemütlich, aber dafür robuster, kerniger, aufregender. Er unterstützt das Kind also nicht nur bei seinen ersten Abenteuern ohne Mutter – er kann die Trennung sogar aufregend und verführerisch erscheinen lassen.

John Er ist also die Verbindungsbrücke zwischen Mutter und Außenwelt, hilft dem Kleinkind dabei, Selbstvertrauen für seine Erforschungen zu erlangen, damit es auf seiner Karte eintragen kann, wie die Gesellschaft funktioniert.

Robin Richtig. Und indem er die Mutter zurückfordert, indem er sich zwischen Mutter und Kind stellt, hilft der Vater schon, die Karte umzuzeichnen. Bis jetzt befand das Baby sich in dieser Position:

Von nun an ist es in dieser Position:

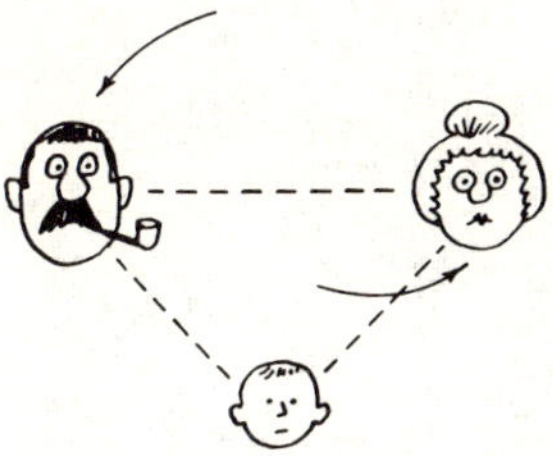

JOHN Das Baby wird dazu gezwungen zu teilen. Da es bisher außerordentlich egoistisch war, ist das eine ziemlich schwierige Sache für das Kind. Es stellt fest und muß sich auch damit abfinden, daß es noch *andere* Menschen gibt, die auch Bedürfnisse haben. Daher wird der Vater jetzt in gewisser Weise zum Rivalen. Ist einigen Leuten bei diesem Gedanken nicht ein bißchen ungemütlich?

ROBIN Nur weil in letzter Zeit Kinder »in Mode« waren und Väter ausgesprochen »out«.

JOHN Wie kommst du darauf?

ROBIN In den letzten drei Jahrzehnten sind »väterliche« Tugenden aus der Mode geraten, und alle haben sich auf die »mütterlichen« gestürzt. Zu Beginn war das auch eine sehr gute Bewegung. Aber viele Leute fanden, daß das Pendel zu weit ausschlug, besonders in den extremen sechziger Jahren. Zur Zeit ist eine Korrektur zur Mitte hin bemerkbar, man sieht wieder, daß Vater *und* Mutter gleichermaßen wichtig sind, wenn auch in unterschiedlicher Weise. Aber um auf deine Frage über Rivalität zurückzukommen. Du mußt dir klarmachen, daß der Vater, obwohl er schon mal *neidisch* auf das Baby sein kann, es doch auch lieben und ihm seinen Schutz geben muß. Es ist seine *liebende Gegenwart,* die dem Kind hilft, das Problem des Teilens zu bewältigen und zu verstehen, daß es mehr als zwei Personen auf der Welt gibt. Und damit das alles funktioniert, muß er *da* sein.

JOHN Jedes neugeborene Baby hat also innerhalb der Familie zuerst einmal das Exklusivrecht auf die Mutter, aber danach, wenn der Vater sie zurückfordert, findet es heraus, daß es diese besondere Beziehung aufgeben und ein Teil des Teams werden muß.

Robin Und wenn alles gut geht, haben wir die folgende Konstellation:

Die Eltern sollten die Nr. 1 füreinander sein, abgetrennt von den Kindern, in einem separaten Abteil.

John Und wenn die Eltern dieses Abteil nicht beziehen, dann können sich die Kinder nicht richtig lösen?

Robin Das wird sicherlich dann viel schwerer für sie sein. Eltern, die ihren eigenen Raum beanspruchen, helfen ihren Kindern dabei, sich von ihnen zu trennen und großzuwerden. Sie geben ihnen ein gutes Beispiel.

John Dann muß also der Vater die Mutter zurückfordern um *aller* willen! O. k. Jetzt komme ich zu: »die Welt außerhalb der Mutter erforschen«. Der Vater ermutigt also das Kleinkind dazu. Ist das nun dasselbe, wie wenn man Richtlinien zieht, oder läuft das parallel dazu?

Robin Indem er ihm zeigt, wo es langgeht, und, wenn es nötig ist, Grenzen zieht, hilft er dem Kind, seine eigene Landkarte zu zeichnen.

John Aber jetzt kommen wir zu der Eine-Million-Dollar-Frage: Warum soll ausgerechnet der Vater – *der Mann* – solche Richtlinien besser aufstellen können? Traditionell dachte man vielleicht so, aber wie erklärt man sich dann Golda Meir, Indira Gandhi und Frau Thatcher?

Robin Ich glaube, das hat gar nichts zu tun mit angeborenen psychischen Unterschieden zwischen Männern und Frauen. Außer vielleicht einem physischen Unterschied: Die Tatsache, daß die Frau das Kind geboren hat und sehr wahrscheinlich in den ersten Lebensmonaten seine größte Quelle für Unterstützung war, *wird* einen Einfluß haben *in diesem Kleinkind-Stadium.* Denn das Kind braucht die Mutter ja immer noch als Zufluchtsort, hier kann es wieder Trost und Selbstvertrauen tanken, wenn die Welt da draußen zu hart wird.

JOHN Da draußen ist der Dschungel!

ROBIN Daher braucht das Kleinkind eine liebende Mutter, die das Gegenteil davon anbietet: Wärme, Nähe, Schmusen – Sicherheit!

JOHN Ja?

ROBIN Nun, ich meine, wenn das Kind noch klein ist, selbst im Kleinkindalter muß es sehr verwirrend sein, wenn die Mutter *beide* Rollen zu spielen versucht – in der einen Minute zärtlich und hilfreich, dann auf einmal hart und fordernd! Wie du dich erinnerst, hat es schon genug Arbeit damit, sein Puzzle so zusammenzusetzen, daß sie als ganze Person dabei herauskommt!

JOHN Daher ist es also besser für das Kind, wenn sie eine Zeitlang konsequent dieselbe Haltung verkörpert. So *versteht* das Kind das besser?

ROBIN Ein Grund mehr, warum der Vater *zu diesem Zeitpunkt* vom Kind erwarten sollte, daß es sich in die Familie einfügt. Das alles passiert natürlich nach und nach, in dem Maß, in dem das Baby mehr und mehr Selbstkontrolle gewinnt. Aber es ist immer der Vater, der ihm mehr abverlangt.

JOHN Vielleicht gibt es noch einen Grund. Viele Frauen, die ich kenne, haben immer die Sorge, als Mutter nicht »gut genug« zu sein. Das erschwert es ihnen natürlich, bestimmt zu sein, weil eine Stimme in ihnen dauernd flüstert: »Moment mal, bist du auch zärtlich genug? Muß eine *wirklich* gute Mutter nicht verständnisvoller sein?«

ROBIN Leider ist das eine weit verbreitete Haltung, meist völlig unbegründet, so daß es der Mutter hilft, wenn der Vater mit fester Hand besonders im Trotzalter durchgreift. Natürlich wird sich das ändern, wenn das Kind älter wird und nicht mehr so einfach zu verwirren ist dadurch, daß dieselben Eltern einmal streng und ein anderes Mal zärtlich sind. Dann können die Eltern einerseits Liebe und Zuneigung zeigen und andererseits die Grenzen aufzeigen. Das spielt sich meist ganz automatisch ein in den Familien, während die Kinder aufwachsen.

JOHN Also haben wir bis jetzt zwei Gründe, weswegen der Vater in diesem Stadium bedeutungsvoll ist. Hat er sonst noch Aufgaben?

ROBIN Die nächste ist ein bißchen komplizierter. Bis dahin haben

Mutter und Kind sich gegenseitig bewundert. Diese unkritische Liebe ohne alle Vorbehalte verhilft dem Baby zu Zuversicht und Vertrauen. Aber die völlige Hingabe kann auch dazu führen, daß die Mutter die Tugenden und Fehler des Babys unrealistisch beurteilt.

JOHN Und daher erhält das Baby ein verfälschtes Feedback von der Mutter und kann deshalb seine Karte nicht präzise zeichnen.

ROBIN Eine Karte, die ja auch das Baby einschließt!

JOHN Wie? ... Ach so, ja. *Es muß selbst auf seiner Karte sein.* Natürlich! Es muß die richtigen Proportionen finden können, sehen, wie groß es im Vergleich zu anderen ist. Sonst bekommt es unrealistische Vorstellungen von seiner eigenen Wichtigkeit – und dadurch würde es zu egoistisch werden.

ROBIN Nicht nur das allein. Wenn es seine eigene Größe auf der Karte nicht richtig einschätzen kann, nicht weiß, wo seine eigenen Grenzen sind, wie sehr es gegen andere anrennen kann, dann hat es eine schlechte Ausrüstung erhalten und kann nicht wissen, wie es vom Rest der Welt das bekommen kann, was es will. Genau dafür braucht es Richtlinien.

JOHN Ja, das verstehe ich. Also: Wenn unsere Weltkarten uns helfen sollen, müssen sie uns mit einschließen, und zwar in der richtigen Größe.

ROBIN Und daher brauchen beide den Vater, der ein bißchen distanzierter ist und die Fähigkeiten des Kleinkindes objektiver sieht.

JOHN Ist das jetzt alles für den Vater?

ROBIN Nein, es gibt noch eine wichtige Aufgabe für ihn. Wir haben ja schon gesagt, daß das Baby sich zunächst als Zentrum der Welt begreift. Es verliert dieses Allmächtigkeitsgefühl langsam, wenn es seine Grenzen entdeckt. So kompensiert es diesen Verlust dadurch, daß nun seine Mutter ihm, weil es so eng mit ihr verbunden ist, zu diesem Zeitpunkt so mächtig wie Gott erscheint. Deshalb muß es als nächsten Schritt *diese* Illusion verlieren. Wenn es daher zu verstehen lernt, daß auch seine Mutter die Welt nicht regiert, daß sie die Macht mit dem Vater teilen muß, dann ist das wiederum ein Schritt weiter.

JOHN Und später findet es heraus, daß sein Vater auch nicht Gott ist ...

ROBIN Natürlich. Wenn der Vater seine Vaterrolle gut spielt, macht er deutlich, daß auch er nur ein Teil von etwas Größerem ist und sich auch einfügen muß.

JOHN Daher wäre es natürlich keine gute Konstellation, wenn Vater unter Mutters Pantoffel stünde? Denn dann bräuchte das Kind diesen Sprung nicht zu machen? Es könnte ignorieren, daß die Mutter nicht Gott ist. Wenn sie den Vater unter der Fuchtel hat, könnte es sie weiterhin als Gott ansehen.

ROBIN Genau. Das Kleinkind muß meiner Meinung nach als erstes sehen, daß die Mutter nicht Gott ist, und danach, daß der Vater es auch nicht ist – und letztlich, daß es niemand ist.

JOHN Das hab ich so noch nie gehört!

ROBIN Das ist sehr wichtig, wahrscheinlich ist dies der Hauptgrund, warum von Müttern dominierte Familien nicht so förderlich sind.

JOHN Was, im Ernst?

ROBIN Fast alle Familien, die zu mir kamen und wo das Kind als *Problem* dargestellt wurde, waren entweder von der Mutter dominiert oder vollkommen chaotisch.

JOHN Das ist wirklich sehr erstaunlich!

ROBIN Ja. Für mich auch beim ersten Mal. Ich machte damals gerade mein Praktikum in der Kinderpsychiatrie und ging zu der Sozialarbeiterin, die uns die Fälle zuteilte, um mich zu beklagen. Sie hatte mir etwa zehn solche Fälle geschickt, und ich wollte ein paar andere. Aber sie sagte nur, ich solle mir nicht den Kopf darüber zerbrechen, sie sei schon zehn Jahre da – und die Fälle seien alle so!

JOHN Weiter.

ROBIN Um den Zusammenhang herzustellen, will ich schnellstens aus der Forschung zitieren, daß in den »gesündesten« Familien die Macht zwischen den Eltern aufgeteilt ist. Sie arbeiten zusammen und entscheiden bewußt miteinander, was zu geschehen hat. In allen anderen Familien außer dem Idealfall scheint es besser zu sein, wenn einer der beiden Elternteile, am besten der Vater, die Zügel in der Hand hält.

JOHN Besser für die *Kinder,* meinst du?

ROBIN *O ja!* Ich kann das nicht genug betonen! Was Ehepaare ohne Kinder tun, ist natürlich ihnen überlassen.

JOHN Ich hab so das Gefühl, die Feministinnen werden dich nicht unbedingt in ihr Herz schließen!

ROBIN Ich bitte dich! Niemand weiß besser als ich, wie sexistisch das klingt. Ich habe auch lange gebraucht, bis ich mich zu dieser Meinung bekannt habe – aber ich konnte mich ihr einfach nicht verschließen. Doch man muß auch das Gesamtbild betrachten. Vor Jahren waren wir Psychologen an dem falschen Bild mitschuldig, weil wir alles auf die sogenannten »kastrierenden Mütter« schoben. Inzwischen haben wir mehr Einblick in die Abläufe innerhalb der Familien und kennen die Auswirkungen besser, wenn der Vater sich der Verantwortung entzieht.

JOHN Du meinst, den Müttern blieb gar nichts anderes übrig, als die ganze Show zu übernehmen?

ROBIN Genau das meine ich. Sie hatten keine Wahl. Heutzutage, wo wir das Ganze mehr als System betrachten, sehen wir, daß niemand *schuld* hat. Das System funktioniert eben einfach so. Automatisch. Mechanisch.

JOHN Ich muß das noch mal zusammenfassen, und wenn auch nur, um dir diese peinliche Sache noch mal unter die Nase zu reiben: In den gesündesten Familien wird durch Übereinkunft die Macht geteilt. In allen anderen ist normalerweise ein Elternteil der mächtigere. Deiner Erfahrung nach leiden die Kinder, wenn die Mutter die Mächtigere ist. Daher folgerst du, daß besser der Vater die Macht innehat. Mehr Beweismaterial bitte!

ROBIN Also da muß ich doch sagen ...

JOHN ... verteidigte er sich verzweifelt ...

ROBIN Nein, nein. Es waren nämlich die Mütter, die mich davon überzeugt haben.

JOHN Und die Herausgeberinnen von ›Emma‹?

ROBIN Die Mütter und die Kinder überzeugten mich, obwohl der Gedanke mir widerstrebte.

JOHN Guter Junge!

ROBIN Nein, wirklich. Das paßt mir ganz und gar nicht. Ich glaubte doch an Gleichberechtigung, Gedankenaustausch, geteilte Entscheidungen.

JOHN Natürlich, so leben ja wirklich »gesunde« Menschen ...

ROBIN Hör auf zu hetzen und hör bitte zu. Immer wieder, wenn Familien uns um Hilfe baten, sagten die Mütter, wie sehr sie wünschten, daß der Mann die Kontrolle übernähme. Das sagen sie immer noch. Und die Kinder waren sich auch einig, daß sie einen strengeren Vater wollten.

JOHN Also hat der Sexismus recht?!

ROBIN Nein, die Mütter brachten mich darauf. Eine erklärte es folgendermaßen: Es hat etwas mit dem Kinderkriegen zu tun. Zuerst ist alles in Ordnung, dann kommen die Kinder an, und man hat so schrecklich viel zu tun. Man hat auch Angst vor der vielen Verantwortung, und dann braucht man einfach ... Autorität, dann und wann mal einen Schuß Autorität, damit man weitermachen kann, mit der Verantwortung fertigwird, damit man sich wieder stark genug fühlt.

JOHN Nun, es ist schon wahr, wenn man sich mit einer Aufgabe schwer tut und dann jemand sagt: »Jammere nicht und sieh zu, daß du fertig wirst!« – dann gibt das irgendwie Kraft. Und wenn der Ehemann Autorität ausübt, heißt das ja wohl, daß er einige Verantwortung auf sich nimmt, was der Frau vielleicht hilft.

ROBIN Eine Frau sagte mir etwas Interessantes: »Plötzlich steht man all dem gegenüber und gerät völlig in Panik – und ich meine, wenn man den Mann *provoziert* und er *aggressiv* wird, wenn er die Rolle des Starken übernimmt, Verantwortung mitträgt, dann gibt einem das sofort Kraft, automatisch.«

JOHN »Aggressiv«?

ROBIN Und dann habe ich sie gefragt: »Sie würden also aggressives Verhalten des Mannes unter diesen Umständen nicht als feindlich empfinden?« Und sie antwortete: »Nein, ganz bestimmt nicht.«

JOHN Tja, das klingt so, als ob diese Frau etwas verstanden hätte, was mir total entgeht ...

Robin Es ist aber etwas, das ich immer wieder zu hören bekommen habe. Das scheint eine in *diesem Stadium* notwendige Übereinkunft zu sein. Vielleicht kann man das nur dann richtig verstehen, wenn man es selbst durchlebt hat.

John Diese Frau hat demzufolge ihre Ansichten geändert, nachdem sie ein Kind bekommen hat?

Robin Ja. Ich habe sie gefragt, ob sie das, was sie jetzt sagte, früher zurückgewiesen habe. Sie lachte und sagte: Total! Sie habe das vorher als furchtbar sexistisch angesehen. Deshalb hat es keinen Zweck, über das alles zu diskutieren; entweder man hat diese Sache erfahren oder nicht. Natürlich ist es schon *möglich,* daß eine *extrem* gesunde Person das alles nie zu entdecken *braucht.*

John Ich denke gerade dran, wie das Kind die Eltern zwingt, Grenzen zu ziehen, indem es aggressiv ist. Was sie gesagt hat, ergibt dann Sinn, wenn sie den Mann braucht, um ihre verschwommenen Grenzen wieder zurechtzuziehen, nachdem sie so eng mit dem Kind zusammengekoppelt war.

Robin Ja, darum scheint es hier zu gehen. Die Mutter mußte ihre eigenen Grenzen verschwimmen lassen, um auf das Niveau des Babys zurückzugelangen, damit sie beide einander ganz nah sein, ja fast ineinander übergehen konnten, fast ineinander übergingen.

Wenn das Baby dann ins Kleinkindalter kommt und damit anfängt, seine Grenzen zu ziehen, indem es die Mutter provoziert, kann *sie* unter Umständen schlecht ihre eigenen Grenzen sehen.

JOHN Aber vermutlich kann das auch entgegengesetzt ablaufen. Der Mann verliert seine Grenzen und braucht die Hilfe seiner Frau, um die Grenzen wieder klar zu erkennen?

ROBIN Bestimmt sogar. Welcher Vater erinnert sich nicht daran, auf die Kinder aufgepaßt zu haben, um dann von seiner heimkehrenden Frau wegen des Durcheinanders im Haus und der überdrehten Kinder ausgeschimpft zu werden.

JOHN Und der Vater hat sich genauso wie die Kinder benommen. Daher muß sie ihn zur Ordnung rufen, damit er wieder ein Erwachsener werden kann.

ROBIN Kennst du das?

JOHN Genau sogar. Ein ziemlich dummes Gefühl, man schämt sich richtig.

ROBIN Weil wir merken, daß wir uns allzu kindisch benommen haben und Tadel verdienen.

JOHN In diesem Fall zieht also die Mutter Vaters Grenzen nach.

ROBIN Und manchmal braucht der Vater auch Freunde, die das für ihn tun.

JOHN Wie! Was sollen die denn sagen? »Ach, laß dich nicht so hängen, Alter. Natürlich fühlst du dich im Moment alleingelassen. Dafür hast du doch Kumpels wie uns!«

ROBIN Ja, genau. Eine Mischung aus Ermutigung und Härte. Sie zwingen ihn, sich zusammenzunehmen, aber unterstützen ihn gleichzeitig auch durch ihren Zuspruch.

JOHN Du sagst also, daß die Grenzen desjenigen, der dem Kind am nächsten steht, ein bißchen verwischt werden, und deshalb braucht er irgend jemandes Hilfe, um die Grenzen wieder zurechtzurücken. Und wenn dieser auch ein bißchen verwirrt ist, braucht er wiederum auch jemanden, der seine Grenzen wiederherstellt. Aber da es ja wahrscheinlicher ist, daß die Mutter dem Kind in der ersten Zeit am nächsten steht, ist es üblicherweise der Vater, der ihre Grenzen zurechtrücken muß.

ROBIN Und daher hat das mit Sexismus überhaupt nichts zu tun. Sie spielen nur verschiedene Rollen innerhalb des Elternteams, zum Wohl des Kindes!

JOHN In gewisser Weise hat jeder zu bestimmten Zeiten die Starrolle inne. Interessant, wie der Vorwurf des Sexismus einfach verschwindet, wenn man die ganze Sache als »Teamarbeit« versteht. Denn ein Team besteht aus verschiedenen Leuten mit verschiedenen Fähigkeiten und verschiedenen Rollen, aber mit einem gemeinsamen Ziel. Es hätte wenig Sinn, wenn alle Torhüter oder Rechtsaußen sein wollten. Die Mutter-Vater-Beziehung gleicht also eher der des Vorsitzenden und des Direktors. Der eine kümmert sich darum, was in der Wirtschaft passiert, der andere bearbeitet den internen Geschäftsablauf. Und beide sind gleich wichtig.

ROBIN Wie wir bald ausführlicher sehen werden, muß das Kleinkind jetzt lernen, wie man Mitglied in einem Team wird ...

JOHN Indem es auf andere Rücksicht nimmt, sich an die Regeln hält, Autorität akzeptiert ...

ROBIN Genau. Wenn man diese Lektionen gelernt hat und versteht, wie Teams arbeiten müssen, wird man auch sehen, wie das Elternteam so ohne Probleme zusammenarbeiten kann. Aber jemand, der diesen *Sprung* selbst nicht geschafft hat, wird diesen Gedanken recht unangenehm finden, er kann nur schlecht Teil eines Teams sein und wird *befürchten,* daß »Teamarbeit« in Wirklichkeit Machtkampf ist. Für diese Menschen klingt das Vorhergehende sexistisch.

JOHN Ich habe noch ein Problem. All diese Aufgaben, die der Vater zu übernehmen hat, während das Kind noch klein ist – wie die Mutter zurückerobern, Grenzen strenger ziehen als die Mutter, dem Baby klarmachen, die Mutter ist nicht Gott, ihm ein genaueres Feedback geben, als es einer liebenden Mutter möglich ist –, könnten diese Aufgaben bis auf die erste auch von anderen erledigt werden? Was passiert, wenn kein Vater da ist?

ROBIN Wenn die Mutter *ganz* allein wäre ..., dann wäre es in der Tat sehr schwer für das Kleinkind, diese schwierigen Lektionen zu lernen. Aber normalerweise gibt es immer Menschen – Großeltern, Verwandte, gute Freunde, Nachbarn, Lehrer und so weiter –, die die Mutter einspannen kann. Das kann ausgezeichnet funktionieren, solange die Mutter *akzeptiert,* daß sie manchmal Hilfe braucht, um ihre eigenen Grenzen zu korrigieren, wie wir das oben erwähnt haben.

JOHN Sie braucht also nur irgendeine andere Person, die nicht allzu eng mit dem Kind verknüpft ist. Das könnte dann auch eine andere Frau sein.

ROBIN O ja – es ist ja oft die Großmutter. Und selbstverständlich ist eine gute Großmutter mehr wert als ein schlechter Vater. Doch ideal ist ein liebevoller Vater, auch der anderen Rollen wegen, die er außerdem im Leben des Kindes und der Mutter spielt.

Mister Wunderbar

JOHN Wenn also der Vater seine Rolle übernimmt, können die Eltern klare Grenzlinien ziehen. Eine »strenge Regierung« ist für das Kleinkind manchmal notwendig. Warum, habe ich inzwischen vergessen.

ROBIN Weil man zwei Dinge lernt, wenn man mit den Fäusten an die Wand hauen darf, die die Eltern aufgestellt haben. Wenn man so seine Gefühle erforschen kann, hat man keine Angst mehr vor dem eigenen Zorn. Man weiß, man kann ihn unter Kontrolle halten und hat ihn zur Verfügung, wenn man ihn braucht. Man lernt, für sich selbst einzustehen und seine Bedürfnisse einzuklagen. Zweitens, da diese Wände recht widerstandsfähig sind, lernt man auch die Bedürfnisse der anderen kennen, lernt, wie unser Verhalten durch die uns umgebende Gesellschaft begrenzt wird. Daher hat man dann eine stimmige Karte der Welt, auf der man auch *selbst* in der angemessenen Größe verzeichnet ist.

JOHN O.k. Wenn das Kleinkind das alles kapiert – was dann?

ROBIN Nun, dann hat es ein gutes Gleichgewicht zwischen seinen eigenen Bedürfnissen und denen der anderen erreicht, und das Leben wird es nicht mit allzu großen Problemen überraschen können. Es lernt, wie es in der Welt zugeht, findet seinen Platz und versteht, wie es von den anderen gesehen wird. Es wird zunehmend unabhängiger, selbständiger, kann sich freier bewegen und ist fähig, sich zu nehmen, was es braucht. Und diese Fähigkeiten werden weiter wachsen.

JOHN Das ist die Lektion des Kleinkindalters.

ROBIN Mehr oder weniger. Aber es gibt noch eine andere Betrachtungsweise. Erinnere dich: Es hängt ja alles davon ab, ob das Baby den Sprung machen kann von trauter Zweisamkeit mit Mutter zu einem Dreiergespann mit Vater.

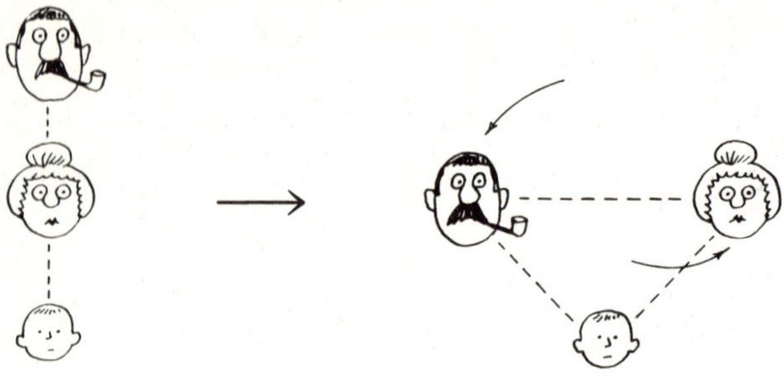

Es soll ja Mitglied des Teams werden, anstatt seine ganz besondere, exklusive Stellung zur Mutter beizubehalten.

JOHN Jemand, der diese Lektion gut lernt, wird ein gutes Teammitglied.

ROBIN Ja. Er kann sich Gruppen anschließen, wie und wann er will und kann sich durch die Gruppenerfahrung jederzeit stärken.

JOHN *Stärken*? Das ist mir leider etwas zu hoch. Ich selbst verstehe Gruppen immer sofort als *einschränkend*. Jedenfalls teilweise. Vermutlich habe ich diese Lektion als Kleinkind nicht besonders gut gelernt.

ROBIN Ich auch nicht. Aber du erinnerst dich, man kann das ja nachholen, wenn man sich für dieses Erlebnis offenhält. Die englische Luftwaffe hat das für mich während des Krieges erledigt. Ich war ganz schön erstaunt, als ich merkte, daß man sich gar nicht gedemütigt fühlte, wenn der Feldwebel einen während der Inspektion anschnauzte. Statt dessen erfüllte es einen mit wachsender Zuversicht und sogar Stolz und tat wirklich gut. Man lernte, ein Teil eines hochdisziplinierten Teams zu werden, und man fühlte sich dadurch selbst stärker. Ich glaube, damals habe ich verstehen gelernt, was im Kleinkindalter passiert.

JOHN Du willst damit sagen, wenn uns eine harte, strenge Atmosphäre umgibt, die uns zu Bestleistungen anleitet, setzt das aggressive Energie in uns frei, derer wir uns vorher nicht bewußt waren.

ROBIN Oder die wir als unangenehm und beängstigend empfunden haben. Als Resultat fühlt man sich lebendiger, schöpft seine Möglichkeiten voll aus.

JOHN Na ja, ich vermeide eben Dinge, die ich schwierig finde, wie zum Beispiel den Mount Everest zu bezwingen ... oder frühmorgens aufzustehen. Aber wenn ich nicht anders kann und mich überwunden habe, erfüllen mich Freude über meine Leistung und Zuversicht und Selbstvertrauen. Beim nächsten Mal fällt es mir viel leichter, ausgenommen das Aufstehen am Morgen.

ROBIN Jemand, der diese Phase gut durchgestanden hat, wird die Ansprüche, die sein Team an ihn stellt, positiv sehen. Probleme sind dafür da, um gelöst zu werden, nicht um darüber zu klagen. Teil irgendeiner größeren Gruppe zu sein ermöglicht Erfahrungen, die uns stärker machen können, aufgeweckter und gewandter.

JOHN Das ist alles sehr interessant für mich, denn ich bin mir bewußt, daß ich immer eine ablehnende Haltung gegenüber größeren Gruppen hatte beziehungsweise gegenüber Autorität in jeder Form. Vermutlich hat das mit meinem Vater zu tun, der sehr, sehr liebevoll und nicht streng genug mit mir war. Er hat mich meistens machen lassen, was ich wollte. Das hat sich erst in den letzten Jahren geändert, wohl weil ich einfach gewisse Pflichten akzeptieren mußte, die ich nicht umgehen konnte. Früher galt meine Sympathie immer den Rebellen, heute erscheint mir das eher als ein bißchen feige, wie eine Ausflucht. Erstaunlicherweise ertappe ich mich jetzt manchmal dabei, die Leute zu bewundern, die ihre Arbeit tun trotz all der Schwierigkeiten. Aber diese Autoritätsfragen sind wirklich problematisch. Ideal wäre vermutlich, wenn man frei wäre von zwanghaft rebellischem oder angepaßtem Gehabe. Nur so könnte man wirklich beurteilen, ob Autorität gerechtfertigt ist oder nicht. Aber so viele Leute reagieren impulsiv auf jede Autorität – entweder ist sie sofort »gut« oder »schlecht« –, so daß sie nicht wirklich überlegen, auf welcher Seite sie stehen. Das ergibt sich automatisch.

ROBIN Ich würde so eine starre Einstellung zu Autorität – ob positiv oder negativ – als kindisch ansehen. Autorität, Hierarchie, Organisationsformen sind doch lediglich Strukturen, die es ermöglichen, eine Aufgabe zu erledigen. Nicht *jeder* kann einfach zur selben Zeit durch dieselbe Tür marschieren, und wenn ein Tausendfüßler alle Füße zur selben Zeit in Marsch setzt, stolpert er doch nur. Wenn die zu lösende Aufgabe ein bißchen kompliziert ist oder viele Leute daran beteiligt sind, muß es Übereinkünfte geben. Das ist wie bei Volkstänzen. Wenn man daran teilnehmen will, muß man zuerst die Tanzschritte lernen, dabei verliert man freilich die Freiheit, herumzuhopsen, wie man will, aber dann macht es sehr viel Spaß, mit den anderen zusammen zu tanzen. Und die Musik ist eben nicht dazu da, uns herumzukommandieren.

JOHN O doch, ist sie wohl! Mein Gott, wie ich diese Tänze hasse!! Die sind doch nur dazu da, einen zu beschämen – aber diese Gedanken weisen mich wieder als Kleinkind aus. Obwohl ich stark vermute, daß es *eine Menge* Leute gibt, die diese etwas vage und unüberlegte Einstellung zur Autorität haben. Man braucht sich nur die Berichterstattung in den Massenmedien anzuschauen, wenn John McEnroe wieder einmal einen Disput mit einem Schiedsrichter hat. Es ist völlig unwichtig, wird aber oft sogar an zweiter oder dritter Stelle in den Nachrichten gemeldet. Die Attraktion muß wohl in dem archetypischen Streit zwischen »Rebell« und »Autorität« zu suchen sein. Und alle Leute haben sehr ausgeprägte Ansichten dazu, entweder sind sie ganz für McEnroe, wie du, oder ganz für den Schiedsrichter, wie ich. Die Stärke der Gefühle läßt tief blicken, nicht wahr? Regt man sich über diese Sachen auf, weil man unsicher ist?

ROBIN Ja, aber vergiß dabei nicht, daß ein gesunder Erwachsener die Balance gefunden hat zwischen den Extremen Roboter und verwöhntes Kind. Zumindest hält er das Gleichgewicht für eine gewisse Zeit. Viele von uns werden ja durch Jobs oder Lebensweisen in eine ganz bestimmte Richtung gedrängt, so daß es uns gut tut, in unserer Freizeit auf die andere Seite zu pendeln. Mein Job zwingt mich dazu, dauernd Schiedsrichter zu sein, daher macht es mir Spaß, wenn McEnroe den Schiedsrichter zur Weißglut bringt und er meine rebellische Seite für mich ausdrückt. Deine Arbeit als Komiker gibt dir endlos Möglichkeiten, dich über Autorität lustig zu machen, daher weckt McEnroe den Musterschüler in dir.

JOHN Aber einige Menschen zeigen immer dieselbe Seite, oder?

ROBIN Man findet fast immer beide Seiten zugleich, auch wenn die eine vielleicht nur durch ein Hobby ausgedrückt wird oder als Phantasievorstellung oder in Träumen. Bei gesunden Menschen werden beide Seiten offen gezeigt. Wenn das jedoch nicht der Fall ist, scheint es, als rebelliere jemand dauernd, ein Krimineller zum Beispiel, der die Autorität zwingen will, ihm ein gesünderes inneres Gleichgewicht zu geben, sich jedoch nur ständig selbst weh tut. Das Gegenteil davon ist der überangepaßte Typ, der sehr rigide, überkontrolliert und zwanghaft ist. Er verhält sich zwar nach außen hin immer sehr korrekt, hält seine Zunge im Zaum, bringt aber alle zur

Verzweiflung durch seine betonte Langsamkeit und Widerborstigkeit, und heimlich erfreut er sich vielleicht an Phantasien, bei denen er seinen Chef in kleine Stücke sägt.

JOHN Selbst wenn wir also im Kleinkindalter das richtige Gleichgewicht finden lernen zwischen Konformität und Rebellion, müssen wir uns doch später immer bemühen, diese Balance zu halten.

ROBIN Und dieses Bemühen ist der Preis für die geistige Gesundheit – oder für politische Freiheit.

JOHN Da fällt mir etwas ein. Wenn du diese Lektionen als Kleinkind verstehst und annimmst, wirst du Autorität wahrscheinlich auch selbst besser ausüben.

ROBIN Das glaube ich auch. Autorität wird optimal ausgeübt, wenn die Person, die die Entscheidung trifft, sich vorher Zeit nimmt, um alle notwendigen Informationen zu sammeln, und sich die Meinungen aller irgendwie Betroffenen anhört. Aber dann trifft er oder sie allein die Entscheidung. Danach sind solche Leute allerdings bereit, ihre Entscheidung zu *erläutern* und zu begründen. Sie werden zu ihr stehen und sie konsequent durchführen.

JOHN Das hat mich fasziniert, als ich einen Film machte über Entscheidungsprozesse. Da verstand ich zum ersten Mal, daß Leute auch Entscheidungen mittragen, denen sie nicht zustimmen, wenn man nur vorher ihre Meinung eingeholt und ernstgenommen hatte. Ausschlaggebend war, daß derjenige, der Autorität ausübte, sich die Zeit genommen hatte, ihnen seine Entscheidung zu »verkaufen«. Wie würde jemand, der Probleme mit Autorität hat, sich denn in dieser Situation verhalten?

ROBIN Die sind gewöhnlich ziemlich ineffektiv. Sie handeln manchmal sehr unüberlegt und überstürzt, um zu zeigen, wie aktiv sie sind. Oder sind autoritär, geben es aber nicht zu. Sie könnten den Meinungsstreit nicht ertragen, den man bei ernsthaften Diskussionen unweigerlich riskiert. Daher würden sie nur um die Meinung derer bitten, die mit ihnen übereinstimmen. Alle anderen sind für sie »Saboteure«.

JOHN Und dann würden sie ihre Entscheidung verkünden und verschwinden, ohne irgend etwas erklärt zu haben. Das klingt so wie drei Viertel des britischen Managements und neun Zehntel der Regierung.

ROBIN Ist das nicht vielleicht eine Winzigkeit übertrieben, John?

JOHN Hast du schon mal die Versuche von Ex-Verteidigungsminister Michael Heseltine erlebt, mit der CND (Organisation für nukleare Abrüstung) zu diskutieren? Na, lassen wir das – tut mir leid, es regt mich einfach auf. War nur ein kleiner Wutkoller. Also, wenn das Kleinkind den Sprung von der Paarbeziehung mit der Mutter zur Dreierbeziehung mit Vater und Mutter schafft, gewinnt es eine gesunde, nichtzwanghafte Einstellung zur Autorität und wird ein gutes Teammitglied. Es bekommt das richtige Feedback und zeichnet sich in angemessener Größe auf seiner Karte ein.

ROBIN Diese Karte verändert sich natürlich mit jeder neuen Information, die es aufnimmt. Aber da das Kind die grundlegenden Tatsachen richtig mitbekommen hat, muß es keine schmerzhaften oder riesigen Veränderungen durchmachen. Wenn es sich daneben benimmt, wird ihm dieser Irrtum gezeigt und die Karte ein bißchen verbessert. Dann paßt sein Verhalten wieder zur Situation. Es ist ihm relativ leicht möglich, mit anderen zu verhandeln und annehmbare Kompromisse zu finden. Und jedesmal wird eine Kartenkorrektur vorgenommen. Diese laufenden Verbesserungen helfen ihm sehr, denn wenn es die eigene Position und die der anderen fortlaufend als veränderbar erlebt, als verbesserbar, lernt es, gut mit dem Leben fertigzuwerden, und ist somit sich selbst und anderen nützlich, ein verläßliches Teammitglied!

JOHN Und das läuft automatisch ab, oder ist es nicht doch anstrengend?

ROBIN Jedesmal, wenn eine größere Korrektur anfällt, ist es natürlich ein Kampf, zum Beispiel wenn es arg ausgeschimpft oder kritisiert wird. Aber da die Basisinformation ja in Ordnung ist, wird diese

Korrektur nicht allzu schmerzhaft sein. Nach der Veränderung hat es wieder eine sehr zuverlässige Karte, kein Kampf ist nötig – bis zur nächsten Korrektur natürlich. Es wird die gegebenen Situationen automatisch richtig handhaben. Und das bedeutet, man kann darauf bauen, daß es sehr *verantwortungsbewußt* sein wird.

JOHN Wäre mir nie eingefallen, daß man »verantwortungsbewußt handeln« gleichsetzen kann mit »der Situation entsprechend handeln«. Wenn also dem Kleinkind der Sprung aus der Zweierbeziehung in die Dreierverbindung gelingt und von da auch in andere Gruppen, wird es gemocht, als liebenswert angesehen, als nicht selbstsüchtig und verantwortungsbewußt, gleichzeitig ist es sich aber auch über seine eigenen Bedürfnisse klar, und niemand kann es herumschubsen. In der Tat, es ist Pat Wunderbar.

ROBIN Wieso Pat?

JOHN Das ist ein geschlechtsloser Name.

ROBIN Oh, wie einfallsreich.

Der Außenseiter

JOHN Jetzt erzähl mir was über Herr oder Frau Nicht-Wunderbar. Diejenigen, die diese Lektion nicht verstanden haben. Wie sind die denn?

ROBIN Was würdest du erwarten?

JOHN ... Na ja, sie haben sich nicht richtig aus der Zweierbeziehung gelöst, werden sich also nicht endgültig von der Mutter gelöst haben.

ROBIN Die haben sich in gewisser Weise durchaus von ihr getrennt, klammern sich nicht mehr an und sind nicht in Depression versunken. Sie haben schon ein bißchen Unabhängigkeit gewonnen.

JOHN Zugegeben. Aber bei einer Dreierbeziehung sind sie nicht angekommen. Daher werden sie keine guten Teammitglieder sein.

ROBIN Genau. Daher ist »Außenseiter« wirklich eine gute Bezeichnung für solche Menschen.

JOHN Moment. Sind diese Leute Außenseiter, weil sie zu verwöhnt oder zu schüchtern sind?

ROBIN Beides. Die Verwöhnten sind natürlich leicht zu bemerken, sie spielen sich auf, sind unausstehlich, während die Schüchternen oft genauso schwierig sein können, auch wenn das nicht sofort sichtbar wird.

JOHN Ruhig und stur?

ROBIN Sie werden nie ganz mit ihrer Arbeit fertig, aber das scheint irgendwie nie ihre Schuld zu sein.

JOHN Durch sie verliert die Firma Aufträge, weil sie darauf bestehen, daß jeder Kunde sechzehn Formulare fehlerfrei ausfüllt ...

ROBIN Oder sie bewahren andere davor, die Geschwindigkeitsbegrenzung zu überschreiten, indem sie hartnäckig auf der Überholspur fahren.

JOHN Genau. So oder so – sie passen nirgendwo hin. Sie sehen die Anforderungen eines Teams als Anmaßung.

ROBIN Ja. Sie meinen, wenn sie sich einpaßten, würden sie kontrolliert, verändert, zurechtgestutzt.

JOHN Ja, aber das stimmt doch!

ROBIN Nur auf ganz gesunde Weise. Sie sehen das nur nicht so. Sie meinen etwas sehr Wichtiges zu verlieren!

JOHN Während sie in Wahrheit wirklich besser dran wären ohne diese Illusionen, das »große Ego«. Kurz, das Baby-Ego, das nicht genug zusammengeschrumpft ist.

ROBIN Ja. Weil ihnen beizeiten niemand in ihrer Familie durch eine Mischung von Druck und Unterstützung bei diesem Schrumpfungsprozeß geholfen hat, haben sie eine unrealistische Weltkarte, die sie in falscher Position und in falscher Größe zeigt.

JOHN Daher sind sie leicht in Gefahr, sich zu verrechnen, Menschen zu beleidigen oder in Rußland einzumarschieren. Ein großes Ego macht sie verwundbarer, schwächer.

ROBIN Genau. Es ist immer schwer, solchen Leuten klarzumachen, daß dieser Schrumpfungsprozeß, die Beschneidung des Egos, sie wirklich kompetenter machen würde. Natürlich ist dieser Prozeß schmerzhaft und frustrierend. Sein Ego auf das zu reduzieren, was es ist, tut immer weh. Aber wir werden dadurch vollständigere Menschen – »ganz«, wie man heute sagt – stärker und widerstandsfähiger. Die meisten Leute wissen das auch instinktiv, sie wissen, daß weiche Eltern meist schwache Kinder haben, die mit der Welt nicht zurechtkommen und sich immer daran klammern müssen, als etwas Besonderes zu gelten.

JOHN Aber immerhin sind sie weiter gekommen als die Depressiven.

ROBIN Deshalb wollen sie auch mit anderen zusammensein und die Vorteile einer Gruppenzusammengehörigkeit genießen. Sie müssen daher einen Kompromiß finden, der es ihnen erlaubt, als normale Gruppenmitglieder scheinbar alle gängigen Regeln zu akzeptieren, während sie doch im geheimen davon überzeugt sind, daß sich alle Welt um sie dreht.

JOHN Wie erreichen es diese Außenseiter, die Realität aus ihren Phantasievorstellungen herauszuhalten?

ROBIN Indem sie sich nie ganz klar auf ihrer Karte einzeichnen. Sie fummeln daran herum, verwischen die Linien, halten ihr Selbstbild, ihre eigene Bedeutung getrennt von anderen. Sie trennen sich ab von allem. Daher sind ihr Selbstwertgefühl und ihre Gedanken über andere nicht miteinander verbunden.

JOHN Mit anderen Worten, der Außenseiter ist tatsächlich »draußen«, was seine eigene Karte betrifft.

ROBIN Deshalb mag ich das Wort so. Es ist fast so, als ob er sein Selbstbild in einer gesonderten Akte aufbewahrt und sich davor hütet, es auf dieselbe Karte zu malen, auf der er alle anderen einzeichnet.

JOHN Dadurch vermeidet er zugeben zu müssen, daß seine Karte nicht mit der Realität übereinstimmt und er nichts Besonderes ist.

ROBIN Und natürlich vermeidet er so auch zu bemerken, daß er das nicht bemerkt! Er erwartet zwar von allen anderen, daß sie Regeln einhalten, ist aber überzeugt, selbst ein Spezialfall zu sein. Daher wird er nie wirklich Teil einer Gruppe sein, obwohl er es vorgibt. Einige Leute werden ihm das abnehmen, aber die Mehrheit wird spüren, daß er sich zu nichts verpflichtet fühlt. Anstatt Kompromisse zu schließen, bereit zu sein für einen Austausch, vor allem auch dazu, sich wenn nötig zu ändern, wird er immer versuchen, alle anderen zu ändern.

JOHN Damit *er* sich nicht ändern muß. Das ist faszinierend, er muß andere ändern, weil er es nicht ertragen kann, sich selbst zu verändern. Vermutlich ist er ja auch als Erwachsener noch immer mit einem weit überzogenen Ego ausgestattet, und jeder Schrumpfungsversuch wäre daher äußerst schmerzhaft. Deshalb kann er sich niemals erlauben, sich zu entspannen, denn die Realität könnte irgendwo durchbrechen und seine Illusionen über sich zerschmettern. Er muß also auch immer allen Leuten Signale schicken, damit sie nie Kritik äußern, die ihn verärgern könnte, oder er umgibt sich noch besser nur mit Ja-Sagern.

ROBIN Genau. Er wird Leute unter Druck setzen, ihnen schmeicheln, sie bearbeiten, schwierig sein, nur um seinen Willen zu haben. Er benimmt sich immer wie ein Marionettenspieler, der die Fäden zieht, um die Menschen nach seinem Willen tanzen zu lassen, anstatt zu lernen, mit allen anderen den großen Tanz mitzutanzen.

JOHN Also sind Leute, die Macht haben müssen, die ihr ganzes Leben

damit verbringen, nach Macht zu streben, nur darauf aus, andere Leute zu zwingen, sich ihnen anzupassen. Und das alles nur, damit sie ihr eigenes, übergroßes Selbstbild nicht korrigieren müssen!

ROBIN Richtig.

JOHN Dann würde jemand mit einer guten Karte, einer realistischen Karte, kein *Bedürfnis* haben, über andere Leute zu bestimmen?

ROBIN Er wäre sich seiner eigenen Identität sicher und hätte daher kein Bedürfnis danach.

JOHN Aber Moment mal. Ich verstehe all die Implikationen noch nicht richtig, denn es ist alles recht verwickelt. Der Machthungrige kann kein richtiges Teammitglied werden, weil er nicht nehmen *und* geben kann. Daher kann er nie wirklich verantwortlich handeln, denn sein größtes Bestreben wird immer sein, sein eigenes Ego vor der Konfrontation mit der Realität zu schützen, und deshalb kann er nicht angemessen auf eine Situation reagieren.

ROBIN Außerdem hängt seine Macht von der Gruppe ab.

JOHN Nicht nur in dem Sinn, daß sie ihn nicht kritisieren, sondern auch, weil er seine Mutter nicht richtig verlassen hat?

ROBIN In gewisser Weise. Wenn du den Mantel selber zuknöpfen kannst, muß es deine Mutter nicht für dich tun. Man ist losgelöst, unabhängig. Aber wenn du dich selbst nicht genug unter Kontrolle hast, um etwas tun zu können, dann mußt du andere unter Kontrolle haben und sie zwingen, es für dich zu tun.

JOHN Wie der Industriemagnat, der einen Schergen braucht, der ihm die unangenehmen Jobs abnimmt. Oder der Direktor einer großen Bank, der darauf besteht, daß seine Frau über das Taschengeld seiner Kinder wacht. Man muß andere unter Kontrolle haben, weil man sich selbst nicht unter Kontrolle hat.

ROBIN Genau. Wenn dein »Ego« – deine Vorstellungen von dir selbst – überzogen groß sind, dann kannst du dich selbst nicht im Griff haben. Deshalb verbringt der Außenseiter sein ganzes Leben damit, andere Leute unter seine Kontrolle zu bekommen, damit sie ihm die niederschmetternde Wahrheit über ihn nicht zeigen und er nie dieses zu realistischer Größe schrumpfende Ego erleiden muß.

John Nun weiß ich so manches über die Außenseiter, da interessiert es mich doch zu wissen, aus welchen Familien sie kommen. Das Prinzip war ja, daß die Kinder die Lektionen der einzelnen Entwicklungsstufen nur lernen können, wenn ihre Eltern sie auch gelernt haben und sie ihnen weitergeben können. Zumindest können Außenseiter das nicht in der eigenen Familie erreichen.

Robin Ja, das ist wohl offensichtlich.

John O.k. – dann kann ich also annehmen, daß die Familien, aus denen die Außenseiter kommen, auch selbst alle Außenseiter sind.

Robin Ja. Wenn das Kind auf dieser Stufe festklebt, dann sind die Eltern wahrscheinlich auch in gewissem Maße da steckengeblieben. Daher werden alle das Nehmen-*und*-Geben im Gruppenleben nicht besonders gut beherrschen, sondern sie werden versuchen, einander zu manipulieren. Es werden immer irgendwelche Machtkämpfe ausgetragen. Die Familie wird wie ein Marionettentheater sein, in dem alle Drähte von jedem Mitglied zum nächsten gehen.

John Ja, das kann ich mir gut vorstellen.

Robin Aber das ist noch viel komplizierter, als es sich anhört. Denn wir reden jetzt über die ganze Familie, über das ganze komplizierte System, und es ist außerordentlich schwierig, alle Implikationen zu erkennen. Nicht nur die linearen Beziehungen, also die Ei-Huhn-Beziehung zwischen den Generationen, sondern auch die zirkulären Beziehungen zwischen allen Betroffenen, die gleichzeitig einander kontrollieren und kontrolliert werden.

John Versteh ich. Aber warum erwähnst du das jetzt erst, das findet doch immer statt?

Robin Stimmt. Im Kleinkindalter erscheint der Vater auf der Bildfläche, und das macht diese kreisartigen Beziehungen offensichtlicher.

John Gut. Erzähle mehr über diese Art Beziehung in der Familie.

Robin Das Kind klebt fest, weil der Vater feststeckt. Deshalb hatte ihn die Mutter ja ausgewählt, denn sie klebte auch fest, weil ihre Eltern schon da feststeckten und so weiter. Das Kleinkind kann nur dann loskommen, wenn sich die Mutter vom Vater loslöst, damit sie dem Kind dabei helfen kann loszukommen.

John Ich glaube, ich verstehe das, trotzdem muß ich irgend etwas verpaßt haben.

Robin Du brauchst hierbei deine ganze Aufmerksamkeit, um die einzelnen Faktoren alle in Beziehung zueinander zu halten – das ist nicht leicht. Also: Eine Familie von Außenseitern wird nicht so aneinander kleben wie eine Familie von Depressiven. Sie glauben alle an Unabhängigkeit. Oder denken zumindest, daß sie daran glauben.

John Aber in der Realität hat niemand den Absprung von der Mutter geschafft.

Robin Nein, sie sind nicht weit genug gekommen, um wirklich losgelöst zu sein. Während sie also alle für Unabhängigkeit plädieren, werden sie selbst nicht so gut damit fertig, wie sie denken. Obwohl sie das Kleinkind in seinen Unabhängigkeitsbestrebungen zu unterstützen scheinen, kleben sie trotzdem alle aneinander, nur eben in versteckter Form.

John Und das Kleinkind empfängt widersprüchliche Botschaften.

Robin Ja. Das Kleinkind hört: »Du bist jetzt ein großes Mädchen«, oder: »Große Jungs weinen doch nicht«, oder: »Warum kannst du das nicht allein«, während es eine Minute später heißt: »Ach, laß mich das besser machen.«

John Man sagt ihnen, sie schaffen es nie, und daß läßt sie abhängig bleiben. »Du bist ein hoffnungsloser Fall – du wirst nie irgend etwas alleine fertigbringen.«

Robin Und wenn sie doch etwas selbständig unternehmen, heißt es sofort: »Warum denkst du denn nicht mal an mich, magst du deine Mutti nicht?«

John Oder noch gerissener: »Oh, hab du nur viel Spaß – mach dir keine Sorgen um *uns*!« Das Kleinkind ist somit in einer hoffnungslosen Lage – einer Double-bind-Situation. Was zum Teufel soll es tun?

Robin Es muß herausfinden, wie es sowohl eng mit den Eltern verbunden sein kann – abhängig – als auch gleichzeitig deren Befehlen gehorchen, unabhängiger und losgelöster werden kann.

John Jetzt hast du mich total verwirrt. Wie kann es denn beides tun?

Robin Auf verschiedene Weise. Eine Möglichkeit ist, sich weiterhin wie ein Kleinkind zu verhalten, mit Wutanfällen, ungezogen und undiszipliniert, gegen jede Autorität ankämpfend, ewig streitend – kurz, es bringt die ganze Familie langsam aber sicher zur Verzweiflung.

John Tut mir leid, aber ich sehe nicht, wie sich dadurch das Problem lösen kann.

ROBIN Schau mal. Während du mit jemandem streitest und argumentierst, bist du diesem Menschen wirklich ganz nah und erhältst viel Aufmerksamkeit. Und schenkst natürlich auch viel Aufmerksamkeit.

JOHN Aha, wenn man mit jemandem kämpft, ist man mit ihm verbunden!

ROBIN Gleichzeitig garantiert der Kampf eine gewisse Distanz zwischen beiden – so eine Art Niemandsland. Es kommt einem vor – und erscheint anderen so –, als benähme man sich unabhängig, als entferne man sich voneinander.

JOHN Der Groschen ist gefallen. Das Kind provoziert diesen Konflikt also, um den widersprüchlichen Befehlen, die es empfängt, Folge zu leisten.

ROBIN *Aber*: Erinnere dich daran, es ist ja in einem Kreislaufsystem gefangen. Sie haben alle das gleiche Problem. Wenn also das Kleinkind keinen Anlaß zum Streit bietet, wird die Mutter irgendeinen Grund erfinden. Und wenn die beiden miteinander gut zurechtkommen, wird dem Vater ein Ansatzpunkt zum Streiten einfallen.

JOHN Sie sind alle in der gleichen Double-bind-Situation und werden deshalb permanent in Konflikte miteinander verwickelt sein – weil das die beste Lösung für ihr Dilemma zu sein scheint.

ROBIN Und normalerweise funktioniert die Familie ja schon über Generationen auf diese Weise.

JOHN Für gewöhnlich. Und natürlich ist keinem bewußt, was wirklich vor sich geht.

ROBIN Obwohl die Eltern trotz dieses Machtkampfes, in den sie auch gegenseitig verwickelt sind, in einem übereinstimmen ...

JOHN Daß irgend jemand *schuld* hat.

ROBIN Ja, obwohl alles natürlich nur *system*bedingt ist. Das Kind wird dann oft zum Sündenbock.

JOHN Beeindruckend. Gib mir doch bitte ein Beispiel, das du erlebt hast.

ROBIN Ein vierzehnjähriger Junge hatte ständig Streit mit seinen Eltern und Lehrern, anders gesagt, er war immer noch ein Kleinkind. Er kam zu mir mit seiner ganzen Familie, seinen Eltern, einem älteren Bruder und Schwestern im Alter von achtzehn und sechzehn Jahren. Mir fiel deutlich auf, daß er die ununterbrochene Aufmerksamkeit der Eltern erzwang, indem er sie ständig provozierte und ärgerlich machte. Gleichzeitig beklagte er sich darüber, daß sie sich unablässig in sein Leben einmischten, und sagte ihnen, sie sollten ihn endlich in Ruhe lassen. So war er sich ihrer Aufmerksamkeit sicher und konnte doch so tun, als wollte er unabhängig sein.

JOHN So löste er also seine Double-bind-Situation. Und die Eltern?

ROBIN Die Eltern konnten *einander* offensichtlich nur schlecht *echte* Aufmerksamkeit schenken, so daß es ihnen leichtfiel, sich auf den Jungen zu konzentrieren. Wie ihm wäre es ihnen genauso peinlich gewesen, wenn sie ihn wie ein vergöttertes Baby behandelt hätten, aber auf diese Weise konnten sie weiterhin »Mutti und Vati« spielen, brauchten also nicht in die innigere »Frau und Mann«-Rolle zurückzukehren, die ihnen schwerzufallen schien. Ich bemerkte, daß jedesmal, wenn ich sie dazu gebracht hatte, einander anzuschauen und miteinander zu sprechen, der Junge losbrüllte, sie sollten ihn gefälligst in Ruhe lassen – was natürlich dann der Fall war. Aber sie ließen dann sofort *voneinander* ab und schauten statt dessen auf *ihn*.

JOHN Du mußtest also ein paar Grenzlinien ziehen.

ROBIN Und gleichzeitig viel Unterstützung geben, die Kinder sehr freundlich um Ruhe bitten, damit die Eltern reden konnten. Dabei tauchte das Problem auf, daß die Eltern sich dafür schämten, selbst Aufmerksamkeit zu brauchen, und dies nur schwer zugeben konnten, wenn die Kinder dabei waren. Daher bat ich sie nach einigen Gesprächen, zweimal allein als Paar zu kommen.

JOHN Und damit hast du eine weitere Grenze zwischen Eltern und Kindern gezogen.

ROBIN Ja, die Generationen in verschiedene Abteile gesteckt und den Eltern gezeigt, wie sie selbst ihre Grenzlinien ziehen können.

JOHN Indem du ihnen das wie ein Modell vorgeführt hast.

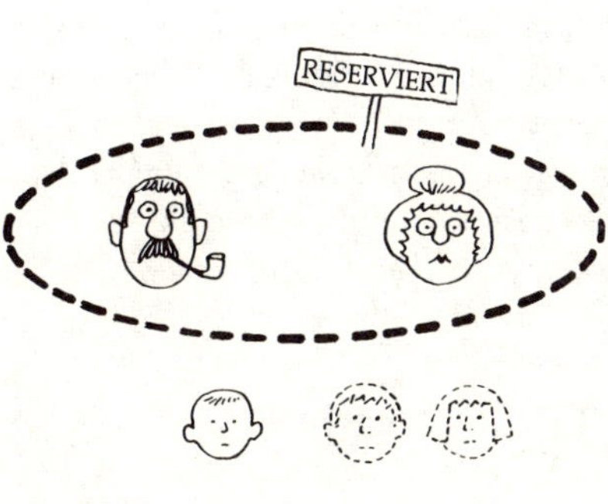

Robin Den Kindern habe ich versichert, daß alles gut ist und »die Eltern eben auch ein bißchen Zeit für sich haben müssen – ihr wißt schon«. Als sie getrennt von den Kindern zu mir kamen, waren die Eltern schon bald bereit zuzugeben, daß sie wirklich mehr Liebe und Aufmerksamkeit brauchten, und das war genau das, was ich verschrieb. Mehr Vergnügen, dreimal pro Tag, und damit meinte ich auch Sex! Und ich riet ihnen, auch die Kinder etwas mehr zu ignorieren!

John Sie hatten eine Vorschrift auf ihrer Karte, die ihnen verbot, sich zu nehmen, was sie brauchten.

Robin Die Vorschrift, daß Eltern »perfekt« sein müssen und keine eigenen Bedürfnisse haben sollten. Deshalb versuchte ich, diese Vorschrift umzuzeichnen, während ich die unterstützende Elternrolle übernahm. Und ich habe natürlich versucht, diese strikte Vorschrift in meinem Verhalten in jeder Weise zu brechen!

John Wie denn?

Robin Indem ich den Eltern viel mehr Aufmerksamkeit schenkte als den Kindern. Ich zeigte in übertriebener Weise, daß *ich* meine Bedürfnisse befriedigte, daß *mir* das Spaß machte und so weiter.

John Und was geschah?

Robin Nach dem fünften Gespräch, dem letzten, sah ich sie noch einmal alle zusammen. Die Eltern saßen zusammen auf dem Sofa, sie schienen zu strahlen vor Zufriedenheit. Der Junge schien zwar noch aufsässig, aber seine Provokationsversuche wirkten nicht mehr. Ich hörte später, er hätte sich ganz gut gemacht, die Symptome, weswegen er zu uns geschickt worden war, waren fast verschwunden und er strengte sich sehr an und fügte sich auch ins Schulleben ein.

John Du hast ihnen aber nie erklärt, wie ihr System arbeitete, sondern hast einfach nur einige Grenzlinien anders gezogen.

Robin Doch, in der letzten Sitzung habe ich ihnen erklärt, wie das Muster funktioniert, und ihnen wurde klar, daß dieses System über vier Generationen zurückreichte. Das jüngste Kind war bis in Ur-Urgroßvaters Zeiten immer als Problemkind abgestempelt worden.

John Das war also eine Familie mit einem verwöhnten Kleinkind. Wie funktioniert das denn bei einem »Kann-keiner-Fliege-was-antun«-Kleinkind?

Robin Hier wird der Zorn unterdrückt, weil die Familie damit nicht fertigwerden kann.

JOHN Ja, aber ich verstehe nicht, wie das gehen soll. Wenn es die Funktion des Zorns ist, zwar alle in die Situation einzubeziehen, aber doch immer Distanz zu gewährleisten, dann kann man doch diese Distanz nicht mehr aufrechterhalten, wenn man den Zorn unterdrückt.

ROBIN Doch das geht. Es gibt nämlich auch eine *passive* Rebellion, eine Art »Sitzstreik«.

JOHN Wie zum Beispiel?

ROBIN Da gibt es mehrere Möglichkeiten, Lernschwierigkeiten in der Schule sind wohl die häufigste Erscheinungsform, habe ich festgestellt. Das Kind starrt grüblerisch auf die Tafel, lutscht an seinem Bleistift, aber es nimmt nichts auf.

JOHN O ja, so einen Jungen hatte ich in einer Klasse, als ich noch unterrichtete. Er verschwendete soviel Energie darauf, so auszusehen, als ob er sich konzentrierte, daß er für die Lösung keine mehr übrig hatte. Ich konnte ihm noch nicht einmal beibringen, daß der Fluß Niger in Nigeria und der Fluß Kongo im Kongo war. Seine Antworten waren immer falsch. Ich habe wirklich versucht, ihm Selbstvertrauen zu geben, und ihm auch gesagt, ich sei auf seiner Seite und daß ich wollte, daß er etwas lernt, aber er konnte die Verbindung zwischen den Worten nicht herstellen, selbst nachdem ich ihm das ein halbes Dutzend Mal erklärt hatte. Ich war noch nicht mal richtig wütend, ich war einfach entgeistert.

ROBIN Du wärst schon wütend geworden, wenn du länger als Lehrer gearbeitet hättest. Wenn ich Lehrer treffe, sind sie meist kurz vorm Platzen! Da das Kind so hilflos und unschuldig aussieht, fühlen sie sich ob ihrer Verärgerung und ihrer Hilflosigkeit schrecklich schuldig. In der Tat ist ihr Ärger gerechtfertigt, denn diese Art Lernschwierigkeit ist nur eine versteckte Form von Zorn. Sie ist eine Rebellion gegen die Eltern, die zu Hause nicht direkt ausgedrückt werden kann.

JOHN Wegen eines Familientabus.

ROBIN Richtig. Daher wird das Gefühl auf die Schule umgeleitet, wo die Furcht vor Zorn nicht so groß ist. Aber es ist immer noch versteckt.

JOHN Verhalten sich diese Kinder zu Hause anders?

ROBIN Sie sind ja nicht im Klassenzimmer, daher zeigt es sich anders.

JOHN Du meinst unbestimmter?

ROBIN Verschleppungstaktik, Langsamkeit, Zuspätkommen, Tagträumen, sie wollen gerade etwas tun, vergessen es und tun etwas ganz anderes und so weiter.

JOHN Sie sind einfach nicht »anwesend«.

ROBIN Das ist es.

JOHN Das Kind bekommt also eine Menge Aufmerksamkeit von den Eltern durch deren laufende Kritik – das hält sie gleichzeitig auf Distanz, sie kommen ihm nicht zu nah. Deshalb gehorcht das Kind dieser doppelten Botschaft: »Werde erwachsen – aber werde nicht erwachsen«, und befolgt so auch das Tabu. Aber ich habe den Eindruck, es läuft noch irgend etwas anderes. Mit Sicherheit war ich ein abwesendes Kind, das verschaffte mir mehr Raum für mich, ein privates Plätzchen.

ROBIN Als du gesagt hast »abwesend« sein, hast du den Nagel auf den Kopf getroffen. Sie sind nicht »anwesend«, sind irgendwo, wo sie ein bißchen Freiheit haben, ein eigenes Leben, weit weg von all den versteckten Fesseln. Sie sehen das vielleicht als die einzige Möglichkeit, Freiheit zu finden, und ziehen sich in ihren Kopf zurück, benehmen sich aber *nach außen* so, als ob sie immer noch ganz unter der Kontrolle ihrer Eltern stünden.

JOHN Warum zeigt sich die Rebellion denn mehr in der Schule? Weil das Tabu gegen den Zorn da nicht so stark ist?

ROBIN Richtig. Die Lehrer sind nicht so bestürzt über den Zorn der Kinder.

JOHN Und das Kind sieht dabei so unschuldig aus.

ROBIN Es sucht ganz einfach die Konfrontation. Das ist genau wie bei einem unartigen Kleinkind. Dem gesunden ungezogenen Kind müssen ja auch Grenzlinien gezogen werden.

JOHN Diese »Lernschwierigkeit« siehst du als Möglichkeit, bis an die Grenzen vorzustoßen?

ROBIN Richtig.

JOHN Wenn also der Lehrer die Grenzen exakt bestimmt, dem Kind sagt, es muß arbeiten, sonst ...

ROBIN ... dann verschwindet die Lernschwierigkeit normalerweise!

JOHN Im Ernst?

ROBIN Wenn der Lehrer versteht, was vor sich geht, und ihm die Leviten liest, richtig zornig wird – es also so behandelt, als ob es offen rebellisch wäre –, dann wandelt sich die Rebellion zuerst in normale Unartigkeit. Die kennt der Lehrer und weiß sie zu behandeln. Sie verschwindet nach und nach so wie bei dem Kleinkind, das auf einmal mit einer gewissen Härte behandelt wird. Und was dann passiert, ist eigentlich vorauszusehen.

JOHN Was denn?

ROBIN Nun, jetzt beklagen sich die *Eltern,* wie ungezogen das Kind zu Hause ist.

JOHN Es ist ja jetzt befreit von dem Tabu.

ROBIN Richtig. Aber das wollen sie nicht dulden. Deshalb ist es so wichtig, die ganze Familie zusammen zu behandeln und *allen* dabei zu helfen, mit ihrer Furcht vor Zorn umzugehen.

JOHN Was meint denn das Kind, was es tut? Weiß es innen drin, daß es eine Form von Zorn ist?

ROBIN Ich glaube nicht. Nicht bis seine Lernschwierigkeit zielgerichtet genau wie Zorn behandelt wird. Danach scheint das Kind sich darüber klarzuwerden, daß es *wirklich trotzig* ist. Zornig, eben.

JOHN Bevor das geschehen kann, muß es sich aber sicher sein, daß die Menschen, die die Autorität über das Kind innehaben, selbst keine Angst vor Zorn haben und ihm deshalb helfen können, seinen Ärger unter Kontrolle zu bringen.

ROBIN Das scheint es zu sein. Wenn es einmal versteht, daß andere damit zurechtkommen, dann kann es sich auch erlauben, seinen Zorn zu erleben. Es kann aufhören, ihn zu verleugnen und zu unterdrücken.

JOHN Was meinst du hier mit unterdrücken?

ROBIN Das ist nicht ganz einfach zu beschreiben. Es ist ja nicht so, als ob die Gefühle *gar nicht* erlebt würden. Sie werden vielmehr voneinander getrennt, so daß ihre eigentliche Bedeutung verlorengeht. Die verschiedenen Gefühle – Zorn, Furcht, Schuld und so weiter – sind zwar alle da, aber das Kind kann nicht erkennen, was sie bedeuten, weil sie getrennt voneinander sind, isoliert, in verschiedenen Abteilungen. Und dieses »Abtrennen« ist die Wurzel eines anderen Problems, einer Gruppe von Geistesstörungen, die man »Zwangsneurosen« nennt.

Zwangsneurosen

JOHN Was ist der Hintergrund einer zwanghaften Handlung, wenn jemand sich *gezwungen* fühlt, immer wieder gewisse Sachen zu tun oder zu denken?

ROBIN Der Betroffene erlebt einen ständigen inneren Kampf zwischen verschiedenen Teilen seiner selbst, den er nicht entscheiden kann. Er versteht zudem auch nicht, worum es sich eigentlich dreht.

JOHN Wie unterscheidet er sich denn von einem Außenseiter?

ROBIN Es ist die gleiche Sache, nur ausgeprägter. Wie bei so vielen Geistesstörungen entsteht ein Teufelskreis, bei dem der Versuch, ein Problem zu lösen, zu tieferer Verstrickung in eben dieses Problem führt. Was damit begann, daß sich jemand nicht richtig auf seiner eigenen Karte einzeichnete, führt dazu, daß er sich so sehr von allen Leuten absondert, daß er letztendlich einige Teile von sich selbst auch nicht mehr in Beziehung zueinander setzen kann. Dann kontrolliert ein Teil, zum Beispiel sein Gewissen, auf einmal nicht mehr einen anderen Teil, zum Beispiel seine Instinkte, seine Impulse. Deshalb verliert er jedes Gefühl für sich selbst. Er kann sich selbst nicht mehr trauen! Er hat immer Angst, diese abgetrennten Teile könnten vollkommen seiner Kontrolle entgleiten und ihm dann große Probleme verursachen.

JOHN Was sind die Symptome?

ROBIN Manchmal nur eine übertriebene, unerklärbare Furcht, etwas zu tun oder auch etwas getan zu haben, was furchtbare Konsequenzen haben wird. Dieser Mensch muß sich immer wieder vergewissern, irgend etwas nicht getan zu haben, während er gerade nicht aufgepaßt hat. Natürlich beobachtet er sich ununterbrochen. Dabei weiß er, daß es albern ist und kein Mensch verstehen können wird, warum er das tut!

JOHN Was fürchtet er zu tun beziehungsweise getan zu haben?

ROBIN Taten, vor denen uns meist das Gewissen schützt. Das betrifft ganz besonders alle zornigen, gewalttätigen und sexuellen Gefühle. Aber es kann alles sein, was bei anderen zu Mißbilligung führen könnte.

JOHN Ich habe immer gedacht, Besessenheit oder zwanghafte Handlungen seien so etwas wie Fensterscheiben zählen oder sich immer in ganz bestimmter Reihenfolge anziehen.

ROBIN Das sind die einfacheren zwanghaften Handlungen, die direkten Abtrennungen, die dem Betroffenen zumindest verstandesmäßig bewußt sind, wenn er auch das *Gefühl selbst* abgeschaltet hat. Ich habe noch nichts über den Teufelskreis gesagt, der sich dabei entwickeln kann.

JOHN Dann tu das bitte!

ROBIN Das läuft so: Die Abtrennung verursacht die übergroße Angst, aber der betroffene Mensch durchschaut das nicht. Je mehr sich dieser Mensch also darum sorgt, die Kontrolle zu verlieren und Amok zu laufen, desto mehr wird er versuchen, sich von seinen Gefühlen abzuschneiden. Das heißt also, was immer er vorher tat, um seine einzelnen Teile in gesonderten Abteilungen zu halten, das wird er jetzt um so mehr tun.

JOHN Dann macht er also das Problem immer schlimmer?

ROBIN Genau. Der Versuch, die Gefühle abzutrennen, zu verfälschen oder abzutöten, gelingt nicht, weil sich die Kontrolle, die der an Zwangsvorstellungen Leidende noch hat, immer weiter reduziert, und das verursacht nur noch mehr Angst, daß das Schreckliche passieren könnte. Daher steigert er seine Anstrengungen, Gefühle abzutrennen und abzutöten, aber seine Furcht wächst mit. Er wird immer unentschlossener, ängstlicher, bedachter auf eventuelle Risiken. Er grübelt und sorgt sich den ganzen Tag, aber andere Leute halten ihn für gefühlskalt. Nur seine Unruhe deutet auf sein inneres Chaos hin, das manchmal in seinen geäußerten Gedanken durchbricht.

JOHN Und das sind dann die befremdlichen Zwangsvorstellungen?

ROBIN Ja. Zum Beispiel die Angst, es könnte etwas mit der Gasleitung oder der Stromversorgung nicht in Ordnung sein, oder er glaubt, vergessen zu haben, die Tür abzuschließen, es könnten Diebe kommen und Einbrecher und das Haus demolieren. Daher prüft er unentwegt die Hähne und Schlösser und dreht und prüft und dreht und prüft. Und wenn er alles gerade überprüft hat, geht er los und vergewissert sich noch mal. Oder er hat Angst vor Bakterien, die ihn verseuchen könnten, und wäscht sich deshalb immer wieder die Hände, oder er weigert sich, Türklinken und Treppengeländer anzufassen.

JOHN Das sind also alles nur Methoden, »unrechtmäßige« Gefühle und das dadurch verursachte »schlechte« Gewissen auszudrücken.

ROBIN Wenn er zum Beispiel Angst hat, daß seine sexuellen Gefühle außer Kontrolle geraten könnten, wird sich das vielleicht in einer Furcht vor Geschlechtskrankheiten zeigen. Das zeigt einerseits den bestehenden sexuellen Wunsch und gleichzeitig den Widerstand, den ihm sein Gewissen in den Weg legt. Ein anderes Beispiel liefert Shakespeare, wenn Lady Macbeth, die sich ihre Hände in zwanghafter Weise wäscht, sagt: »Verschwinde, verdammter Fleck« – sie drückt so das mörderische *Gefühl* aus, dessen sie schuldig ist.

JOHN Obwohl sie sich des Konflikts nicht bewußt ist?

ROBIN Ja, so scheint das zu funktionieren. Um jemandem zu helfen, solche Symptome zu verlieren, muß man ihn tüchtig unterstützen, während er diese Gefühle entdeckt und akzeptieren lernt.

JOHN Ich glaube, ich beginne zu verstehen. Das ist ein bißchen wie ein Autofahrer, der hinten einsteigt, damit im Falle eines Unfalls niemand sagen kann, er wäre am Steuer gewesen und hätte schuld! Und diese quälenden Zwangshandlungen sind das Ergebnis einer Erziehung durch zu nachgiebige Eltern?

ROBIN Ja. Obwohl ich sagen muß, viele Psychiater denken das Gegenteil. Sie meinen, die Ursache sei ein Übermaß an Strenge! Alle meine Erfahrungen zielen in die andere Richtung. Wenn man Eltern dazu ermutigt, ihre Kinder mit größerer Bestimmtheit zu behandeln, verschwinden diese Symptome meist sehr bald. Das gleiche gilt für Erwachsene. Wenn sie sich freien Assoziationen hingeben dürfen, stirbt eher der Psychiater an Altersschwäche oder Langeweile, bevor die Behandlung anschlägt.

JOHN Ich möchte noch etwas über die Familie des Außenseiters erfahren, denn mir ist da etwas anderes eingefallen. Da die Eltern ja auch Außenseiter sind, haben sie wahrscheinlich Probleme mit dem Geben und Nehmen und ständige Machtkämpfe miteinander auszutragen. Sie können sich wahrscheinlich kaum über die Erziehung des Kindes einig werden. Und das ist dann ein weiterer Grund, warum die Grenzen nicht klar gezogen werden.

ROBIN Richtig.

JOHN Dadurch erhält das Kind immer wieder die Gelegenheit, einen Elternteil gegen den anderen auszuspielen, nicht wahr?

ROBIN Ja, aber das klingt so, als ob wir das Kind dafür tadeln, daß es sich der Funktionsweise des *Systems* anpaßt. Es sieht zwar so aus, als ob das Kind die Eltern gegeneinander ausspielt, aber das tut es nur, weil jeder versucht, es auf *seine* Seite zu ziehen.

JOHN Aber so sehen sie es nicht.

ROBIN Nein, sie glauben beide, nur ihre Meinung zu vertreten. Der Vater sagt, die Mutter sei zu weich und verwöhne das Kind. Die Mutter sagt, der Vater sei zu verletzend und hart. Und wenn sie sich nicht einigen können, wird letztlich das Kind zwischen ihnen herumgeschubst. Wer würde es also tadeln wollen, wenn es mitspielt!

JOHN Es ist ja schließlich das einzige Spiel, das es kennt! Aber wird ihm *manchmal* nicht unwohl bei soviel elterlichem Konflikt?

ROBIN Das stimmt. Dann verändert das Kind diesen Machtkampf und versucht, die Sache ins Lot zu bringen, indem es sich zunächst auf die Seite des einen Elternteils stellt, dann auf die des anderen, hin und her. Die meisten Kinder wollen beide Eltern lieben, trotz allem.

JOHN Sie versuchen, die Sache ins Lot zu bringen?

ROBIN Und das ist nicht die einzige Methode. Unsere Erfahrung in der Familientherapie zeigt, daß Kinder erstaunlich viel unternehmen, um Konflikte zwischen den Eltern beizulegen. Sie kommen auf die brillantesten Ideen. Unbewußt natürlich!

JOHN Wenn aber die Eltern unentwegt in einen Machtkampf verwikkelt sind, was können die Kinder dann tun?

ROBIN Sie können selbst zum Problem werden! Dann haben die Eltern zumindest etwas, bei dem sie *einer* Meinung sind.

JOHN Aha! Wenn das Kind zum »Problemkind« wird, müssen die Eltern zusammenarbeiten, damit es sich ändert!

Robin Selbst wenn das Kind sie nicht dazu bringen kann, zusammenzuarbeiten, kann es doch ihre Unstimmigkeiten darauf reduzieren, wie sie es behandeln sollen. Jetzt gibt es also nur noch einen »begrenzten Krieg«, der auf dem Boden der Kindererziehung ausgefochten wird. Besser als ein »Krieg an allen Grenzen«, der vielleicht mit einer Scheidung endet.

John Das ist auf einmal irgendwie sehr traurig. Das Kind bürdet sich die ganze Last für die Eltern auf, um zu erreichen, daß die Familie stabiler wird.

Robin Ja, das habe ich auch so empfunden, als ich mit der Arbeit mit Familien anfing. Aber jetzt fühle ich mich fast wie ein Mechaniker, der einen Motor repariert. Inzwischen gibt es so viele neue Behandlungsmethoden, daß manches zum Besseren gewendet werden kann, *wenn* die Familienmitglieder es ertragen können, sich mit den Problemen auseinanderzusetzen. Dieser Optimismus gleicht die Traurigkeit ein bißchen aus, die einen trotzdem immer wieder überkommt.

John O.k. Wie funktioniert das denn?

Robin Nun, nehmen wir doch die Situation, wo sich die Eltern ständig bekriegen und beide versuchen, das Kind auf ihre Seite zu ziehen. Schau dir die Diagramme an. Das erste zeigt Mutter-Kind-Nähe, der Vater ist ausgeschlossen.

Ein paar Stunden später könnte es so aussehen: Vater-Kind-Nähe, die Mutter ist jetzt draußen.

Wenn das Kind diese Situation lösen und die Eltern zusammenbringen will, kann es folgendes unternehmen: Zuerst könnte es Baby spielen, ein verwöhntes Kleinkind. Es wird einfach so unausstehlich, daß die Eltern ärgerlich mit ihm werden und ihren eigenen Streit vergessen.

Das Kind kann denselben Effekt auch auf eine ganz andere Weise erreichen. Es kann ungewöhnlich nervös und unkonzentriert werden oder andere gesundheitliche Probleme entwickeln, und das bereitet den Eltern soviel Kummer, daß sie gemeinsam versuchen, es zu kurieren. Oder es kann natürlich auch eine bereits vorhandene Krankheit, wie zum Beispiel Asthma, zum gleichen Zweck einsetzen.

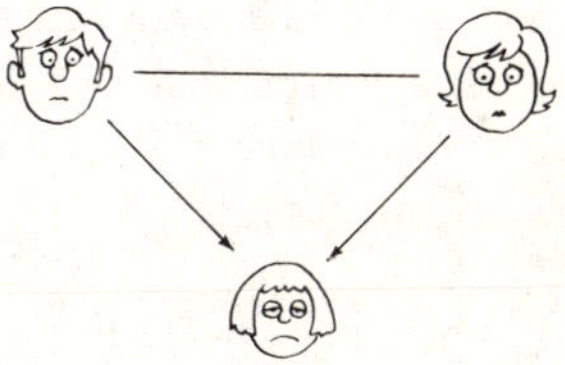

JOHN Faszinierend. Auf beiden Wegen führt es die Eltern zusammen. Im ersten Fall wie eine Art Blitzableiter, der alle negativen, zurückweisenden, kritischen Gefühle ablenkt, auf sich *um*lenkt, im zweiten zieht es alle beschützenden, besorgten Gefühle auf sich. Aber warte einen Moment – hast du nicht gesagt, das Kind spielt die Eltern *gegeneinander* aus... Mit diesen Reaktionen bringt es sie aber doch zusammen!

ROBIN Das klingt widersprüchlich, ich weiß, ist es aber nicht!

JOHN Du meinst also, Kinder tun beides, der Situation entsprechend?

ROBIN Richtig. Diese zwei Verhaltensweisen sind ja nur Komponenten dieses komplizierten Familiensystems, das Nähe und Distanz innerhalb der Familie reguliert. Und jede Familie hat eine eigene Vorstellung davon, wie nah sich Mann und Frau sein sollten – das ist allerdings keine bewußte Einstellung, sondern mehr ein Habitus, eine in dieser Familie traditionelle Gewohnheit. In dieser gewohnten Distanz fühlen sie sich entspannt, jede andere empfinden sie irgendwie als falsch – entweder als zu nah oder auf der anderen Seite als zu unabhängig, als ob sie die Kinder im Stich lassen würden. Wenn sie so hin- und herpendeln zwischen unangenehmer Nähe und zu weiter Distanz, verursacht das Kind kleine Korrekturen und sorgt für die Balance in diesem System. Automatisch, als Teil des Systems, das ist es.

JOHN Langsam verstehe ich den Kreislauf und wie schwer es ist, alle diese Querverbindungen zu überschauen und zu berücksichtigen. Gut. Auf diese Weise können Kinder auf den Machtkampf ihrer Eltern reagieren. Laß uns das doch mal schnell vom Standpunkt seiner *Karte* her betrachten. Wenn die Eltern keine Kompromisse schließen können, hat das Kind ja *zwei* verschiedene Karten – eine von jedem Elternteil.

ROBIN Ja, die dazu noch teilweise widersprüchlich sind. Die Kinder wollen aber beide Eltern lieben und loyal sein, daher bleibt ihnen kein anderer Weg, als die Einstellungen beider Eltern anzunehmen und in separate Abteile zu verfrachten.

JOHN Dann hat das Kind also am Ende die Konflikte seiner Eltern in sich aufgenommen, verinnerlicht.

ROBIN Richtig.

JOHN Und es muß versuchen, mit zwei sich widersprechenden Karten zu leben. Das ist ganz bestimmt kein Rezept für inneren Frieden.

ROBIN Nein, es führt wahrscheinlich zur Neurose, es sei denn, das Kind oder der Erwachsene mit diesem Problem wird auf diese Widersprüche aufmerksam gemacht, und man hilft ihm, sie auszugleichen. Aber es wird dich interessieren, daß dieser »Zwei-Karten-Konflikt« einige Leute auch zu sehr großer Kreativität führen kann!

JOHN Ich weiß schon, daß Neurose und Kreativität zusammengehören sollen. Um ehrlich zu sein – ich habe das auch schon sehr oft beobachtet. Aber wieso meinst du, daß einige Leute mit zwei Karten schöpferisch sind und andere nicht?

ROBIN Die jeweilige Einstellung zum inneren Konflikt scheint den

Ausschlag zu geben. Wenn der Konflikt verdrängt wird, nicht verarbeitet, nur passiv erlitten, verursacht er wahrscheinlich neurotische Probleme. Wenn dieser Widerspruch zu großer Kreativität geführt hat, geht meist der Versuch voraus, das Problem zu erkennen und zu bearbeiten und die zwei widersprüchlichen Karten so gut es geht zu vereinigen.

JOHN Der Neurotiker kann die eigenen Familienprobleme nicht zugeben, während der Künstler das kann?

ROBIN So ähnlich. Zumindest scheint der Versuch, die beiden Karten in Übereinstimmung zu bringen, die Menschen dazu zu zwingen, ungewöhnlich und originell zu denken, um auf diese Weise etwas Neues zu schaffen.

JOHN Aber kreative Leute, die noch mit dem Problem zu schaffen haben, können immer noch neurotische Symptome zeigen?

ROBIN O ja. Die konfliktreiche Vergangenheit macht sie verwundbar. Aber ihre Kreativität hilft ihnen, das Problem zu lösen.

JOHN Heißt das etwa, Neurosen verursachen Kreativität?

ROBIN Nein. Die widersprüchlichen Karten können entweder zu Neurosen oder Kreativität führen. Oder auch eine Art Kombination, wobei die Kreativität die Neurose meist auflöst.

JOHN Ich habe mindestens zwei Freunde, die sich um ihre Kreativität sorgten, wenn sie in Therapie gingen. Dem würdest du also nicht zustimmen?

ROBIN Also, ich habe das noch nie bemerkt. Nach meiner Erfahrung

und auch nach der anderer Therapeuten werden kreative Menschen eher noch kreativer. War das bei dir auch so?

JOHN Ich *glaube* ja. Ich weiß nicht, ob meine Kreativität zugenommen hat, wenn man das so sagen kann, aber ich bin freier, sie breiter einzusetzen, zwangloser. Aber genug von mir, zurück zu den Kämpfen. Ich kann verstehen, wie Außenseitereltern ihren Kindern zwei Karten im Kopf mitgeben, da sie sich nie einig sind. Aber gesunde Eltern stimmen doch auch nicht in *allem* überein.

ROBIN Das würde auch gar nicht gut sein für das Kind!

JOHN Weil …

ROBIN Weil wir alle in unserem Leben mit Konflikten fertigwerden müssen. Deshalb müssen wir in unseren Familien lernen, Konflikte auszutragen. Glücklicherweise haben die Ehepartner aufgrund der Herkunft doch meist unterschiedliche Ansichten über Kindererziehung – obwohl sich das mit der Zeit oft angleicht. Wenn beide das Außenseiterstadium gut bewältigt haben, also ein Team sind, werden auch sie fähig sein, einander zuzuhören, und beraten, bis sie einen Kompromiß ausgehandelt haben.

JOHN Gesunde Eltern empfinden also Konflikte nicht als ungesund! Sie können die Wutanfälle des Kleinkindes auf eine Weise akzeptieren, die dem Kind hilft, sich ganz natürlich ins nächste Stadium fortzuentwickeln. Außerdem bekommt es eine angemessene Botschaft, nach der es seine Karte ausrichten kann.

ROBIN Ja, aber gleichzeitig wird ihm auch noch etwas anderes vermittelt: Es lernt, daß es normal ist, anders zu sein, zu streiten, aber auch, daß man verschiedene Gedanken vergleichen und sich die Mühe machen soll, sie auszudiskutieren, bis man sich in der Mitte trifft. Daher bekommt das Kind nicht nur eine übereinstimmende Karte der Welt, sondern gleichzeitig wird ihm durch Beispiele vorgelebt, wie man Lösungen findet, wenn Abweichungen in den einzelnen Karten vorliegen.

JOHN Es lernt durch Beispiele.

ROBIN Das ist ja immer am eindrucksvollsten. Kinder lernen viel mehr und viel schneller von dem, was man ihnen vorlebt, als von dem, was man ihnen sagt. Wenn Eltern einem Kind sagen, es solle sich besser behaupten, sich selbst allerdings nicht gegeneinander durchsetzen können, lernt das Kind von einem schlechten Modell, das sogar im Widerspruch zu dem Gesagten steht. Das Kind wird wahrscheinlich Mühe haben, sich in einer Gruppe durchzusetzen oder auch nur genug Initiative und Unabhängigkeit zu entwickeln, um ein wertvolles Teammitglied zu werden. Es wird eher konformistisch, vielleicht sogar ein Mensch mit Zwangsvorstellungen.

JOHN Dann ist es also gut, wenn die Eltern zu kämpfen verstehen.

ROBIN Absolut. Solange sie einander wirklich lieben, sich einigen können und zu Kompromissen finden, zumindest was die Kindererziehung betrifft. Außerdem ist etwas anderes wichtig: Die Fähigkeit, mit aggressiven Gefühlen offen umzugehen, scheint auch damit verbunden zu sein, sexuelle Leidenschaft entspannt genießen zu können. Wenn also Ehepaare keine Angst vor Konflikten haben, hilft ihnen das selbst, ihrer Ehe ... und den Kindern.

PS: Gesünder im Dutzend!

JOHN Wir haben viel über Teams geredet, über Geben und Nehmen und wie man sich in eine Gemeinschaft einfügt, aber hauptsächlich im Zusammenhang mit dem *ersten* Kind. Welche Auswirkungen hat denn die Geburt des zweiten Kindes auf die Familie?

ROBIN Das wirkt sich auf die Eltern ganz anders aus. Der erste große Sprung von der Intimität als Paar, mit ausschließlicher Aufmerksamkeit füreinander, zur Familie, in der sie sich gemeinsam noch um jemand anderen kümmern müssen, ist bereits geschehen. Jetzt wird aus der kleinen Familie eben nur eine größere.

JOHN Die zugrundeliegenden Prinzipien sind dieselben, daher können sie alles, was sie beim ersten Kind gelernt haben, auf das zweite beziehen?

ROBIN Ja. Da das Umfeld gleich bleibt, wird es sehr viel einfacher sein, sich auf das Kommende einzustellen und auf die Bedürfnisse des Kindes einzugehen. Beim ersten Kind entdecken die Eltern ja eine ganz neue Welt, und die eigene Unwissenheit, die Angst, bei der Versorgung und Erziehung des Babys Fehler zu machen, bereitet ihnen Sorgen. Aber beim zweiten Kind fühlen sie sich schon wie alte Hasen. Sie wissen, daß all die Furcht und Sorgen meist grundlos waren und die Probleme furchtloser in Angriff genommen werden können, so daß sie sie vertrauensvoll, ohne Anweisungen aus Büchern oder Ratschläge anderer lösen. Ich würde deshalb immer raten, das zweite Kind zuerst zu kriegen!

JOHN Ja, ja, aber es kann trotzdem nicht einfach sein, sich um zwei zu kümmern.

ROBIN Nein, ich meinte nur, wenn man es *getrennt* betrachtet, ist das zweite Kind einfacher als das erste. Zwei Kinder sind natürlich »zweimal soviel Ärger«. Und das nicht nur, weil jetzt zwei Münder zu füttern und zwei Pos abzuwischen sind. Es entstehen zwischen allen Familienmitgliedern neue Beziehungen, mit denen man fertigwerden muß.

JOHN Meinst du, wenn das zweite Baby ankommt, hat sich das erste schon durch einige Phasen durchgekämpft, und die Kinder brauchen eine unterschiedliche Behandlung?

ROBIN Ja, die Eltern machen sich Sorgen, ob sie ihre Aufmerksamkeit richtig verteilen. Wenn das Paar gut zusammenarbeitet, wäre eine Methode, dem Vater das ältere Kind stärker zu überlassen, damit die Mutter mehr Zeit für das kleine hat. Heutzutage teilen sich die Paare diese Aufgaben meistens, aber ich habe ja schon erklärt, warum diese Rollenteilung hilfreich ist, wenn die Kinder noch klein sind.

JOHN Aber nehmen wir mal an, die Eltern haben Schwierigkeiten beim *Teilen?*

ROBIN Dann gibt es verschiedene Möglichkeiten. In einer *Außenseiterfamilie* entwickeln sich noch kompliziertere Machtkämpfe, wenn die Kinder älter werden, da nun viel mehr Bündnisse geschlossen werden können. In der *Anklammerungsfamilie,* der *depressiven Familie,* bildet die Mutter oft ein Paar mit einem Kind, der Vater mit dem anderen Kind. Das führt jedoch nicht zu besserer Zusammenarbeit, sondern spaltet die Eltern als Paar. Anstelle der ehelichen Beziehung bilden sich zwei Paare, jedes bestehend aus einem Elternteil und einem Kind. Familien mit *verschwommenen Grenzen* oder mit vielen Projektionen neigen dazu, die Kinder in »gut« und »schlecht« einzuteilen, wobei die »guten« idealisiert und die »schlechten« zum Sündenbock gemacht werden. Und die Kinder benehmen sich dementsprechend, um diese Erwartungen zu erfüllen.

JOHN Gut. Dann laß uns jetzt die größere Familie vom Standpunkt der Kinder aus betrachten. Was bedeutet es, der Älteste, der Jüngste oder der Mittlere zu sein?

ROBIN Da gibt es viele Möglichkeiten, auch für das jüngste oder älteste Kind, je nach Geschlecht der anderen Kinder oder der Position der *Eltern* innerhalb ihrer eigenen Familie. Aber es gibt grundlegende Unterschiede, die recht offensichtlich sind. Zum Beispiel hat das älteste Kind natürlich immer viel Aufmerksamkeit von den Eltern bekommen. Das ist einerseits gut, weil es ihm einen guten Start sichert und viel Ermutigung und Unterstützung gibt. Negativ sind jedoch die gestellten Erwartungen der Erwachsenen, der Druck und der Ehrgeiz, der auf dem ältesten Kind lastet, obwohl das natürlich auch zu besonderen Leistungen anstacheln kann. Die Gefahr liegt darin, mehr die Ziele seiner Eltern zu verfolgen als wirklich seinen eigenen Neigungen nachzugehen. Und es ist natürlich eine herbe Enttäuschung für das älteste, wenn das zweite Kind kommt.

JOHN Du warst der Älteste bei euch, nicht? Erinnerst du dich noch daran?

ROBIN Ich war der älteste von fünf Jungen und erinnere mich noch ganz genau. Ein Gefühl von Sonne und Wohlsein überstrahlt die ersten vier Jahre, bis mein jüngerer Bruder geboren wurde. Das schlug bei mir wie eine Bombe ein, und die Welt erschien mir für lange Zeit grau und leer. Wie viele »älteste« Kinder bin ich ganz bestimmt verwöhnt worden, habe ihm seine Ankunft deshalb sehr verübelt und bin infolgedessen auch von allen schief angesehen worden. Ich glaube auch, meine Familie hatte Angst vor Eifersucht über Generationen hinweg, was zur Folge hatte, daß sie sie verleugneten. Deshalb taten sie alles, nur um mich nicht eifersüchtig zu machen, und gaben mir laufend nach, während sie mir besser durch eindeutige Grenzen gezeigt hätten, wie ich mit dem »Positionsverlust« umgehen und ihn überwinden könnte.

JOHN War denn Eifersucht ein Problem zwischen deinen Brüdern und dir?

ROBIN Absolut! Eifersüchteleien waren an der Tagesordnung, und die Eltern konnten die Situation nie erfolgreich meistern. »Wir können einfach nicht verstehen, warum sie so neidisch sind«, klagten die Eltern oft. »Wir versuchen doch immer fair zu sein.« Und das taten sie auch. Da Eifersucht sie selbst jedoch in Angst und Schrecken versetzte, hatten wir nie die Erlaubnis, mit Recht eifersüchtig zu sein, das Gefühl zu erforschen, zu durchleben, zu überwinden und ihm seinen normalen, natürlichen Stellenwert in unserer Persönlichkeit einzuräumen. Nun ja, ich habe daraus gelernt, daher weiß ich, was ich zu tun habe, wenn Familien unter der Eifersucht ihrer Kinder leiden, obwohl sie den Kuchen mit einem Lineal aufteilen und allen Penicillin geben, wenn eines der Kinder einen entzündeten Hals hat. Normalerweise verordne ich ihnen, bevor sie wiederkommen, mehr Übung in Eifersüchteleien, da sie, obwohl sie in vieler Beziehung eine nette, sympathische Familie sind, *nicht besonders gut in Eifersucht* sind.

JOHN Du ermutigst sie also, ihre Eifersucht wahrzunehmen, indem du das Gefühl bejahst. Und deshalb können sie es hinter der Jalousie hervorholen.

ROBIN Ja, die Dinge etwas fröhlicher zu sehen kann viel helfen. Um mit dem Vater anzufangen, sagt man der Mutter, sie soll ihm beim Sonntagsessen eine Kartoffel weniger geben als allen anderen. Daran werden sich die anderen so richtig weiden. Er wird normalerweise dazu bereit sein, als erster mit gutem Beispiel voranzugehen, wenn er das zweite Opfer benennen darf.

JOHN Haben die Eltern denn nichts dagegen, wenn du ihnen vorschlägst, sie selbst sollten auch eifersüchtig sein?

ROBIN Nicht, wenn man es *so* dreht, daß sie damit den Kindern helfen und ihnen die Möglichkeit einräumen, eifersüchtig zu sein. Auf diese Weise können sich die Eltern auch mit dem Gefühl auseinandersetzen und damit umgehen lernen. Aber indirekt gibt man natürlich den Eltern dieselbe Anweisung, man läßt sie ihre *eigene* Eifersucht erforschen, damit sie eine entspanntere Einstellung zueinander finden können und die normale Konkurrenzhaltung zwischen Partnern mit größerer Gelassenheit betrachten. Weißt du, die Kinder drücken nämlich ganz offen die natürliche Rivalität zwischen den Eltern aus, die diese allerdings nicht wahrhaben wollen.

JOHN Die *natürliche* Rivalität zwischen den Eltern?

ROBIN Rivalität bezüglich ihrer unterschiedlichen Eigenschaften, Vorteile, Nachteile als Frau und Mann, Vater und Mutter. Manchmal spiegelt sich auch die alte Rivalität zwischen Brüdern und Schwestern in ihrer eigenen Familie wider. Wenn die Eltern lernen, ihre eigenen Konkurrenzgefühle entspannt zu sehen, dann verschwinden viele der Streitigkeiten der Kinder wie von selbst.

JOHN Ich war ein Einzelkind und merke, wie viele Lektionen mir vorenthalten wurden, weil ich nicht mit dieser natürlichen Rivalität zwischen Schwestern und Brüdern aufgewachsen bin. Vielleicht hatte ich deshalb Konkurrenzdenken und Neid hinter meiner Jalousie, was ich erst bemerkte, als ich in deine Gruppe kam.

ROBIN Was glaubst du, hast du sonst noch verpaßt als Einzelkind?

JOHN Oh, die Prügeleien – ich war einfach sehr viel schwächlicher als meine Freunde, ich war von Natur aus »zart«, was sich sicherlich noch verschlimmert, wenn Eltern alle Liebe und Sorge über einem einzigen Kind ausschütten.

ROBIN Das Kind kann aber selbst zu dieser Einstellung kommen.

JOHN Ja, wahrscheinlich. Weil man der einzige ist, hat man das Gefühl, etwas »Besonderes« zu sein. Vielleicht habe ich deshalb einige der Außenseiter-Eigenschaften, die du beschrieben hast. Schließlich ist es als Einzelkind schwieriger, den Eltern zu entkommen und unabhängig zu werden – sie haben ja nur dich. Ich habe nach dem Studium achtzehn Monate in den Vereinigten Staaten gelebt, und zu meiner Schande sei gesagt, ich habe kaum einmal nach Hause geschrieben. Vermutlich war das meine taktlose, unbewußte Art, die Nabelschnur endlich zu durchtrennen.

ROBIN Einzelkinder finden es wohl noch schwerer, sich von den Einflüssen der Eltern freizumachen als älteste Kinder.

JOHN Haben Einzelkinder und Älteste viel Gemeinsames?

ROBIN Einzelkinder sind im allgemeinen aggressiver und weniger ängstlich als Älteste, wahrscheinlich weil sie das Trauma des »Vom-Thron-gestürzt-Werdens« nicht erleben müssen.

JOHN Und die Jüngsten?

ROBIN Die haben den Nachteil, immer das Baby zu bleiben, weil die elterliche Liebe nicht an den nächsten weitergereicht werden kann. Aber genauso wie bei den Ältesten und Einzelkindern bekommt dieses Kind viel Aufmerksamkeit und Extra-Unterstützung durch die Eltern, und zusätzlich von den Brüdern und Schwestern! Die Kinder in der *Mitte* werden oft ein bißchen vernachlässigt, tragen die eingelaufenen Socken der älteren, können sich aber meist besser an- und einpassen, kommen besser mit anderen Kindern aus. Aber denk daran, die Kinder können sich auch zusammentun, um den Eltern und deren Besitzansprüchen zu entkommen. Sie können die ganze Situation manipulieren, die Eltern an der Nase herumführen, wohl wissend, daß sie in der Überzahl sind!

JOHN Da sie ja alle gesunde Einflüsse von außen bekommen, sind sie als Gruppe gegen die Probleme der Eltern geschützt.

ROBIN Genau. Einer der besten Wege, um in einer schwierigen Familie trotzdem gesund großzuwerden, sind viele Brüder und Schwestern. Auch die Eltern haben Vorteile dadurch, es färbt irgendwie ab! Eine der nettesten Familien, die je zu mir kam, scharte sich um das wildeste Ehepaar, das man sich denken kann. Das Paar war zuerst zu mir gekommen, sie waren beide gewalttätig und unkontrolliert. Meine Frau war Co-Therapeutin, weil ich allein nicht mit ihnen fertig wurde, und selbst dann spielten sie ihre Spielchen mit uns. So haben wir ihre sieben jugendlichen und halberwachsenen Kinder auch zu uns gebeten – das ergab eine Runde von elf Leuten in dem kleinen Zimmer. Es war erstaunlich, wie normal und nett die Kinder waren im Vergleich zu den Eltern. Sie brachten die Eltern sogar dazu, ganz konstruktiv über ihre sexuelle Beziehung zu sprechen, was uns nicht gelungen war.

JOHN Die *Kinder* halfen ihnen – wie denn?

ROBIN Hauptsächlich waren es die älteren Töchter, die mit dem Vater sprachen. Eine war besonders gut. Sie sagte: »Ich will dich wirklich nicht ärgern, Vati, und ich hoffe, es macht dir nichts aus, wenn ich dir was sage ...« Er sagte ihr, sie solle ruhig weiterreden, und hörte ruhig und aufmerksam zu. Sie fuhr fort: »Weißt du, Vati, das Problem ist, daß du *Frauen* einfach nicht besonders gut verstehst. Diese ganze Brüllerei und Schimpferei *bringt doch nichts.* Mit Frauen muß man *nett* sein ...« Er saß da und hörte ruhig zu, nickte, und danach fingen wir wirklich an, Fortschritte zu machen. Die anderen Kinder gaben ihrer Schwester Rückendeckung und Unterstützung. Das wäre in einer Kleinfamilie eben alles sehr viel schwieriger gewesen.

JOHN Das klingt wie ein gutes Beispiel für Demokratie! Je mehr Meinungen ausgedrückt werden können, desto eher kann man sich heraussuchen, was man selbst nützlich findet. Als Einzelkind habe ich nur die Einstellungen meiner Eltern erlebt, und ich habe erst in deiner Gruppe neue entdeckt. Das war wie eine *neue* Familie für mich, Prue und du als Ersatzeltern auf Zeit, die anderen waren Brüder und Schwestern. Und das erlaubte mir, gewisse Verhaltensweisen von Kleinkleckersdorf – in meinem Fall Weston-super-Mare – zu untersuchen, die mir nicht mehr weiterhalfen. Vielleicht hätte ich das alles früher gesehen, wenn ich Geschwister gehabt hätte.

Es geht um Leben und Tod

JOHN Wir haben bisher »Begrenzungsfragen« besprochen, wie man unabhängig wird und einer Gruppe beitritt. Was schließt sich daran an?

ROBIN Sex. Alles, was du schon immer darüber wissen wolltest, aber aus Angst nicht zu fragen wagtest, weil du es ja schon hättest wissen sollen, zum Beispiel warum brauchen wir eigentlich zwei Geschlechter; wodurch unterscheiden sich Frauen und Männer, und sind sie wirklich anders; warum ist Inzest keine gute Sache; ist die Frau der Prototyp der menschlichen Rasse und der Mann nur eine Überarbeitung des Modells; wie entwickelt sich Homosexualität; wie brachte Ödipus seinen Vater um, damit er nicht erwachsen zu werden brauchte; und warum zeigen die neuen Sex-Therapien so gute Erfolge.

JOHN Und all dieses fleischliche Wissen ist jetzt an der Reihe, weil das Kind jetzt auch damit zu Rande kommen muß?

ROBIN Ja. Das Kleinkind beginnt sich seiner sexuellen Identität bewußt zu werden.

JOHN O.k. Aber kannst du mir bitte zuerst etwas anderes erklären? Ich habe sicher tausend schmutzige Witze in meinem Leben gehört, aber nur sieben waren wirklich witzig. Sobald jedoch die Pointe nur ein unflätiges Wort enthält, bringen sich alle fast um vor Lachen. Ich habe früher gedacht, ich wäre in sexuellen Belangen einfach gehemmter als andere, mittlerweile glaube ich, es ist eher umgekehrt. Aber warum ist uns das allen so peinlich?

ROBIN Wahrscheinlich weil Sex gewaltige, überwältigende Gefühle in uns wachrufen kann. Diese Macht ist uns unangenehm.

JOHN Und mit Hilfe der schmutzigen Witze knabbern wir die Macht ein bißchen an und tun so, als ob die Gefühle *sooo* stark ja gar nicht sind, denn immerhin lachen wir ja darüber, nicht wahr!

ROBIN Das stimmt wahrscheinlich.

JOHN Ja, aber warum ist Sex so mächtig?

ROBIN Es gibt viele Gründe, die wir alle kennen, aber meistens irgendwie zu vergessen scheinen. Unsere eigene Existenz hängt ja zum

Beispiel davon ab! Wir wären nicht am Leben, wenn unsere Eltern nicht Geschmack aneinander gefunden hätten.

John Der Gedanke, daß Vater und Mutter Verkehr haben, überfordert fast unsere Vorstellungskraft, nicht wahr? Allein der Gedanke, daß unser Leben einst davon abhing.

Robin Und wenn du erst mit diesem Gedanken anfängst, dann ist es nur ein Schritt, daran zu denken, daß du eines Tages nicht mehr da sein wirst.

John Was uns dann weiter zu der Frage führt, warum wir hier sind, was wir eigentlich hier tun, eine Frage, die wir normalerweise lieber vermeiden.

Robin All diese Gedanken sind uns ein bißchen unangenehm. Hinzu kommt, daß sexuelle Erfahrungen wohl die positivsten, überwältigendsten sind, die wir machen können, fast so wie religiöse Ekstase, die nur wenige von uns erleben.

John »Die Erde hat sich bewegt.«

Robin Tja, Erdbeben sind zwar sehr aufregend, aber auch ein bißchen verstörend. Als weitere Quelle des Unbehagens ist anzuführen, daß Sex nur in dem Maß aufregend und befriedigend ist, in dem wir die Kontrolle aufgeben und uns ganz der Erfahrung hingeben. Wir müssen uns »gehenlassen«.

JOHN Und daher können wir nie sicher sein, was passieren wird? Wir könnten ja etwas über uns erfahren, was wir nicht wußten, wenn wir uns allzusehr in dieser Erfahrung verlieren?

ROBIN Ja, selbst lockere Gespräche über Sex wecken schon ein prikkelndes Gefühl von Gefahr im Hintergrund unserer Gedanken. Ein anderer Aspekt ist natürlich die Bedeutung, die Sex für die ganze Struktur unseres Lebens hat. In der Kindheit hängt eine ganze Menge unserer Geborgenheit von der Qualität der sexuellen Beziehung zwischen unseren Eltern ab. Sex ist eine wichtige Voraussetzung für die Ehe, und die Ehe ist der Grundstein der Familie, die wir so sehr brauchen, wenn wir klein sind. Ich glaube, Kinder fühlen das irgendwie, obwohl sie natürlich nicht wissen, worum es geht. Wenn die Eltern glücklich miteinander sind und dieses Leuchten haben, das eine gute sexuelle Beziehung mit sich bringt, dann strahlen die Kinder auch so.

JOHN Selbst wenn wir erwachsen sind, scheint es sehr bedrohlich, daß unsere Ehe von so etwas Explosivem und Unvorhersehbarem abhängig sein soll. Deshalb war das wohl immer ein bewährtes Stilmittel für Lustspiele. Alle sind sich bewußt, wie mächtig und explosiv der sexuelle Drang sein kann, daher kann ein Lustspielautor seine Personen in den unglaublichsten Situationen präsentieren, ohne Glaubwürdigkeit zu verlieren.

ROBIN Und natürlich, je mehr wir so tun, als ob Sex *gar nicht* wichtig sei, und versuchen, ihn zu unterdrücken, um so mächtiger und unkontrollierbarer wird er, wenn er zur Oberfläche durchbricht. Daher wäre es überraschend, wenn wir die Macht dieses Gefühls nicht auch ein bißchen fürchteten, und das versuchen wir mit Humor zu überdecken.

JOHN Aber das alles erklärt nicht, warum es für Kinder und ihre Eltern soviel schwieriger ist, miteinander über Sex zu sprechen als mit Außenstehenden.

ROBIN Das ist ein so oft erlebtes Phänomen, das wir einfach akzeptieren, und selbst Leute in meinem Beruf fragen sich nicht mehr nach Gründen dafür. Meine Meinung ist, daß Sex eine so mächtige Kraft – vielleicht die mächtigste – ist, die Kinder dazu treibt erwachsen, unabhängig zu werden, das Zuhause zu verlassen. Es ist schon ein bitter-süßes Gefühl für die Eltern, wenn sie merken, ihr Kind ist ein sexuelles Wesen und wird sie eines Tages verlassen und jemanden heiraten. Dasselbe gilt für die Kinder, die entdecken, daß sie nie diese intime Nähe zu den Eltern haben werden, die diese miteinander teilen. Das kommt besonders in der Zeit sexueller Reife zum Vorschein, wenn Eltern und Kinder gleichermaßen wissen, wie attraktiv und nett der andere ist.

JOHN Und die Trennung immer näher kommt ...

ROBIN Und diese Trennung wiederum erinnert sie an eine andere: daß die Eltern wahrscheinlich vor dem Kind sterben werden. Das sind alles sehr unbequeme, traurige Gedanken, und daher sind sexuelle Diskussionen in der Familie oft so unangenehm.

JOHN Ja, aber die Eltern reden heutzutage doch sehr frei mit den Kindern über sexuelle Dinge.

ROBIN Stimmt, aber wenn du sie genauer beobachtest, wirst du sehr schnell bemerken, wie sie mit viel Anstrengung dieselben Probleme zu vermeiden suchen. Zwar kann man ohne Schwierigkeiten über die »nackten Tatsachen« reden – aber die dabei auftretenden *Gefühle* werden totgeschwiegen. Und das wirklich Wichtige sind eben doch die Gefühle.

JOHN Du hast einmal in unserer Gruppe gesagt, daß das, was uns peinlich berührt, wenn wir die Schlafzimmertür hinter uns zumachen, um die Kinder draußen zu halten, eigentlich kein sexuelles Gefühl ist, sondern mehr die Trennung betrifft. Selbst wenn die Kinder noch sehr jung sind, kommt uns dabei das Abschiednehmen in den Sinn.

ROBIN Ja. Wenn man Leute näher befragt, wieso sie eigentlich verlegen sind, wenn sie die Kinder aus dem Schlafzimmer verbannen oder befürchten, beim Geschlechtsverkehr gehört zu werden, können sie das meist nicht erklären. Dieses Gefühl steht in keinem Verhältnis zu dem, was passiert. Ich habe das ganze erst richtig verstanden, als ich begriff, daß es wohl mehr mit den Gedanken zu tun hat, die sich die Eltern machen, wenn sie die Kinder *ausschließen*. Und dann habe ich auch verstanden, daß dieses Gefühl des Ausgeschlossenseins und die damit verbundene Eifersucht auf die Intimität der Eltern ein mächtiger Anstoß für die Kinder war, ihre eigenen Interessen weg von den Eltern auf die Außenwelt zu richten, wo sie ähnliche Befriedigung finden können.

JOHN Wenn wir also unsere Kinder ausschließen und sie so mit diesen schmerzlichen Tatsachen konfrontieren, dann erreichen wir, daß sie uns eines Tages verlassen wollen.

ROBIN Und so soll es ja sein. Das ist das beste Geschenk, daß wir

ihnen mitgeben können. Aber es fällt uns schwer, wir zaudern ein bißchen. Letztendlich gibt es aber noch einen anderen wichtigen Grund für diese Verlegenheit. Damit die Kinder den richtigen Schubs erhalten und erwachsen werden können, muß es auch zwischen Eltern und Kindern die »richtige Portion« sexueller Gefühle geben.

JOHN Was meinst du damit?

ROBIN Nun, nicht zuviel davon, aber auch nicht *zuwenig*. Die Eltern müssen einen Mittelweg zwischen einer kalten, frigiden, nicht-sexuellen Atmosphäre einerseits und einer Überladung durch sexuelle Gefühle andererseits finden.

JOHN Um es beim Namen zu nennen: zwischen Frigidität und Inzest?

ROBIN Genau. Alle Familienmitglieder spüren tief drinnen, wie wichtig diese Balance ist, daher ist es verständlich, daß Sexualität von allen als Gefahrenzone angesehen wird.

JOHN Das ist ja eine imponierende Liste von Erwartungen, die du da aufführst. Ich fange an, meine eigenen Hemmungen nicht mehr so wichtig zu nehmen. Aber eine Sache hast du nicht erwähnt: wie überaus lächerlich der geschlechtliche Akt eigentlich ist! Wenn man sich vorstellt, man solle den Vorgang beim Bundesverfassungsgericht beschreiben – die würden einem das doch nicht eine Minute lang abnehmen, oder? Der Richter würde einen für übergeschnappt halten. »Und dann taten Sie *was* genau?«

Robin Ich denke manchmal, dieses ganze lachhafte Ritual soll uns wohl unseren wirklichen Stellenwert im Universum klarmachen. Auf diese Weise können wir uns wirklich nicht allzu ernst nehmen. Du kennst doch diese alte religiöse Vorstellung, wonach wir halb Gott, halb Mensch sein sollen, daß wir uns in unserer Vorstellung in himmlische Höhen aufschwingen können. Weißt du, unsere Verbundenheit mit Mutter Erde wird wohl nie deutlicher als hier.

John Mir gefällt dieser Gedanke, daß all die rasende Vergnügungssucht uns den Maßstab für unsere wirkliche Größe liefert. Aber wir reden jetzt nicht länger um den heißen Brei herum, es ist zwar üblich, wenn es sich um Sex dreht, aber wir haben es jetzt lange genug getan, oder ...?

Robin Ja, wir können es nicht länger vor uns herschieben.

Warum zwei Geschlechter

Robin Also ... Geschlechter. Tatsache ist, daß es zwei gibt.

John So weit, so gut.

Robin Weil man zwei braucht, um etwas Neues zu machen.

John Du meinst, eine Jungfrauengeburt würde einen Doppelgänger der Mutter hervorbringen.

Robin Ja, wenn wir Babys so produzieren könnten wie einige primitive Pflanzen oder Tiere, durch Teilung eben, dann wären sie genetisch gleich, identisch mit uns. Aber beim Menschen sind die Chromosomen halb vom Ei der Mutter und halb aus dem Samen des Vaters. Und daher ist das Produkt immer eine neue genetische Kombination.

John Was ist ein Chromosom?

Robin Hast du nie Biologie gehabt?

John Doch, aber mein Lehrer war ein früherer Fußballnationalspieler und wußte das auch nicht so richtig.

Robin Ein Chromosom ist wie eine winzige Perlenkette, wobei jede einzelne Perle Informationen für das Entstehen des neuen Lebewesens trägt. In jeder menschlichen Zelle sind dreiundzwanzig Paar Chromosomen, die die ganze Information, das vollständige Programm für diesen Menschen tragen.

John Jede Zelle hat also eine Art »Gebrauchsanweisung« für die Herstellung eines Babys. Aber warum sind sie in Paaren angeordnet?

Robin Sie müssen Paare sein, denn wenn die Zelle sich teilt, bekommt jede neue Zelle einen vollständigen Satz mit. Wichtig ist, daß Chromosomenpaare ganz verschieden sind bei Männern und Frauen. Die normale weibliche Zelle hat zwei ähnlich lange Chromosomen, X-Chromosomen genannt. Die normale männliche Zelle hat ein langes X-Chromosom und ein kürzeres, das Y-Chromosom genannt wird. Wenn die Geschlechtszellen entstehen, das heißt der Samen im Mann und das Ei in der Frau, erhält jede nur ein halbes Paar der Chromosomen, die Standard in allen anderen Zellen sind.

John Gut, weiter.

Robin Das Schlimmste ist fast vorbei. Wenn also ein Ei von der Mutter auf einen Samen vom Vater trifft und eine Babyzelle entsteht, hat die Mutterzelle ganz bestimmt immer ein X. Aber die Vaterzelle kann entweder ein X oder ein Y haben.

John Dann bestimmt also die Zelle des Vaters das Geschlecht des Babys?

Robin Genau. Wenn das Baby noch sehr klein ist im Mutterleib, hat es Anlagen für beide Geschlechter in sich. Wenn kein Y-Chromosom vorhanden ist, verschwinden die männlichen Attribute, und die weiblichen formen sich zu Gebärmutter und Vagina aus.

John Wenn das männliche Chromosom ein X ist, dann bekommt man eine XX-Kombination – ein Mädchen.

Robin Und wenn das männliche Chromosom ein Y ist, dann schaltet dieses Y, das in allen Zellen enthalten ist, die Entwicklung des Babys in die männliche Richtung. Dann bilden sich Hoden anstatt der weiblichen Geschlechtsteile. Danach produzieren diese Hoden chemische Stoffe, die die weiblichen Geschlechtsteile verkümmern lassen und bewirken, daß männliche wachsen – und der Penis bildet sich.

John Mir war nie bewußt, daß die Frau der Prototyp ist. Alle Babyzellen wachsen in die weibliche Richtung – *es sei denn,* sie werden umgeleitet durch das Y-Chromosom, das sie in die männliche Richtung drängt.

Robin Genau. Aber wenn das Y-Chromosom erst mal diese Umschaltung vorgenommen hat, dann kann der Prozeß nicht mehr revidiert werden. Dann liegt die Richtung fest.

John Kann dieser einfache XX- oder XY-Plan auch schiefgehen?

ROBIN Sehr selten. Ein Baby kann mit nur einem X geboren werden, aber diese Frau kann dann selbst keine Kinder bekommen. Man kann auch zwei X und ein Y haben, dann wachsen allerdings nur kleine männliche Geschlechtsteile und eine unterentwickelte Brust. Es gibt auch Männer mit X oder YY, die in vieler Hinsicht abnormal sind. Manchmal produziert ein Tumor zusätzliche Sexhormone, oder die Hormone arbeiten nicht richtig, oder der Mutter werden während der Schwangerschaft Tabletten gegeben, die eine unvorhergesehene Wirkung auf den Hormonhaushalt haben – und der Schaltungsmechanismus wird gestört. Aber das ist alles sehr selten.

JOHN Also *physisch* gesprochen, ist man entweder eins oder das andere. Und *psychisch* gesehen?

Meilensteine der psychischen Entwicklung

ROBIN Fangen wir doch mit der sexuellen Entwicklung in der kindlichen Psyche an. Also zuerst das Kleinkind.

JOHN Wieviel weiß das Kleinkind denn über sein Geschlecht?

ROBIN Im Kleinkindalter beginnt es, sich mit diesen Fragen zu befassen. Am Anfang glaubt es ja, beides zu sein, Junge und Mädchen, und es meint, das geht. Beim Größerwerden muß es also auf ein Geschlecht verzichten.

JOHN Das muß ja arg frustrierend sein, da bekommt sein Ego einen Knick, oder? Wann geschieht das?

Robin Mit rund zweieinhalb Jahren interessieren sich die Kinder für die Unterschiede zwischen Mädchen und Jungen, und mit drei Jahren ist das Geschlecht deutlich bestimmt und die geschlechtliche Identität erkennbar ausgebildet.

John Das heißt also, mit drei Jahren kann man das Verhalten entsprechend in »jungenhaft« oder »mädchenhaft« einteilen?

Robin Dies hat sich die ganze Zeit über entwickelt, teilweise bedingt durch angeborene Unterschiede und teilweise dadurch, daß die Eltern Jungen und Mädchen von Anfang an anders behandeln. Wie jeder weiß, ist es außerordentlich schwer, zwischen diesen Einflüssen zu unterscheiden. Die sexuelle Identität des Kindes, das heißt, wie es selbst diese Unterschiede einordnet und interpretiert, ist wieder etwas ganz anderes und dauert auch eine geraume Zeit. Mit vier Jahren beginnen die Kinder, sich in nach Geschlechtern getrennten Gruppen zusammenzutun, und finden es lustig und aufregend, wenn sie sich gegenseitig ihre »gewissen Stellen« zeigen.

John Das zeigt doch einen gewissen Stolz auf ihre neugewonnene sexuelle Identität, oder?

Robin Sieht so aus. Es ist auch bemerkenswert, daß dieses Interesse an der sexuellen Ausstattung und der Entstehung von Babys sowie an der Ehe allgemein immer von einer bewundernden, rührenden Einstellung gegenüber dem andersgeschlechtlichen Elternteil begleitet ist. Der kleine Junge betet seine Mutter an, das Mädchen bewundert seinen Vater heiß, und beide sind oft eifersüchtig auf den *gleichgeschlechtlichen* Elternteil. Daher unterbricht das Kind oft Unterhaltungen der Eltern oder versucht sie zu trennen, wenn sie einander zuviel Aufmerksamkeit schenken. Vielleicht erfindet es auch gute Gründe, um nachts ins Schlafzimmer seiner Eltern zu gehen und so ihr Alleinsein zu verhindern.

John Wie lange dauert dieses Stadium?

Robin Wenn die Eltern diesen Versuchen verständnisvoll, aber bestimmt widerstehen und die Schlafzimmertür fest zumachen, dann wird das Kind dieses Phase mit etwa sechs Jahren überstanden haben. Dann treten die romantischen Gefühle in den Hintergrund und tauchen erst wieder auf, wenn die Geschlechtshormone die Pubertät einleiten.

John Das Kind muß ja mit einer Menge Eifersucht und Gefühlen des Ausgeschlossenseins fertigwerden.

Robin Das stimmt. Aber das ist alles sehr notwendig, denn wenn das

Kind das *jetzt* durchmacht, dann kann es später gewisse Probleme vermeiden.

JOHN Die entstehen könnten, wenn es ihm gelänge, die Eltern zu trennen?

ROBIN Genau. Im Alter von sechs Jahren hat das Kind es also aufgegeben, die Eltern trennen zu wollen. Danach kommt die »Latenzzeit«, die bis zum Alter von zwölf Jahren dauert.

JOHN Aber wie »latent« ist sie denn? Die Kinder verlieren doch nicht jegliches Interesse an Sex, oder?

ROBIN Ganz bestimmt nicht! Sie lernen nur, ihr Interesse zu verbergen, so wie das die Erwachsenen ja auch tun; unter Gleichaltrigen bleibt es ein hochinteressantes Gesprächsthema. Aber die *Gefühle*, die dieses erste »ewige Dreieck« mit den Eltern hervorrief, verschwinden und setzen ihre Energie frei für andere Vorhaben.

JOHN Wie man zum Beispiel die schlimmsten Schimpfwörter gelassen ausspricht, wie man Leute auf die Palme bringt oder sie neidisch macht.

ROBIN All diese gesunden, natürlichen Angelegenheiten, genau. *Aber* wenn die Pubertät beginnt, produzieren die Geschlechtsdrüsen chemische Stoffe, die alle möglichen Veränderungen im Körper hervorrufen.

JOHN Mädchen fangen damit früher an als Jungen, oder?

ROBIN Ja, die Eierstöcke produzieren jeden Monat ein Ei, und zwischen zehn und sechzehn bekommen die Mädchen dann ihre Periode, im Durchschnitt mit dreizehn. Die Hormone geben ihnen fraulichere Formen, die Hüften werden breiter, die Brüste wachsen und so weiter, um ihren Körper aufs Kinderkriegen einzurichten. Dieser Prozeß dehnt sich über drei oder vier Jahre aus.

JOHN Und beim Jungen?

ROBIN Seine Veränderung beginnt etwas später und erstreckt sich über vier bis fünf Jahre. Die Hoden beginnen das männliche Geschlechtshormon zu produzieren, der Brustkorb des Jungen wird breiter, wie auch seine Muskeln allgemein wachsen und seine Genitalien natürlich auch. Die Stimme wird tiefer, seine Körperbehaarung wächst. Die Hoden produzieren Samen, sind bereit, Kinder zu zeugen, und er weiß das auch, denn nachts hat er jetzt Ergüsse.

JOHN Ich dachte, das gäb' es nur im Spätfilm?

ROBIN O.k. – nennen wir es »feuchte Träume«, dir zuliebe. Es sei denn, das Zuviel an Samen wird durch Masturbation entfernt, bevor ein Erguß stattfindet.

JOHN In welchem Alter findet das statt?

ROBIN Zwischen elf und sechzehn beginnen diese »feuchten Träume« meistens, vierzehn ist wohl der Durchschnitt.

JOHN Was passiert denn dabei psychisch?

ROBIN Zum einen bewirken die Geschlechtshormone, daß sexuelle Gefühle und Gedanken stimuliert werden. Das kann für junge Menschen, die darauf nicht vorbereitet sind, erschreckend und verwirrend sein, weil sie nicht wissen, warum es passiert. Ein zweiter Effekt ist, daß sie jetzt plötzlich die Mitglieder des »anderen Teams« mit anderen Augen sehen.

JOHN Bis dahin hatten sie sich voneinander ferngehalten und hatten sich zeitweise sogar beschimpft.

ROBIN Aber jetzt werden sie wie magisch voneinander angezogen. Zuerst gehen sie auf Nummer Sicher und treffen sich nur in großen Gruppen, halten Distanz, hänseln sich und stoßen einander vom Fahrrad. Aber dann blitzt doch manchmal ein Anzeichen scheuer Zuneigung durch – vor dem hastigen Rückzug in die sichere Menge. Langsam werden die Gruppen kleiner, bis sie gewöhnlich auf vier zusammenschmelzen und schließlich zu Paaren.

JOHN Scheint so, als ob die psychische sexuelle Entwicklung in vier Teile zerfällt: Das erste Stadium finden wir bei Kindern um zweieinhalb, wenn sie ihre sexuelle Identität finden. Anschließend die Phase von drei bis sechs, wenn das Kind die romantische Bindung an seine Eltern durchmacht. Dann von sechs bis zwölf die »Latenzzeit«, wenn das Interesse an Sex gleichrangig mit anderen Neigungen ist. Und schließlich die Adoleszenz, wenn die Hormone brausen und siebenundfünfzig neue und aufregende Gefühle hervorrufen.

ROBIN Das genügt im Moment. Jetzt gehen wir alles noch einmal Schritt für Schritt durch.

JOHN Du hast gesagt, zu Beginn der Kleinkindphase scheinen die Kinder zu glauben, sie hätten beide Geschlechter.

ROBIN Genau. Zu dem Zeitpunkt wollen sie, daß alles nach ihrem Kopf geht.

JOHN Sie sind in der »Außenseiter-Phase« und daher erscheint ihnen die Wahl, entweder ins Männer- oder ins Frauenteam zu gehören, beengend. Sie empfinden das als Beschränkung ihres Egos.

ROBIN Ja. Daher ist es ihnen sehr unangenehm festzustellen, daß sie etwas nicht haben, das das andere Geschlecht hat! Aber das ist einfach unumgänglich. Das kleine Mädchen muß sich damit abfinden, keinen Penis zu haben, und der kleine Junge muß die Hoffnung aufgeben, jemals Babys zu kriegen. Das ist zuerst sehr schmerzlich.

JOHN Was hilft denn dem Kind dabei?

ROBIN Das Beispiel der Eltern hat wohl den größten Einfluß.

JOHN Natürlich nicht ihre Äußerungen, sondern ihr Benehmen.

ROBIN Das ist der Schlüssel. Das Kind begreift seine eigene sexuelle Identität, indem es sich den Elternteil des gleichen Geschlechts als Modell nimmt. Aber natürlich ist es einfacher, wenn es zur gleichen Zeit auch über das andere Geschlecht Erfahrungen sammelt und dann beide vergleichen kann.

JOHN Es braucht also *beide* Eltern, um das gut lernen zu können.

ROBIN Oder zumindest zwei verschiedengeschlechtliche Personen, die eine Rolle in seinem Leben spielen.

JOHN Aber *was für* Modelle sollte das Kind denn haben?

ROBIN Bis vor kurzem war das noch ganz simpel, nicht? Väter waren männlich, und Mütter waren weiblich, und jeder wußte, woran er sich halten mußte. Aber die traditionellen Verhaltensweisen haben sich geändert, deshalb werden wir noch eine ganze Weile mit Verwirrungen fertigwerden müssen.

JOHN Was, meinst du, wird am Ende dabei herauskommen?

ROBIN Ich vermute, viele traditionelle Verhaltensmuster werden bestehen bleiben oder wiedererstehen, wenn sie allzu drastisch geändert wurden. Aber die meisten guten Veränderungen werden wohl bleiben, das heißt, die Mehrzahl von Männern und Frauen werden gleiche Rechte beanspruchen, Aufgabenteilung bejahen, *aber* sie werden auch klare psychische Unterschiede anerkennen.

JOHN Was hat das alles mit den Bedürfnissen des Kindes zu tun, wenn es mit seiner eigenen sexuellen Identität glücklich werden soll?

ROBIN Nun, die Forschung auf diesem Gebiet hat folgende Bedingungen für Gesundheit, Glück und Selbstbewußtsein in der jeweiligen sexuellen Rolle herausgefunden: Es ist für die Kinder am hilfreichsten, wenn die Geschlechtsrollen der Eltern sich überschneiden, das heißt, wenn sie in vielen ihrer Handlungen und Verhaltensweisen ähnlich sind. Aber es ist genauso wichtig, daß sie sich in anderen Aspekten ganz bewußt und positiv voneinander unterscheiden und mit diesen Unterschieden auch zufrieden sind.

JOHN Eine Art »Unisex-Arrangement« ist also nicht gut für die Kinder.

ROBIN Es scheint die Kinder zu verwirren. Ein Kind braucht Eltern, die einige Aufgaben und Interessen teilen und nicht zuletzt auch die Sorge um das Kind. Aber es ist andererseits genauso wichtig für das Kind, daß sie unterschiedliche Meinungen haben und sie auch vertreten, sich gegenseitig aber respektieren, achten und bewundern. Man braucht *zwei* Anhaltspunkte, um sich auf einer Karte zurechtzufinden – und die sollten in gewisser Entfernung voneinander sein, um wirklich hilfreich zu sein.

JOHN Willst du damit sagen, der Vater macht seinen Sohn »männlich«, indem er sich als Vorbild sehr maskulin benimmt.

ROBIN Nein. Das ist sehr interessant, denn die Tatsachen beweisen, daß es nicht möglich ist, Söhne nur durch ein ausgesprochen maskulines Rollenmodell zu männlichem Verhalten zu *erziehen*. Genauso wenig nützt es, wenn man sie in diese Richtung zu drängen versucht. Das kann sich manchmal genau entgegengesetzt auswirken. Wenn Väter männlich und *gleichzeitig sehr liebevoll* sind und sich regelmäßig um die Kinder kümmern, dann entwickeln sich sexuell selbstsichere Kinder.

JOHN Und die Mütter?

ROBIN Bei ihnen ist es genau dasselbe. Wenn sie sich mit ihrer Weiblichkeit wohlfühlen, sie auch bei ihren Töchtern bejahen und gleichzeitig die Männlichkeit ihrer Ehemänner und Söhne genießen, dann verhelfen sie ihren Kindern zu einer zufriedenen sexuellen Identität.

JOHN Das klingt so, als ob die Gegenwart des Vaters zwar sehr wichtig ist, daß er aber nicht so regelmäßig dazusein braucht wie die Mutter.

ROBIN Es sieht so aus. Die Zeitdauer, die er mit der Familie verbringt, ist nicht so wichtig wie die Rolle, die er spielt, wenn er da ist. Aber wir haben sehr viele Belege dafür, daß ein *abwesender* Vater im Kleinkindalter oft Schwierigkeiten verursacht. Für diese Kinder ist es später schwer, eine sexuelle Identität zu entwickeln, und das betrifft besonders Jungen.

JOHN Weil die Töchter doch zumindest ein Rollenmodell haben, auf das hin sie sich entwickeln können – selbst wenn sie keins für das andere Geschlecht haben. Die Jungen dagegen haben gar kein Modell, außer natürlich ein sexuelles Vorbild, dem sie nicht folgen *sollten*, nicht wahr?

ROBIN Ja, aber das ist nicht alles. Der andere Grund ist, daß die männliche Entwicklung komplizierter ist als die der Frau. Es ist fast so, als ob noch etwas Zusätzliches beim Jungen hinzukommen muß, das beim Mädchen nicht nötig ist.

JOHN Wie bei der frühkindlichen Entwicklung, wenn das Y-Chromosom dazukommen mußte, um die Weichen auf »Junge« umzustellen?

ROBIN Ja, so wie ein psychisches Echo dieses Vorgangs. Schau dir die Entwicklung an bis zu eineinhalb Jahren. Da Jungen und Mädchen gleichermaßen ihr Leben in der Mutter beginnen und nur sie allein Brüste hat, die ihnen Nahrung geben, haben normalerweise alle Kinder ihre erste Beziehung zu der Mutter. Deshalb habe ich sie auf die eine Seite des metaphorischen Flusses gestellt. Der Vater auf der anderen Seite ist zunächst etwas weiter von den Kindern entfernt. Er kümmert sich ums tägliche Brot und hält die ganze Sache zusammen. In diesem Stadium werden die Kinder von der Mutter beeinflußt und richten ihr Verhalten nach ihr aus, sie ist das Modell für beide.

JOHN Wenn das also so weiterliefe, bekäme der Junge nie den männlichen Einfluß, den er braucht.

ROBIN Richtig. Um also auch psychisch männlich zu werden, muß er über die Brücke zu seinem Vater gehen.

JOHN Aber das kleine Mädchen kann bei seiner Mutter bleiben?

ROBIN Ja. Natürlich kann es auf der Brücke spielen, manchmal geht es auch bis in die Mitte der Brücke oder verschwindet sogar für eine Weile auf der anderen Seite, ist ein richtiger Wildfang. Aber alle erwarten von ihr, daß sie sich wieder an der Seite ihrer Mutter einfindet, und diese erste intensive Beziehung zu ihrer Mutter hilft ihr, ihre Rolle zu lernen.

JOHN Diese Brückenüberquerung ist also das »Zusätzliche«, das der Junge unternehmen muß.

ROBIN Ja. Das bedeutet natürlich, daß er sich gegen die mächtige Mutterbeziehung wehren muß.

JOHN Was hilft ihm dabei?

ROBIN Er braucht zwei Hilfen, um aus dieser Primärbeziehung ausbrechen zu können. *Erstens* braucht er die Zustimmung der Mutter, die ihm dabei hilft, die emotionale Nabelschnur zu zerschneiden, denn wenn sie ihr Ende weiter festhält, ist es sehr schwer für ihn loszukommen. Und dann braucht er *zweitens* natürlich den Vater, der ihn lieben und als Kameraden bejahen muß.

JOHN Wenn ihm beide ihre Hilfe geben – wie lange dauert dann die Überquerung?

ROBIN Mit zweieinhalb Jahren sollte dieser Prozeß abgeschlossen sein. Es ist bereits schwierig, ihn nach eineinhalb Jahren umzukehren. Aber beide Geschlechter gewöhnen sich noch über Jahre hinweg in ihren Rollen ein und bauen sie aus.

JOHN Dann ist der Junge also im Alter von etwa dreieinhalb Jahren beim Vater angelangt und ist zufrieden und einverstanden, ein Junge zu sein.

ROBIN Deshalb dreht er sich um, sieht seine Mutter an und flirtet mit ihr – genauso wie das kleine Mädchen auf der anderen Seite mit dem Vater flirtet. Ab jetzt, mit ungefähr fünf Jahren, beginnt die Phase, in der die Kinder romantische Beziehungen zum andersgeschlechtlichen Elternteil haben.

JOHN Das ist also der Ödipus-Komplex?

ROBIN Ja, obwohl diese Phase auch noch ganz andere Aspekte hat. Die Kinder sind eifersüchtig auf den gleichgeschlechtlichen Elternteil, fürchten ihn auch, weil sie meinen, er könnte sich dafür rächen, daß sie ihm den Ehepartner zu stehlen versuchen.

JOHN Hat der Vater denn auch Einfluß auf das *Mädchen*, während der Junge die Brücke überquert?

ROBIN Die Mädchen müssen sich auch von der Mutter trennen. Deshalb sind all die »Vateraufgaben«, die wir schon erwähnt haben –

das Grenzenziehen, Ermutigung zu Eroberungen, die Frau zurückzugewinnen –, natürlich auch dem Mädchen nützlich, sie helfen ihm unabhängiger von ihr zu werden. Obwohl es auf derselben Seite des Flusses bleibt, rückt es doch von der Mutter weg – eben weil es ja auch seine eigene Identität entdecken muß.

Das männliche Ego

Robin Diese Brücke-Fluß-Metapher kann uns auch dabei helfen, ein anderes rätselhaftes Benehmen zu verstehen. Sie zeigt, wieso es Männern schwerer fällt, um Hilfe und Unterstützung bei Frauen zu bitten als umgekehrt.

John Weil sie Angst haben, wieder über die Brücke zurückgezerrt zu werden?

Robin Genau. Sie verbinden diese Bedürfnisse mit ihrer frühen Kindheit, als sie noch bei der Mutter waren. Daher haben einige Männer Angst, sich bemuttern zu lassen, weil sie fürchten, den Weg zurück auf die männliche Seite nicht mehr zu schaffen.

John Das Bemuttern könnte sie *permanent* zu Babys machen?

Robin Ja, oder zu weibisch. Sie haben große Angst vor dem Gefühl, Frauen könnten Macht über sie haben. Natürlich ist diese Angst direkt proportional zu ihrem versteckten Bedürfnis nach mütterlicher Pflege. Sie verfallen lieber in eine Macho-Rolle, zeigen sich abweisend und abwertend Frauen gegenüber, um so zu vermeiden, ihnen gefühlsmäßig zu nahe zu kommen.

JOHN Sie könnten ja plötzlich ihre wahren Bedürfnisse enthüllen und so endgültig der Macht der Mutter anheimfallen.

ROBIN Ja. Diese männliche Unsicherheit wird noch verstärkt, da diese Bedürfnisse der traditionell festgelegten Rolle als Jäger und Beschützer, der sich um alle anderen kümmert, völlig zuwiderlaufen.

JOHN Moment mal. Bei genügend großem Streß brauchen alle Männer mütterliche Zuwendung. Warum ist das aber für einige angsterregend und für andere nicht?

ROBIN Das hängt davon ab, ob der betroffene Mann zugeben kann, daß er manchmal Hilfe braucht und bemuttert werden will. Läßt er diese Gefühle zu, hat er das Problem schon gelöst. Er hat die Erfahrungen durchlebt und weiß, daß er diese Gefühle unter Kontrolle hat und sie ihn nicht überwältigen können. Und er hat auch gelernt, daß nach geraumer Zeit, wenn das Bedürfnis gestillt worden ist, diese Gefühle wieder verschwinden und er problemlos wieder in seine »Männerrolle« zurückkehren kann. Deshalb hat er keine Angst davor, sein Bedürfnis zuzugeben, und kann sich in seiner männlichen Identität sicher fühlen.

JOHN Das Eingeständnis, Hilfe zu brauchen, festigt seine sexuelle Identität?

ROBIN Diese Sicherheit wiederum erlaubt ihm, das Bedürfnis zu zeigen – das ist ein fortwährender Kreislauf.

JOHN Aber wenn er das Bedürfnis *nicht* zugeben kann, wenn er es *verdrängt* ...?

ROBIN Da er es versteckt hält, verliert er den Bezug zu diesem Gefühl. Er hat es nie zugelassen und ausprobiert. Trotzdem fühlt er die Macht dieses Gefühls, die um so größer ist, je weniger es befriedigt wird. Daher hat er große Angst, es könnte eines Tages doch an die Oberfläche treten und er könnte es nicht unter Kontrolle halten und dann nie wieder ein normaler Erwachsener sein.

JOHN Das ist wieder diese Patt-Situation. Er will es nicht zugeben, weil er befürchtet, es nicht kontrollieren zu können, aber er kann die dazu notwendige Zuversicht nicht gewinnen, ohne daß er das zugibt. Dann wird er also in seiner Geschlechtsrolle unsicher bleiben?

ROBIN Selbst wenn er kein »Macho« ist, wird er Frauen immer auf Distanz halten müssen. Sie stellen für ihn eine sehr reale Bedrohung dar, denn sie könnten seine versteckten Bedürfnisse enthüllen.

JOHN Kehren wir jetzt wieder zur Brücke zurück ... Wenn *Frauen*

Unterstützung und Anteilnahme brauchen, haben sie den Vorteil, daß dies mit jener Seite des Flusses zu tun hat, auf der sie sowieso stehen.

ROBIN Außerdem müssen Frauen keinem Männlichkeitsideal nacheifern, das jede Hilfe zum Tabu macht. Frauen können Hilfe und Unterstützung als ganz normal ansehen und sind sich daher in ihrer weiblichen Identität sicherer. In Therapiegesprächen beeindruckt mich immer wieder, wieviel stärker Frauen als Männer zu sein scheinen, wenn sie entspannt sind. *Oberflächlich gesehen* erscheinen sie manchmal nicht so selbstbewußt und sicher, aber sie stehen mit beiden Füßen viel fester auf dem Boden.

JOHN Die Leute haben mich immer gefragt, warum wir so wenige komische Rollen für Frauen bei Monty Python geschrieben haben. Ich konnte nur antworten, daß ich nicht besonders viel über Frauen weiß und daß sie mir irgendwie nicht so albern wie Männer erscheinen.

ROBIN Genau! Die machen sich nicht soviel vor, ziehen keine Shows ab, träumen nicht von Status und Macht, jedenfalls nicht soviel wie Männer. Diese ganzen Sachen sind ihnen nicht so außerordentlich wichtig, sie sind auch nicht so verletzlich, ihre Egos sind stabiler.

Und weil sie näher an der Realität sind, sprechen sie auch viel besser auf Therapien an.

JOHN Und wie ist das bei den Feministinnen? Einige von ihnen scheinen doch sehr verstrickt zu sein in »männliche« Machtkämpfe und vom Erfolgszwang besessen, oder?

ROBIN Ja, dieser Typ militanter Feministin, die mit der traditionell männlichen Rolle konkurriert, ist grundsätzlich weniger selbstsicher als andere Frauen. Zumindest habe ich das bei denen bemerkt, mit denen ich gesprochen habe.

JOHN Sind wir jetzt plötzlich bei Macht, Status und Erfolg, weil sie in Wirklichkeit nur ein Ersatz sind für tatsächliche geschlechtliche Selbstsicherheit?

ROBIN Ja. Wenn man das genauer betrachtet, versucht der Mann dadurch nur, der Außenwelt und natürlich sich selbst zu versichern, daß seine geheime Sorge, er könnte die Geschlechterrolle nicht ganz ausfüllen, unbegründet ist.

JOHN Vielleicht wirken die Mächtigen deshalb oft so lächerlich – wir erkennen intuitiv die Verletzlichkeit unter ihrem Gehabe.

ROBIN Es gibt noch einen interessanten Aspekt dieser männlichen Verletzlichkeit. Gerade die Frauen nehmen darauf erstaunlich viel Rücksicht und versuchen den Mann zu beschützen. Sie unternehmen die größten Anstrengungen, selbst zu ihrem eigenen Schaden, um den Mann davor zu bewahren, seine Schwäche eingestehen zu müssen.

JOHN Welche Schwäche genau? Zuzugeben, daß er manchmal bemuttert werden will?

ROBIN Ja, *wenn* er das selbst als unangebracht ansieht. Daher versteckt er das hinter einer Fassade, die Frauen nicht gerne angreifen. Ich habe das besonders bei der Arbeit mit weiblichen Co-Therapeuten festgestellt. Wenn wir einem Ehepaar oder einer Familie gegenübersaßen, ließen sie dem Mann oft alles durchgehen, sagten mir aber später, wie wütend sie über sein Verhalten waren. Und auf meine Frage: »Warum hast du denn nichts gesagt, das hätte ihm bestimmt geholfen!«, sagten sie: »Ach nein, ganz unmöglich, das wäre wie eine Kastration gewesen«.

JOHN Obwohl er natürlich nichts nötiger hatte als jemanden, der ihm seine Schwäche zeigte, seine Angst vor Bemutterung, damit er etwas an seinem Verhalten ändern konnte.

ROBIN Richtig.

JOHN Und das waren voll ausgebildete Therapeuten?

ROBIN Ja. Selbst bei dieser Arbeit, bei der sie schließlich Menschen helfen sollen, der Wahrheit ins Gesicht zu blicken, finden Frauen es zunächst schwierig, einen Mann auf die Probe zu stellen. Es scheint fast so, als ob sie von Geburt an darin geübt wären, das zu vermeiden. Selbst die Frauenbewegung scheint die Frauen nicht von dieser Scheu befreit zu haben, den Mann zu testen, ob er wirklich auf der anderen Seite des Flusses bleiben kann. Dieses Bedürfnis der Frauen, das männliche Ego nicht anzutasten, scheint mir die wohl am tiefsten sitzende Hemmung zu sein.

Die verschiedenen Möglichkeiten

JOHN Du hast gesagt, wenn Frauen die Brücke überqueren, werden sie Probleme bekommen. Aber warum sollte eine Frau das eigentlich überhaupt versuchen?

ROBIN Wenn die Mutter sehr kühl ist und ihr nichts zu bieten hat und der Vater seiner Tochter mehr geben kann, wird sie die Brücke teilweise oder sogar ganz überqueren. Wenn sie ständig auf der falschen Seite bleibt, wird sie zur Transsexuellen werden.

JOHN Was heißt das?

ROBIN Sie fühlt und benimmt sich wie ein Mann. Psychisch ist sie zum Mann geworden. Sie will auch so behandelt werden – und wird vielleicht eine Geschlechtsumwandlung wollen.

JOHN Und die männlichen Transsexuellen?

ROBIN Das sind Jungen, die auf der Seite der Mutter steckengeblieben sind, sich total mit ihr identifizieren und denken, sie sind *wirklich* Frauen.

JOHN Ja, aber warum haben die denn keinen Schritt auf die Brücke und auf den Vater zu machen können?

ROBIN Der typische Fall ist die Mutter, die dem Kind nicht nur eine wunderbare Kleinkindzeit ermöglicht hat, sondern diese Phase weit über die normale Zeit hinaus verlängert hat. Sie selbst will den kleinen Jungen nicht loslassen und ihm nicht dabei helfen, sich von ihr zu lösen und von ihr wegzuwachsen.

JOHN Und der Vater versucht gar nicht, den Jungen zu sich hinüberzulocken?

ROBIN Nein. Normalerweise sind das sehr schattenhafte Persönlichkeiten, die kaum in Erscheinung treten. Wenn diesen Jungen also im Alter von zweieinhalb Jahren nicht dabei geholfen wird, auf die andere Seite zu gelangen, das heißt, wenn ihre sexuelle Identität nicht zur rechten Zeit fixiert wird, dann sind spätere Veränderungen sehr unwahrscheinlich, selbst mit Therapie. Sie sind meist überhaupt nicht daran interessiert, psychisch »männlich« zu werden, und wollen meist eine Geschlechtsumwandlung.

JOHN Gut. Und wie ist das mit Menschen, die zwar die Mitte der Brücke erreicht haben, aber nicht auf die andere Seite gelangen. Sind das Homosexuelle?

ROBIN Ja, aber ich würde Homosexuelle an verschiedenen Punkten auf der Brücke sehen.

JOHN Dann haben deren Mütter sie bis zu einem gewissen Grad losgelassen?

ROBIN Recht mächtige, überwältigende, besitzergreifende Mütter sind sehr typisch für männliche Homosexuelle.

JOHN Aber sie sind weniger besitzergreifend als die Mütter der Transsexuellen, oder?

ROBIN Sie identifizieren sich wohl auch weniger mit den Kindern. Einigen Forschungsergebnissen zufolge scheinen sie den Jungen auch weniger positive, befriedigende Ergebnisse zu vermitteln. Daher haben diese weniger Grund, bei der Mutter zu bleiben.

JOHN Und die Väter dieser Jungen, was machen die?

ROBIN Sehr oft haben die Väter nur wenig Einfluß, weil sie entweder abwesend, sehr distanziert oder einfach ohne Wirkung sind. Andererseits kann solch ein Vater auch sehr hart und lieblos sein und den Jungen davon abhalten, über die Brücke zu gehen. Trotzdem sind Homosexuelle so weit über die Brücke gekommen, daß sie ihr männliches Geschlecht akzeptiert haben. Vielleicht, weil sie die Bindung an die Mutter teilweise auch als bedrohlich empfinden.

JOHN Warum ist sie bedrohlich?

ROBIN Genauso wie Frauen, die die Brücke überquert haben, eine Bedrohung durch Männer spüren, fürchten Homosexuelle, sie können wieder ganz auf Mutters Seite zurückgezogen werden. Und da die Jungen nie eine enge Beziehung zu ihrem Vater hatten, ist die Angst vor sexueller Rivalität mit ihm um so größer.

JOHN Weil der homosexuelle Mann die Seite des Vaters nie erreicht hat, kann er sich auch nicht umdrehen, um mit der Mutter zu flirten und die Ödipus-Geschichte hinter sich zu bringen.

ROBIN Nein, er bleibt auf der Brücke stecken, dem Vater zugewandt oder vielmehr dem Vater, den er gewollt und gebraucht hätte, aber nie hatte. Daher bleibt seine Aufmerksamkeit auf Männer fixiert, anstatt in sexueller Form zur Mutter zurückzukehren und sich später anderen Frauen zuzuwenden.

JOHN Willst du damit sagen, daß Homosexuelle immer noch nach einem liebevollen Vater suchen, der ihnen geben soll, was der eigene Vater ihnen nie gab.

ROBIN Das ist der grundlegende Gedanke – obwohl das aus allen möglichen Gründen noch sehr viel komplizierter ist. Meine Erfahrung lehrt mich, einen Homosexuellen als Menschen zu sehen, der *keine* normale homosexuelle – das heißt gleichgeschlechtliche – warme, liebende Verbindung mit seinem Vater gehabt hat.

JOHN Entschuldige bitte, eine *homosexuelle* Beziehung mit seinem Vater?

ROBIN Also damit meine ich natürlich nicht, daß sie mit ihren Genitalien spielen! Ich meine vielmehr eine physische Beziehung, viel Knuddeln und Herumtollen und Raufen. So wie sich Fußballer umarmen und küssen, wenn einer ein wichtiges Tor schießt.

JOHN Oder bei jedem Tor. Dann hat also jemand, dessen Vater ihn auf diese sehr warme körperliche und zugleich robuste Weise geliebt hat, größere Chancen, den Weg über die Brücke problemlos zu finden?

ROBIN Er wird auch Stärke und Autorität gewonnen haben, indem er die Autorität des Vaters akzeptieren lernte, wie wir schon gesagt haben. Daher wird er sich eher in der Lage fühlen, die *Verantwortung* für eine Familie auf sich zu nehmen. Der homosexuelle Mann hat diese Hürde meist noch nicht übersprungen und verbringt sein Leben damit, Symbole für die Autorität und Stärke des Vaters in Form von Penissen anderer Männer zu sammeln, anstatt sich mit dem realen Problem von Autorität und Verantwortung auseinanderzusetzen.

JOHN Das ist ein umwerfender Gedanke. Du sagst also, Homosexuelle mögen die Penise von anderen Männern, weil sie etwas symbolisieren, von dem sie selbst nicht genug haben?

ROBIN Ja. Der Penis vertritt die Liebe und Wärme des Vaters, seine liebevolle Autorität und Stärke und seine damit in Verbindung gebrachte Kraft. Daher werden Symbole gesammelt, anstatt sich den wirklichen Gefühlen auszusetzen. Da sie aber *nie* wirklich sind, was sie symbolisieren, sind diese Menschen nie befriedigt, bekommen nie genug und wechseln häufig die Partner.

Hier reden wir natürlich von Männern, die auf der Mitte der Brücke feststecken, sich damit abgefunden haben und gar nicht mehr versuchen, auf die andere Seite zu gelangen. Diejenigen, die näher auf der Seite des Vaters waren, finden manchmal eine tiefgehende, gefühlvolle Beziehung zu einem anderen Mann und erhalten dadurch etwas, das ihr eigener Vater ihnen nicht zu geben vermochte. Deshalb können sie danach oft ganz auf die Männerseite überwechseln. Diese tiefe Beziehung zu einem anderen Mann mag auch eine sexuelle sein, doch sehr oft ist sie eher wie eine Vater-Sohn-Beziehung.

JOHN Wenn wir uns also homosexuelle Männer und Frauen an verschiedenen Stellen auf der Brücke vorstellen, einige mehr auf der weiblichen, andere mehr auf der männlichen Seite ..., dann könnten die sich doch zu gemischten Paaren zusammentun und die Erfahrung machen, zwar anders zu sein als andere, aber einander zu ergänzen, wie das »normale« Paare auch tun?

ROBIN Wahrscheinlich, obwohl ich die Metapher wirklich nicht allzusehr strapazieren will. Das Bild von der Brücke beschreibt ja nur einen Aspekt dieser Sache.

JOHN Gut. Bis jetzt haben wir weibliche Homosexuelle noch gar nicht erwähnt.

ROBIN Stimmt. Auch in der Literatur ist viel weniger darüber zu lesen als über männliche Homosexuelle. Es scheint, als ob diese Beziehung als normaler und unergiebig für Untersuchungen angesehen wird.

JOHN Und die feministische Literatur?

ROBIN Feministinnen scheinen das noch normaler zu finden als Psychiater. Meine beruflichen Erfahrungen belegen, daß weibliche Homosexuelle natürlicher, liebevoller und warmherziger miteinander umgehen als männliche Homosexuelle. Daher kommen sie auch nicht oft zur Therapie. Es scheint für viele Frauen oft eine vorübergehende Entwicklungsphase zu sein.

JOHN Aber genau wie die Männer haben sie auch nicht mit dem anderen Elternteil geflirtet und sind immer noch auf den gleichgeschlechtlichen Elternteil fixiert.

ROBIN Ja, und daher gilt das gleiche Prinzip: Sie vermissen gewöhnlich – und suchen deshalb – eine liebevolle physische Beziehung zu ihrer Mutter.

JOHN O.k. Um das mal alles mit Hilfe der Brückenmetapher auszudrücken: Da gibt es also die femininen Mädchen auf der Seite der Mutter, aber schon etwas abgerückt von ihr; die maskulinen Jungen auf der Seite des Vaters; die männlichen Transsexuellen, die sich noch gar nicht von Mutters Seite gelöst haben; die weiblichen Transsexuellen, die bei Vater angelangt sind; und die Homosexuellen, die sich über die Brücke verteilen. Eine letzte Frage dazu: Ich dachte immer, heutzutage glaubt kaum noch jemand, daß man hundertprozentig heterosexuell sein kann. Wäre es da nicht treffender zu sagen, die meisten Leute sind *auf der Brücke*? Mit anderen Worten: Haben nicht viele Leute homosexuelle Tendenzen, wenn auch in sehr abgeschwächter Form?

ROBIN Ja, das stimmt schon, hier ist die Metapher ein bißchen ungenau. Unter gewissen Umständen *können* wir zu einer früheren Entwicklungsphase zurückkehren, obwohl wir es *vorziehen*, unserer jeweiligen Stufe entsprechend zu handeln. Es ist zum Beispiel nicht ungewöhnlich für Männer, die lange ohne Frauen leben müssen – im Gefängnis, auf See, im Internat –, mit anderen Männern zu verkehren, weil sie keine Alternative haben, aber heterosexuell sind, wenn Frauen zur Verfügung stehen. Aber du hast recht, *all* diese *Gefühle* sind auch in normalen Menschen vorhanden.

JOHN Aber sie haben keine Neigung, diesen Gefühlen nachzugeben.

ROBIN Entweder das, oder sie sind sich ihrer nicht bewußt, weil sie sie hinter die Jalousie gesteckt haben.

Die Politik der Geschlechter

JOHN Wenn ich mir die Brücke ansehe, sehe ich Leute, die zwar physisch wie Männer oder Frauen aussehen, aber über die ganze Brücke und an beiden Ufern verteilt sind. Die Position jedes einzelnen soll seine psychische sexuelle Identität darstellen. Aber was sind eigentlich die Unterschiede zwischen »männlich« und »weiblich«?

ROBIN Diese Frage ist sehr schwer zu beantworten. Wir wissen – rein äußerlich gesehen – sehr genau, worin die Unterschiede liegen. Aber wenn wir versuchen, sie genau zu beschreiben, sie zu messen und zu definieren, dann verwischen sie. Unsere Aussagen betreffen sowieso nur den »Durchschnittsmann« und die »Durchschnittsfrau«.

JOHN Eine bestimmte Frau kann sich dann mehr für Astrophysik oder Weltumsegelungen interessieren als ein bestimmter Mann.

ROBIN Die Überschneidungen auf diesem Gebiet sind enorm, viel größer, als man allgemein denkt. Die psychischen Unterschiede zwischen Gleichgeschlechtlichen sind tatsächlich größer als die durchschnittlichen Unterschiede zwischen Männern und Frauen – und das betrifft alle Gebiete, die bisher untersucht worden sind.

JOHN Dann hat man also einige Unterschiede gefunden?

ROBIN Aber selbst die sind nicht wirklich ausreichend belegt.

JOHN Moment mal. Sprechen wir über angeborene Unterschiede oder durch Umwelteinflüsse bedingte?

ROBIN Es ist so unglaublich schwer zu bestimmen, was angeboren ist und was durch Erziehung und andere Einflüsse bedingt ist. Es ist ganz eindeutig, wenn in einer Schule alle Jungen in Naturwissenschaften und alle Mädchen in Hauswirtschaft unterrichtet werden, daß dann die Jungen besser Motorräder reparieren können und die

Mädchen im Knöpfe-Annähen und Kuchenbacken überlegen sind. Diese Erwartungshaltungen und der Druck in die damit verbundenen Richtungen sind von Geburt an so universell, daß sich kaum herausfinden läßt, welche Unterschiede angeboren sind.

JOHN Gibt es denn überhaupt welche?

ROBIN Ja, aber vergiß bitte nie, wir reden nur von *durchschnittlichen* Unterschieden. Corinne Hutt hat einige solcher angeborenen Unterschiede beschrieben, sie ist eine Expertin auf diesem Gebiet, und ich vertraue ihr. Bei Jungen erwähnt sie einen grundsätzlich größeren Energieverbrauch und einen größeren Tatendrang, außerdem eine bessere Handhabung visueller und räumlicher Aufgaben. Demgegenüber entwickeln Mädchen sich schneller – in intellektueller, körperlicher, sozialer Hinsicht –, sind sprachlich begabter und verständigen sich besser. Männer sind im allgemeinen aggressiver als Frauen. Eine gründliche Untersuchung der Literatur, die zwei Amerikaner, Maccoby und Jacklin, unternommen haben, kam allerdings zu einem etwas anderen Schluß. Der Unterschied zwischen visuellen, räumlichen und sprachlichen Fähigkeiten erscheint ausgeprägter, wenn Frauen eine untergeordnete Rolle spielen, und er verringert sich, wenn beide Geschlechter freier sind – daher gibt es selbst hier Zweifel, was angeboren ist.

JOHN Und wie ist es mit der angeborenen Aggression?

ROBIN Das ist der wohl bekannteste Unterschied, der eindeutig *physische* Ursachen hat. Zum Beispiel führt der Anstieg männlicher Geschlechtshormone zu lebhafteren, aktiveren und aggressiveren Spielen bei Jungen, während der Anstieg weiblicher Hormone – beide Geschlechter haben männliche *und* weibliche Hormone – den Jungen ruhiger macht, ein bißchen fügsamer, weniger energisch und aggressiv. Aber selbst hier dreht sich die Argumentation leicht im Kreis, denn man hat herausgefunden, daß die männlichen Geschlechtshormone in einigen Tieren ansteigen, sobald ein empfängnisbereites Weibchen da ist, und abfallen, wenn das Tier in einem Kampf besiegt worden ist oder unter Streß steht.

JOHN Du meinst also, wenn beide Geschlechter beide Hormone haben, aber das Gleichgewicht der Hormone durch die Umwelt beeinflußt werden kann, dann sind wir wieder beim Anfang unserer Argumentation angelangt?

ROBIN Jedenfalls liegen die Dinge nicht so einfach, wie es scheinen mag.

JOHN Ja, aber ob angeboren oder nicht, Männer sind doch im allgemeinen aggressiver als Frauen, oder? Deshalb dominieren sie ja, haben Positionen mit größerem Einfluß, bekommen mehr vom Kuchen ab.

ROBIN Ja, es ist daher nicht erstaunlich, daß die Frauenbewegung Selbstbehauptungstraining wichtig findet. Aber bitte vergiß nicht, wir sprechen ja nur von Durchschnittswerten. Die aggressivsten Frauen sind *viel* aggressiver als Männer mit geringer Durchsetzungskraft – es ist äußerst schwierig, diese Dinge richtig einzuordnen. Als ich mich eine Weile damit beschäftigt hatte, bemerkte ich, wie häufig die vorgebrachten Argumente sich im Kreis bewegten, tautologisch waren. Männer waren Männer, weil sie männlich handelten, und männliche Handlungen waren das, was Männer taten.

JOHN Es sei denn, Frauen handelten so ...

ROBIN Und umgekehrt. Manchmal denkt man, man hat die Antwort, doch dann ist sie wieder weg.

JOHN Also hast du keine Ahnung, obwohl du soviel Ahnung von all dem hast. Ach, mach dir keine Sorgen, den Wirtschaftswissenschaftlern geht das schon seit Jahren so.

ROBIN Das Problem ist nur, daß wir das wissen müßten, weil wir ja die Beziehungen zwischen Mann und Frau neu bestimmen wollen. Die »Ich Tarzan du Jane«-Beziehung ist überholt und ein neues System ist noch nicht entdeckt, das für beide Geschlechter zufriedenstellend wäre – und auch für die *Kinder.* Daher scheinen sich beide Seiten auf ihre Verhandlungsposition zu versteifen, um nur ja keinen Vorteil einzubüßen. Und die auf beiden Seiten zitierten Zeugen sind im allgemeinen recht unzuverlässig, ja oft voreingenommen.

JOHN Man verfälscht das Informationsmaterial, um die eigene Position zu stützen?

ROBIN Ja, obwohl das wahrscheinlich nicht absichtlich geschieht. Man sieht halt nur, was man sehen will, bemerkt nur, was die eigenen Vorurteile bestätigt und bestärkt. Das ist die gleiche Art selektive Blindheit für geschlechtsbedingte Unterschiede wie bei dem ernsteren Problem des Autismus und der Schizophrenie. Einige Leute sehen sehr grundsätzliche Unterschiede zwischen Männern und Frauen – und andere nicht. Und das gilt auch für ernsthafte Forschungen, die zunächst wissenschaftlich sehr abgesichert wirken. Aber die eigene Einstellung beeinflußt, was und wie man forscht

und letztlich auch, zu welchen Schlüssen man kommt. Forschungsergebnisse können also nur danach beurteilt werden, wie offen und unvoreingenommen die Forscher waren. Das kann man nur, wenn man viel von ihnen liest und ihre emotionalen Einstellungen und deren Auswirkungen auf die Forschungsergebnisse überprüft. Selbst wenn die Sachlage recht eindeutig scheint, sollte man nach solchen versteckten Schwierigkeiten Ausschau halten.

JOHN Du meinst also, im Hinblick auf geschlechtliche Unterschiede psychischer Art ist die Situation im Moment völlig ungelöst.

ROBIN Die einzig interessante Idee, die mir bisher untergekommen ist, haben wir schon besprochen und scheint Guttmans Konzept des »elterlichen Notstands« zu sein.

JOHN Das ist die Erkenntnis, daß durch die Geburt von Kindern den Eltern unterschiedliche Rollen zufallen, die sie notwendigerweise übernehmen müssen.

ROBIN Ja, die Bedürfnisse der Kinder verursachen diese Trennung in die geschlechtsspezifischen Rollen. Wie wir gesehen haben, brauchen die Kinder eine Bezugsperson, die sich *lange Zeit* eingehend um sie kümmert, die gefühlsmäßig stark mit ihnen verbunden ist und der es auch Freude macht, zärtlich und liebevoll zu sein. Nun, jeder der sich solchermaßen intensiv auf ein Baby einläßt, wird in gewisser Weise den Bezug zur harten Wirklichkeit verlieren. Unter früheren primitiven Gegebenheiten wäre das ausgesprochen gefährlich gewesen, da mußte ein anderer sich mit der Umwelt auseinandersetzen und beide beschützen. Seine Rolle unterschied sich also notwendigerweise von der ersten, da der Beschützer physische Kraft, Aggressivität und Planungsfähigkeit brauchte. Da das Baby in der Frau wächst und an ihrer Brust saugt, war es einfach logisch, daß die Frau die sorgende und der Mann die beschützende Rolle annahm.

JOHN Daher wurden in der Vergangenheit Männer und Frauen für diese Rollen von Kindheit an vorbereitet, damit sie sofort in Aktion treten konnten, sobald die Babys ankamen. Und diese Verhaltensweisen haben sich über Jahrhunderte hinweg erhalten. Aber das glauben auch die Frauenrechtlerinnen, oder?

ROBIN Ja, obwohl sie meinen, Frauen würden in ihre Rolle »hineintrainiert«, diese Rollenverteilung wäre Teil eines Abkommens, was in gewisser Weise auch stimmt. Allerdings übersehen sie dabei den offenbaren *Zweck,* dem dieses Argument dient, nämlich dem Überleben und Wohlergehen der Kinder, zumindest in früheren Zeiten. Und ganz in die Irre gehen die Feministinnen mit der Annahme, daß das Ganze eine ausgeklügelte Verschwörung der Männer sei. Denn die Männer werden auf ihre Rolle genauso festgelegt wie die Frauen auf ihre. Das System hat so lange so gut funktioniert, weil *beide* dazu erzogen wurden, den anderen dort festzuhalten, wo er war.

JOHN Genau wie das Familiensystem immer alle Veränderungsbestrebungen eines Mitglieds blockiert. Daher besteht die Familientherapie darauf, die Familie als ganzes zu behandeln. Sie pickt nicht einen einzelnen als Sündenbock heraus, da er nicht mehr und nicht weniger für das ganze System verantwortlich gemacht werden kann als jeder andere. Vielleicht sollten sich die extrem militanten Feministinnen an einen anderen Punkt erinnern, den du betonst: Wenn man einen einzelnen verurteilt, ist es viel schwerer, das System zu verändern.

ROBIN Daher hat das System, das wir »Gesellschaft« nennen, bisher so gehandelt: Die Männer haben die Frauen unterdrückt – sie sind so erzogen worden –, und die Frauen haben die Männer bewundert und ihnen ermöglicht, sie zu unterdrücken – sie sind *dazu* erzogen worden. Es ist der Kreislauf von der Henne und vom Ei.

JOHN Das erklärt, warum es Frauen so schwerfällt, Männer zu sabotieren, wenn es wirklich darauf ankommt. Ich bin froh, daß du den systematischen Charakter betont hast, denn ich hatte etwas Probleme mit dem folgenden Text:

Frau: Du, Kreatur Mann, hast getan, was ich nicht gut finde.

Mann: Und du, Kreatur Frau, hast getan, was mir nicht gefiel.

Frau: Aber, Kreatur Mann, du bist groß und stark und mächtig, und deshalb kannst du frei wählen, was du tust. Hingegen ich, ein weibliches Wesen, schwach, unterdrückt, ja unterjocht, ich habe keine freie Wahl. Ich tue, was ich tun muß, reagiere bloß spontan auf äußere Gegebenheiten. Deshalb kann ich nicht verantwortlich gemacht werden.

Mann: So bin ich verantwortlich für das, was ich tue, aber du bist nicht verantwortlich für das, was du tust.

Frau: Wieso hast du so lange gebraucht, um das zu verstehen?

ROBIN Aber Männer sind auch nicht besser! Denk an den Pantoffelhelden, der seine Frau laufend dazu provoziert, ihn auszuschimpfen, und so tut, als ob er für seine Unfähigkeit nichts könnte, aber sie mehr Verständnis für *ihn* haben sollte.

JOHN Du hast recht. Wir sollten besser die Gesellschaft als System im Blick haben und uns nicht in zwei paranoide gegnerische Lager einteilen, wobei sich die zwei Gruppen hinterhältiger Verschwörungen bezichtigen. Wenn wir uns also der Theorie des »elterlichen Notstands« zuwenden und uns die geschlechtlichen Unterschiede anschauen, die auf der Notwendigkeit der Kinderbetreuung beruhen, wird sofort klar, warum alle Babys sich zunächst äußerlich ähnlich sind und sich dann auseinanderentwickeln, wenn sie älter werden.

ROBIN Ja, sie ordnen sich sogar selbst getrennten Gruppen zu, als ob sie in verschiedenen Trainingslagern wären. Und eines ist sicher: Die Unterschiede zwischen Männern und Frauen sind am auffallendsten und ihre Kommunikation am schwierigsten, solange die Kinder klein sind. Und das, obwohl sie sich kurz vor deren Geburt noch so nah waren.

JOHN Aber was passiert, wenn die Kinder älter werden und das Nest verlassen? Wenn Guttmans Theorie stimmt, sollten sich die Unterschiede dann vermindern.

ROBIN Genau das passiert auch. Mit Ende Fünfzig tauschen manche Ehepaare sogar ihre Rollen!

JOHN Wie?!?

ROBIN Hast du das noch nie bemerkt? Wenn Frauen so fünfzig bis sechzig Jahre alt sind, sind sie oft aktiver, offener, unternehmungslustiger und ehrgeiziger als je zuvor: Während Männer freundlicher und entspannter werden, gefühlsbetonter und sensibler, zeigen Frauen jetzt ein ganz neues Maß an Selbstbehauptung und Selbstvertrauen. Die Geschlechter gleichen sich also einander an und wechseln manchmal sogar die Rollen, so daß frühere Konflikte, die rollenbedingt waren, jetzt umgekehrt ausgetragen werden. Die Frau hat sich vielleicht ihr ganzes Leben lang darüber beklagt, daß ihr Mann ihre Gefühle nicht teilt und sie kaum versteht. Dann tut er es endlich, aber sie will es gar nicht mehr – sie ist zu beschäftigt mit Ämtern und Kursen und Hobbys, während der Mann, der sie früher für ihre Hausbackenheit kritisierte, jetzt wünschte, sie wäre öfter zu Hause bei ihm.

JOHN Komisch, ich habe das schon oft bemerkt, aber ich habe es mir noch nie bewußt gemacht. Vielleicht habe ich es hinter die Jalousie verfrachtet, weil es nicht so recht zu meinen anderen Vorstellungen paßte. Guttmans Theorie scheint sich bis jetzt gut zu bewähren, nicht wahr?

ROBIN Und das müßte eigentlich auch der Frauenbewegung gefallen, weil dies doch zeigt, wie *flexibel* die Rollen sind, auch wenn angeborene Elemente in diesem Kontext eine wichtige Rolle spielen.

JOHN So läßt sich zusammenfassen, daß bisher nicht genau definiert ist, was es heißt, im psychischen Sinn männlich beziehungsweise weiblich zu sein.

ROBIN Nein, endgültig noch nicht.

JOHN Kann ich dich denn dann wenigstens folgendes fragen: Wie sollen die Leute denn miteinander umgehen, bis ihr Psychiater euch dazu bequemt habt, die geschlechtlichen Rollen eindeutig festzulegen?

ROBIN Da bin ich froh, daß du mich das fragst. Wir können einfach nur das tun, was *uns* natürlich erscheint, und offen und aufnahmebereit sein. Das ist das beste Erfolgsrezept für Partnerschaften. Auf diese Weise schauen wir *einander* wirklich an. Und das ist die beste Voraussetzung, uns verstehen zu lernen und einander beizustehen, interessante, vollständige, selbstbestimmte Menschen zu werden anstatt nur langweilige Stereotypen.

JOHN Um noch mal auf das Kleinkind zurückzukommen: Mit drei Jahren ist der Junge, wenn alles normal verläuft, über der Brücke beim Vater angelangt, während das Mädchen auf Mutters Seite bleibt. Und wenn sie beide ganz eindeutig auf der einen oder anderen Seite sind, haben sie ihre männliche oder weibliche Identität akzeptiert, sagst du – selbst wenn das niemand richtig verifizieren kann.

ROBIN Na ja, sie haben zumindest all die Anweisungen der Eltern in sich aufgenommen, wie Mädchen und Jungen sich benehmen *sollen.* Diese Anleitungen erfolgen ganz automatisch, niemand ist sich dessen bewußt, es geschieht einfach durch die Art, wie sie hochgehoben und angezogen werden, wie man mit ihnen spricht, spielt, welches Spielzeug sie bekommen und so weiter. Hinzu kommen natürlich noch alle biologischen Unterschiede.

JOHN Sie fühlen sich zu dem Zeitpunkt ganz stark einer Seite, einem Team zugehörig.

ROBIN Und dieses Zugehörigkeitsgefühl wird nicht nur verstärkt durch die eigenen Teamerwartungen – man soll so sein wie alle –, sondern auch dadurch, daß das andere Team betont, wie anders sie doch seien!

JOHN Weil jetzt jeder auf seiner Seite ist, können sie sich herumdrehen und den andersgeschlechtlichen Elternteil anschauen.

ROBIN Das stimmt. Sie sind jetzt in der Ödipus-Phase, die von drei bis sechs dauert.

JOHN In der Sage tötet Ödipus seinen Vater und heiratet seine Mutter, ohne zu wissen, wer sie wirklich sind.

ROBIN Nach der Entdeckung wird er von Entsetzen und Schuld gepackt und beraubt sich des Augenlichts.

JOHN Und das alles, weil er seine Mutter attraktiv fand?

ROBIN Ja. Kleine Jungen durchleben eine sehr romantische Beziehung zu ihren Müttern. Und sie sind nicht nur sehr liebevoll und zärtlich, sondern auch sehr besitzergreifend und eifersüchtig dem Vater gegenüber.

JOHN Die würden ihn gerne los, wie Ödipus. Und passiert dasselbe zwischen Mädchen und ihren Vätern?

ROBIN Ja.

JOHN Und Freud war der erste, dem das alles aufgefallen ist?

ROBIN Er war betroffen davon, wie *wichtig* diese Phase im Leben all seiner Patienten zu sein schien. Außerdem bemerkte er, daß diese Phase anscheinend systematisch von allen vergessen wurde, vollkommen verleugnet wurde, als ob sie nie stattgefunden hätte.

JOHN Vermutlich waren den Leuten die inzestuösen Beiklänge peinlich, oder? Daher versuchten sie, die Wichtigkeit des Geschehenen zu verdrängen oder doch wenigstens herunterzuspielen.

ROBIN Ja, allerdings darf man nicht unterschätzen, wie wichtig diese Phase für das Kind ist. Die Gefühle sind sehr mächtig, da das Kind nicht nur besitzergreifend und eifersüchtig wird, sondern sich gleichzeitig Sorgen über diese überwältigenden Gefühle macht. Die Kinder spüren, daß sie dabei sind, dem anderen Elternteil den Partner zu stehlen. Daher überrascht es nicht, daß sie vom gleichgeschlechtlichen Partner dieselbe Eifersucht erwarten, was ihnen natürlich Angst macht!

JOHN Der »Kastrationskomplex« ist die Furcht des Kindes, der gleichgeschlechtliche Elternteil könnte es dafür bestrafen, daß es ihm den Partner stehlen will? Eine dem Verbrechen angemessene Strafe ...

ROBIN Freud und seine Schüler fanden diesen Aspekt sehr wichtig – und es ist auch eine sehr naheliegende Art und Weise, in der sich Angst vor Rache und Vergeltung zeigen kann. Aber es ist nur *ein* Ausdruck der Angst, die Liebe und Zuwendung des gleichgeschlechtlichen Elternteils zu verlieren; das wäre natürlich in diesem Alter eine Katastrophe für das Kind.

JOHN Dann ist das Kind also in einer schwierigen, furchterregenden Lage, nicht wahr, es möchte einen Elternteil stehlen, hat aber Angst vor der Rache des anderen. Wie kann es diesem Dilemma entgehen?

ROBIN Glücklicherweise ist das recht einfach. Alles, was es braucht, sind Eltern, die sich gut verstehen, ihre Beziehung an die erste Stelle setzen – und vor allen Dingen eine gute sexuelle Beziehung haben. In diesem Fall werden sie den Störungsversuchen schnell Einhalt gebieten und liebevoll, aber bestimmt die Schlafzimmertür zumachen. Das gibt dem Kind die nötige Sicherheit, denn jetzt weiß es, es *kann* den Partner *nicht* stehlen. Das Kind spürt die Gefahr, die für die Ehe entstanden wäre und von der seine emotionale Sicherheit vollkommen abhängig ist.

JOHN Das Kind leidet also unter seiner Eifersucht und dem Gefühl des Ausgeschlossenseins.

ROBIN Ja, und das ist eine schmerzhafte Enttäuschung, die allerdings notwendig ist. Aber es tröstet sich damit, daß es sich auf anderen Gebieten geliebt und gewollt fühlt. Um zusammenzufassen: Das Kind muß diese Niederlagen in seinen Eroberungsbestrebungen erleiden – aber es sollte ein großzügiges, liebevolles Ende der Schlacht sein, das heißt, der gleichgeschlechtliche Partner reagiert nicht so eifersüchtig, wie es das Kind befürchtet hat, sondern gibt ihm weiterhin Liebe und Zuneigung.

JOHN Das Kind muß also zu dem Zeitpunkt erfahren, daß die Ehe der Eltern intakt ist und daß sie *füreinander* die erste Stelle eingeräumt haben.

ROBIN Genau. Und die beste Art, dem Kind diese Botschaft zu übermitteln, ist, sich ganz natürlich zu benehmen und Gefühle ganz offen zu zeigen. Vorausgesetzt, die Eltern gehen liebevoll miteinander um, dann können sie auch dem Kind zeigen, wie sie sich über seine romantischen Gefühle freuen. So helfen sie ihm, sich mit seiner Sexualität vertraut zu machen und sexuelles Selbstvertrauen zu gewinnen, so daß es sich später gut weiterentwickeln kann.

JOHN Mit etwa sechs Jahren wird das Kind also mit großer Erleichterung feststellen, daß seine Störversuche der Ehe nichts anhaben konnten.

ROBIN Dann entscheidet sich der Junge bald, dem Vater möglichst ähnlich zu werden, damit er zumindest ein bißchen von Mutters Bewunderung für den Vater abbekommt, wenn er sie schon nicht heiraten kann. Und das Mädchen will wie die Mutter werden, denn nur so scheint sich ein netter, gutaussehender Kerl wie der Vater für einen zu interessieren. Auf diese Weise wird das Kind auf das Erwachsenenalter ausgerichtet und entwickelt die notwendige Initiative, um in der Schule so viel wie möglich zu lernen und auf dem Spielplatz oder beim Sport so erfolgreich wie möglich zu sein. Mit anderen Worten: Es ist bereit für die nächste Phase.

JOHN Wenn das Kind aber diese beruhigende Botschaft über die Ehe nicht erhält, könnte das zwei Gründe haben. Entweder ist die Ehe wirklich nicht so gut, oder die Eltern machen ihm das nicht richtig klar.

ROBIN Ja – es ist sehr wichtig, diese zweite Möglichkeit zu erwähnen. Denn oft haben sehr weiche, nachgiebige Eltern Angst, dem Kind das Gefühl zu geben, ausgestoßen zu sein, oder sie fürchten sich, auch nur im mindesten Eifersucht gegenüber dem Kind zuzugeben. Kinder durchleben dann eine wirklich furchterfüllte Phase voller intensiver Angstvorstellungen.

JOHN Wie zeigen sich die?

ROBIN Sie sind normalerweise recht gut verborgen vor jedermann, zeigen sich allerdings in symbolischer Weise im Spiel des Kindes, aber auch in Phobien oder Alpträumen, die diesen Konflikt zwischen Liebe und Eifersucht in versteckter Form ausdrücken.

JOHN Wenn sich die Eltern also scheuen, das Kind auszuschließen, wird das Kind in weit stärkerem Maße Angst davor haben, eine glückliche Familie kaputt zu machen.

ROBIN Und das kann auch passieren, wenn Eltern meinen, sie sollten die Schlafzimmertür nicht schließen, mit anderen Worten, wenn sie ihre sexuellen Gefühle füreinander vor dem Kind geheim halten, so daß es grundlos vermutet, die Ehe sei kaputt, und sich vorstellt – o Schreck! –, es habe gewonnen!

JOHN Versteh ich, aber nehmen wir mal an, die Ehe ist *wirklich* nicht in Ordnung ...?

ROBIN Dann besteht die Gefahr, daß beide um die Gunst des Kindes streiten.

JOHN Sie antworten auf seine romantischen Annäherungen mit *allzu* großer Begeisterung?

ROBIN Was das Kind natürlich ungeheuer verunsichert, denn es spürt, daß es ihm gelingt, die Ehe zu zerstören. Es glaubt, es hat gewonnen, *obwohl* die ehelichen Probleme gar nichts mit ihm zu tun haben.

John Was geschieht denn mit solch einem Kind?

Robin Die Aussicht, die Ehe der Eltern zu zerstören, ist dermaßen beängstigend für das Kind, daß es sich vor seinen erwachenden sexuellen Gefühlen zu fürchten beginnt, die ihm der Grund für all diese Probleme zu sein scheinen. Daher wird es vielleicht die Verbindung zwischen Gehirn und sexuellen Gefühlen zu zerschneiden suchen, was dann im Erwachsenen zu Frigidität oder Impotenz führt.

John Meinst du Impotenz jetzt bildlich oder wirklich?

Robin Beides. Metaphorisch beziehungsweise psychisch gesehen, ist Impotenz der Ausdruck einer allgemeinen Furcht vor Erfolg.

John Nicht nur im sexuellen Bereich?

Robin Nein, bei sämtlichen Dingen, die der Betroffene mit Erfolg verbindet – selbst das, was andere als Erfolg ansehen könnten.

John Weil dieser Mensch meint, als Kind erfolgreich die Ehe der Eltern zerstört zu haben, fürchtet er, jeder weitere Erfolg könnte auch solche katastrophalen Folgen haben?

Robin Richtig. Weil die Eltern ihre Kinder nicht genug ausgeschlossen haben, *bleiben diese Kinder in der Ödipus-Phase stecken.* Das bedeutet auch, daß sie dieselben sexuellen Verhaltensmuster immer wiederholen werden.

John Sie werden immer wieder mit Gleichgeschlechtlichen um den Besitz eines andersgeschlechtlichen Partners ringen?

Robin Deshalb gibt es Männer, für die nur verheiratete Frauen attraktiv sind, sobald jedoch aus der Affäre eine engere Beziehung zu werden droht, ziehen sie sich zurück.

John Die *benutzen* den Ehemann, um sich vor einer ernsthaften Bindung zu schützen?

Robin Genauso wie Frauen, die wiederholt mit verheirateten Männern Affären haben, deren Ehefrauen zur eigenen Sicherheit brauchen. Sie sind ja nicht bereit und reif genug, eine tiefere Verbindung einzugehen, weil sie die Phase als Kind nicht richtig durchlebt haben und die Eltern ihnen erlaubt hatten, sich in ihre Beziehung zu drängen.

John Oder zumindest hatten sie das Kind glauben lassen, es könne sich in ihre Ehe einmischen.

Robin Genau. Selbst wenn die Beziehung der Eltern ganz gut ist, kann man ähnliche, wenn auch nicht so schwere Probleme bekommen, wenn, wie gesagt, die Eltern ihre eigenen sexuellen Gefühle

vor den Kindern verstecken. Dasselbe gilt auch, wenn Sex den Eltern peinlich ist oder sie eine gewisse Scheu davor haben. Dann gewinnen die Kinder den *Eindruck*, daß sie sich in die Ehe einmischen können, bleiben dann in dieser Phase stecken und entwickeln ein ähnliches Problem wie die Eltern.

JOHN Bestenfalls meinen sie, Sex sei nicht besonders gut?

ROBIN Ja. In dieser Phase muß das Kind lernen, diese romantischen Gefühle zu genießen und am sexuellen Kribbeln Spaß zu haben. Es sollte ganz entspannt damit umgehen können, wissend, daß seine romantischen Gefühle der Ehe nichts anhaben können. Wenn das den Eltern allerdings peinlich ist, dann kann das Kind eventuell sogar seine sexuellen Gefühle abschalten. Später, im Erwachsenenalter, ist es dann mitunter schwer, sie wieder anzuschalten. Der Vater hilft dem kleinen Mädchen, sexuelles Selbstvertrauen zu entwickeln, indem er sie attraktiv findet, wenn sie mit ihm, natürlich innerhalb bestimmter Grenzen, flirtet. Das gleiche findet zwischen der Mutter und ihren Söhnen statt.

JOHN Das »Flirten« ist erlaubt, denn der richtige Sex spielt sich hinter der geschlossenen Schlafzimmertür ab. Wieviel sollten die Kinder eigentlich darüber wissen, was dort vor sich geht?

ROBIN Die Details gehen die Kinder nichts an. Aber es ist wirklich gut für sie zu wissen, daß die Eltern einander lieben, Spaß am Geschlechtsverkehr haben und daß dies sie glücklich macht.

JOHN Was dem Kind zwei Botschaften übermittelt: Erstens, Sex ist gut. Zweitens, er ist bei Mutter oder Vater nicht erhältlich.

Robin Und das bedeutet auch, Sex ist wie ein Stückchen Zucker für das Pferd – das Kind wird motiviert großzuwerden, damit es einen eigenen Partner finden kann, mit dem es dann auch Spaß haben kann.

John Wenn die Eltern allzu prüde sind, gibt es keinen Zucker und für das Pferdchen keinen Grund, vorwärts zu gehen ...

Robin Und dasselbe gilt für Inzest. Dabei betone ich, daß wir nicht nur über Inzest im »technischen« Sinn reden. Ich denke vielmehr an Eltern, die selbst keine befriedigende sexuelle Beziehung miteinander haben und es daher geschehen lassen, daß ihre sexuellen Gefühle auf die Kinder übertragen werden, obwohl das alles natürlich total unbewußt und in versteckter Form passiert. Das gibt es viel häufiger als Inzest – diese Situation, in der ein Elternteil dem Kind eine engere emotionale Bindung erlaubt als dem Partner. Daher kann das Pferd den Zucker ganz auffressen und hat keine Motivation mehr, sich weiterzuentwickeln.

John Sowohl Prüderie als auch Inzest hindern das Kind zu reifen. Vielleicht ist das so, weil auch die Eltern nicht wirklich erwachsen werden wollen. Sie wollen lieber, daß alle für immer zusammenbleiben.

Robin Ja. Ich glaube, das ist der springende Punkt beim Inzest.

John O.k. Wenn die Eltern dem Kleinkind also liebevoll, aber bestimmt seine Grenzen zeigen, ihm nicht erlauben, ihre Beziehung zu stören, ihm auch zeigen, wieviel Spaß sie an ihrer sexuellen Beziehung haben, dann wird das Kind die Ödipus-Phase erfolgreich durchleben. Es ist ungefähr sechs – und tritt in die dritte der vier Phasen ein, die »Latenzzeit«.

Die Latenz – ein Zwischenspiel

Robin Freud nannte diese Phase »Latenzzeit«, um anzuzeigen, daß sexuelle Gefühle und das Interesse an Sex in den Hintergrund treten. Aber ausführliche Studien zeigen, daß das Interesse der Kinder an Sex in dieser Zeit weiterhin genauso stark ist wie vorher.

John Ich dachte, du hättest gesagt, Sex stehe nicht mehr so stark im Mittelpunkt, sondern sei nur noch *ein* Thema von mehreren.

Robin Lediglich die romantischen Gefühle für die Eltern verschwinden, deshalb sind die sexuellen Gefühle nicht mehr so dominant. Außerdem haben sich die Kinder mittlerweile den Erwachsenen angepaßt und behalten ihr Interesse an Sex für sich. Aber ihre Neugierde ist weiterhin wach, und sie experimentieren auf recht harmlose, wahrscheinlich sogar nützliche Weise miteinander.

JOHN Was meinst du mit »experimentieren«? Und: Tun das alle?

ROBIN Das hängt sehr davon ab, welcher Schicht sie angehören, ob sie auf dem Land oder in der Stadt wohnen und so weiter. Aber eine Studie in einem konservativen mittelamerikanischen Vorort hat zum Beispiel gezeigt, daß mehr als die Hälfte aller elfjährigen Jungen masturbierten und genauso viele auch an Sexspielen mit Mädchen teilgenommen hatten. Mehr als fünfundzwanzig Prozent hatten bei homosexuellen Spielen mitgemacht, und fünfundzwanzig Prozent hatten Geschlechtsverkehr versucht.

JOHN Dann ist homosexuelle Aktivität in diesem Alter ganz normal?

ROBIN O ja, erotische Spiele zwischen gleichgeschlechtlichen Kindern dieses Alters sind normal, so bis zu zwölf Jahren. Aber ich gebrauche das Wort »homosexuell« hier nicht gern, denn es soll nicht heißen, daß sie später schwul werden. Sie üben nur mit jemandem, der so ist wie sie, als ein erster Schritt, bis sie sich später dem anderen Geschlecht nähern.

JOHN So eine Art Feldstudie, um der Theorie mehr Leben zu verleihen.

ROBIN Aber sie verstehen die Theorie oft nicht so richtig, besonders was den Geschlechtsverkehr betrifft. Mutter oder Vater können ihnen durch genaue Aufklärung eine Menge Verwirrung und Angst ersparen.

JOHN Vermutlich ist schon die Aufklärung durch die Eltern eine klare Bestätigung, daß Sex gut ist und daß sie zur rechten Zeit und am rechten Ort dafür sind.

ROBIN Genau. Das bekommen die Kinder eben nicht mit, wenn die Eltern diese Rolle der Schule überlassen. Die Kinder finden die wissenswerten Dinge früher oder später schon selbst heraus, aber die Eltern haben dann die wichtige Aufgabe versäumt, ihren Segen dazu zu geben. Die spätere Einstellung zum Sex ist sehr abhängig von der Art, wie er vermittelt wird.

JOHN Und wie lange dauert die Latenzzeit?

ROBIN Bis zum Alter von etwa zwölf Jahren.

JOHN Und dann ist die Pubertät dran.

JOHN Jetzt kommen wir also zur vierten Phase, der Reifezeit. Du hast sie als eine Art Wiederholung beschrieben, ein Wiedererleben von Geschehnissen zwischen dem dritten und sechsten Lebensjahr, der ödipalen Phase.

ROBIN Für die Eltern war dieser ganze Ärger in den letzten sechs Jahren scheinbar verschwunden. Selbst wenn das Kind in Wirklichkeit noch starkes Interesse an Sexualität hatte, wurde es vor den Eltern verborgen gehalten. Aber sobald es in die Pubertät kommt, dem Beginn der Adoleszenz, scheint es diese Gefühle einfach nicht länger verstecken zu können. Durch die chemischen Vorgänge, die sich in ihm abspielen, werden diese Gefühle vervielfacht und so stark, daß sie aus ihm herausplatzen.

JOHN Das Kind erfährt also zum ersten Mal richtige sexuelle Gefühle.

ROBIN Ja, und das ist alles sehr neu und überwältigend – zeitweise alarmierend –, der Teenager wird sie zunächst als peinlich empfinden und die ganze Sache vorsichtig und scheu angehen. Daher wird dieser natürliche Drang zum Flirten und das Testen dieser neugefundenen Attraktivität zunächst einmal am andersgeschlechtlichen Elternteil ausprobiert – hier fühlt er sich sicherer, vorausgesetzt, die Beziehung ist einigermaßen gut.

JOHN Das klingt so wie die Ödipus-Geschichte: Flirten mit dem einen Partner und Eifersucht auf den anderen.

ROBIN Ja, aber es gibt den großen Unterschied, daß es für die Eltern jetzt sehr viel unangenehmer und verzwickter ist. Denn diese Jugendlichen sind eben keine putzigen Kleinkinder mehr, die Papis Marilyn Monroe oder Muttis edlen Ritter schauspielern. Sie sind fast erwachsene junge Menschen, die ganz reale, starke Sexsignale ausstrahlen, so wie die Eltern sie vielleicht schon lange nicht mehr empfangen haben.

JOHN Das Kind ist wirklich sexuell erregend und physisch attraktiv.

ROBIN Und die Eltern sitzen daher wie auf heißen Kohlen!

JOHN Aber sie sollten genauso darauf eingehen wie früher, ganz natürlich, mit Freude, aber auch mit klaren Grenzen, damit das Verhalten nicht wirklich sexuell wird.

ROBIN Richtig. Aber es ist gar nicht so leicht, immer das Gleichgewicht zu halten. Ein Problem dabei ist, daß die Teenager sich recht unbequem in ihrer Haut fühlen und sich demzufolge ihre Haltung von Minute zu Minute ändern kann. Sie provozieren und ziehen sich plötzlich zurück, als ob sie ein »lieber Onkel« zu vergewaltigen drohte!

JOHN Das ist ganz offensichtlich eine sehr schwierige Situation für alle. Wenn die Eltern nicht darauf eingehen, verlegen, unbeholfen und kühl reagieren, erscheint das den Kindern vielleicht wie eine Zurückweisung, und sie ziehen sich in ihr Schneckenhaus zurück. So werden sie natürlich kein sexuelles Selbstvertrauen entwickeln. Aber wenn sich die Eltern ein bißchen auf ihr Spiel einlassen, werden sie sich ängstlich wieder zurückziehen, da diese Erfahrung ihnen deutlich macht, welchen Effekt ihr Verhalten haben könnte.

ROBIN Und wenn die Teenager ganz abschalten, verlegen und widerborstig werden, dann fragen sich die Eltern, was sie falsch gemacht haben könnten – und fühlen sich dann auch verlegen und verklemmt. Natürlich sind sich die Teenager gar nicht darüber *bewußt*, welche Signale sie senden und was vor sich geht.

JOHN Das muß sehr schwer für die Eltern sein, wenn die Jugendlichen dauernd zwischen heiß und kalt wechseln – entweder sehr freundlich oder total abweisend sind.

ROBIN Da kann ich nur zustimmen! Oft meinen die Eltern, *alles*, was sie tun, sei falsch. Natürlich gelingt es ihnen zeitweise, eine gute Balance zu finden, Spaß an Neckereien und am Flirten zu haben und trotzdem die Grenzen aufzuzeigen. Aber es ist wichtig, daß sie akzeptieren, manchmal in die Rolle des Schuldigen gedrängt zu werden. Um der Kinder willen sollten sie das einfach auf sich nehmen und sich nicht allzusehr darüber aufregen oder sich sorgen.

JOHN Sie sollten *ihre* Gefühle nicht abschalten, nur weil der Jugendliche sie abschaltet.

ROBIN Genau, das ist das Wichtigste. Es ist notwendig für die Teenager, daß sie mit ihrem sexuellen Verhalten experimentieren können, aber es ist belastend, wenn sie meinen, daß sie die Sexualität ihrer Eltern *kontrollieren* können.

JOHN Entweder machen sie sie zu sehr an oder sparen sie zu sehr aus.

ROBIN Richtig. Mit soviel Verantwortung können Teenager nicht fertigwerden. Wenn sie daher glauben, sie hätten wirklich diese sexuelle Macht über die Eltern, ängstigen sie sich vielleicht und schalten die eigene Sexualität total ab, damit wieder Sicherheit herrscht, und mit der Zeit gewöhnen sie sich diese Haltung an.

JOHN Das klingt für mich sehr vertraut. Vor einigen Jahren hatte ich eine Beziehung zu einem wunderhübschen Mädchen, aber es haperte mit dem Sex. Es ließ sich immer ganz gut an, aber dann schaltete sie plötzlich ab und warf mir vor, irgend etwas getan oder gelassen zu haben. Nicht um alles in der Welt konnte ich verstehen, was von mir erwartet wurde. Traurigerweise haben wir das Problem nie gelöst und uns schließlich getrennt. Als ich sie kürzlich einmal zufällig traf, erzählte sie mir, sie sei in Therapie gewesen und hätte diese Probleme an ihrer Beziehung zu ihrem Vater festmachen können. Er war ein sehr netter, sehr geradliniger Typ, und sie flirteten miteinander, bis er plötzlich zu seinem namenlosen Entsetzen merkte, daß er sexuelle Gefühle für seine Tochter entwickelte, und das bedeutete *Inzest*! Er schaltete also plötzlich ab, als sie gerade begann, an diesem Kribbeln Spaß zu haben. Als Folge davon fühlte sie sich schuldig, so als ob sie etwas Unrechtes getan hätte. Als Selbstschutz lernte sie daher, sich selbst auszuschalten, um ihm zuvorzukommen. Und in unserer Beziehung wiederholte sie dieses Verhaltensmuster. Sie schaltete sich an einem gewissen Punkt immer aus, weil sie unbewußt Angst davor hatte, daß ich Schluß machen würde.

ROBIN Das ist ein sehr gutes Beispiel dafür, welchen Einfluß das auf das spätere Leben haben kann. Wie geht es ihr jetzt?

JOHN Sie hat mir erzählt, daß sie, sobald sie diesen Zusammenhang verstanden hatte, ganz langsam damit begonnen hätte, sich nicht mehr auszuschalten. Aber sie hat lange dafür gebraucht, denn das eingeübte Verhalten saß sehr tief. Ich muß schon sagen, diese Unterhaltung beunruhigt mich, denn es wird mir immer klarer, wie schwer es für die Eltern ist, in dieser Situation das Gleichgewicht zu halten. Weißt du, meine Tochter ist gerade zwölf und ausgesprochen hübsch. Zu Hilfe, Doktor!

ROBIN Mach dir keine Sorgen. Sie *bringt* dir das schon bei. Sie zeigt dir schon, was sie braucht. Sie probiert ihren Charme an dir aus, wenn sie das gerade braucht. Falls du sie überforderst, wird sie sich zurückziehen, bis sie Lust hat, es noch mal zu versuchen. Du brauchst dich nur zu entspannen und dich an diesem Spiel zu erfreuen. Sei nicht peinlich berührt, wenn sie ein Auge auf dich wirft oder wenn sie dich stehen läßt, wenn sie genug hat. Wir kommen wieder auf die Idee des Grenzsteins zurück: Verändere deine eigenen natürlichen Reaktionen nicht, um dich zu schützen, sondern verhalte dich ganz still, oder besser, bleib bei deinem Kurs. Dann kann sie dich als Zielscheibe benutzen. Das ist alles sehr viel einfacher, wenn die Eltern eine gute sexuelle Beziehung miteinander haben und das den Kindern auch klarmachen. Dann sorgen sie sich auch nicht unnötig, wenn sie ihre Sprößlinge manchmal recht attraktiv finden. Ganz im Gegenteil, dieses Kribbeln bestätigt nur allen, daß die Dinge »nach Plan« laufen.

JOHN Weil alle wissen, daß der richtige Sex hinter der Schlafzimmertür der Eltern stattfindet.

ROBIN Genau. Die Angst der Jugendlichen, die Eltern zu sehr oder zu wenig beeinflussen zu können, hat ja auch mit dem Wunsch zu tun, *beide* Eltern nicht zu verletzen, indem sie die Ehe stören. Je offensichtlicher es ist, daß die Ehe gesund ist und blüht, je mehr können sich die Teenager entspannen und ein bißchen das Flirten üben.

JOHN Aber da gibt es doch noch etwas anderes, was das Leben für alle erschwert. Die Eltern nähern sich zu dieser Zeit den mittleren Jahren und bemerken ein Nachlassen sexueller Aktivität und auch der eigenen Attraktivität. Mir haben schon manche Frauen erzählt, sie hätten sich sexuell nicht richtig entfalten können, weil die eigene Mutter auf sie eifersüchtig gewesen sei und sie entmutigt, ja angegriffen habe, wenn sie sich ein wenig aufmotzten oder sich sexy gaben.

ROBIN Ja, ich kann nur wiederholen: Wenn ihre sexuelle Beziehung gut ist, werden die Eltern nur einen Hauch Eifersucht empfinden, der schnell vorübergeht. Es ist auch wichtig, daß sie selbst genug Erfahrungen mit Sexualität gemacht haben, als sie Teenager waren und bevor sie sich zur Ehe entschlossen. Insofern haben es die heutigen Teenager leichter, denn schon deren Elterngeneration hat sich in sexueller Beziehung mehr Freiheiten genommen. Natürlich hat die Verbreitung von Aids ihre eigene Problematik mit sich gebracht. Der Einfluß der mit dieser Krankheit verbundenen Ängste auf die Jugendlichen ist noch nicht absehbar. Doch immerhin können sie sich heutzutage offen sexuell betätigen, mehr als das schon den Eltern möglich war. Für die Eltern verstärkt das allerdings das Eifersuchtsproblem, wenn sie die Affären der Teenager erleben. Und wenn die eigene Beziehung nicht befriedigend ist, ist es fast schmerzhaft, wenn der Jugendliche stundenlang mit der Freundin telefoniert, erst in der Früh nach Hause kommt oder drei Stunden zum Gutenachtsagen braucht.

JOHN Und wenn die Eltern sehr eifersüchtig *sind*, zwingen sie dadurch die Jugendlichen, ihre Gefühle abzuschalten, um all diese scheußlichen Empfindungen zu vermeiden, die sie den Eltern zu verursachen scheinen?

ROBIN Ja. Daher ist es äußerst wichtig, daß die Eltern sich über diese Eifersucht klar sind. Sie sollten sich dessen bewußt sein, wenn sie entscheiden, wie streng Vorschriften bezüglich Freunden, Nachhausekommen und so weiter eingehalten werden müssen.

JOHN Klar, die Vorschriften drehen sich natürlich nicht nur um Sex. Welche Richtlinien könnten die Eltern auf anderen Gebieten geben?

Grenzlinien für Jugendliche

JOHN Du hast die Adoleszenz als eine Art Wiederholung der Kleinkindphase beschrieben. Damals war es sehr wichtig, klare Grenzen für die Kinder zu ziehen. Gilt das auch für die Jugendlichen?

ROBIN Es ist für die Jugendlichen äußerst wichtig zu wissen, daß die Einstellungen der Eltern zuverlässig, stabil und fest sind. Die Jugendlichen suchen mehr Unabhängigkeit – Unabhängigkeit von der Familie. Anstatt Vaters Hilfe bei der Loslösung von der Mutter brauchen sie jetzt Hilfe *von außen,* besonders von Freunden, damit sie sich von *beiden* Eltern lösen können. Sie versuchen, ihre eigene, von den Eltern *getrennte* Identität zu erlangen, und müssen sich erst an sie gewöhnen. Und eine sehr gute Methode dafür ist ein bißchen Rebellion.

JOHN Daher brauchen sie etwas, *gegen* das sie rebellieren können? Ganz klare Grenzen, an denen sie ihre Stärke erproben können?

ROBIN Genau wie die Babys – und aus ähnlichen Gründen.

JOHN Daher geben ihnen die Eltern also eine gewisse *Sicherheit,* indem sie klare Grenzen setzen?

ROBIN Ganz genau. Man darf nie vergessen, wie unsicher und beeinflußbar Jugendliche sein können. Im einen Augenblick sind sie voller Zuversicht, wollen Freiheit und Unabhängigkeit, rebellieren gegen alle elterlichen »Zwangsmaßnahmen«, im nächsten Augenblick werden sie überwältigt von Gefühlen der Hilflosigkeit und Unsicherheit, brauchen Trost und Unterstützung. In gewisser Weise sind sie im einen Moment Erwachsene *und* im anderen Kinder. Das ist eine sehr verwirrende Zeit für sie, deshalb brauchen sie ganz feste, stabile Leitlinien.

JOHN Das klingt so, als ob es den Eltern vorkommen könnte, sie hätten das alles schon mal erlebt.

ROBIN *Hoffentlich* ist das so – dann haben sie Glück gehabt! Denn wenn sie diese Grenzlinien im Kleinkindalter nicht genau genug gezogen haben, dann ist das jetzt sehr viel schwieriger. Aber es ist notwendig, auch wenn eine Zeitlang die Hölle los ist.

JOHN Außer den ganz klaren Vorschriften – was können die Eltern denn noch tun, um die Kinder zur Unabhängigkeit zu führen?

ROBIN Sie können ihre außerhäuslichen Aktivitäten unterstützen. Und zu Hause können sie ihnen Freiräume einräumen, zum Beispiel in ihren Zimmern. Jeder Teenager hißt dort seine eigene Unabhängigkeitsflagge, indem er sein Zimmer ganz anders gestaltet als andere Zimmer im Haus. Und das ist auch gut so. Aber in den Räumen, die gemeinsam benutzt werden, sollten die Eltern auf kooperatives, rücksichtsvolles Verhalten achten: Das Badezimmer sollte für andere auch benutzbar sein, alle sollten beim Saubermachen helfen und so weiter.

JOHN Das erinnert mich an etwas, das du mal gesagt hast: »Die Hölle ist los, wenn ein junges Mädchen nicht dazu angehalten wird, abzuwaschen.«

ROBIN »... von ihrem Vater«. Diese Kleinigkeit hast du ausgelassen. An einem gewissen Punkt in der Therapie bekommt der passive Vater, der »nur seine Ruhe« will, alle angestaute und aufgewühlte

Wut seiner halbwüchsigen Tochter zu spüren. Höhepunkt der Anklagen ist dann oft: »Du verlangst ja *noch nicht mal,* daß wir abwaschen!«

JOHN Die Teenager *wollen* also Vorschriften. Dann haben sie zumindest etwas, über das sie sich beklagen können.

ROBIN Und gegen das sie sich auflehnen können, wenn auch nur ganz sachte. Denn zu diesem Zeitpunkt ist die Persönlichkeit der Teenager noch nicht sehr fest umrissen, daher ist es tatsächlich schwierig für sie, wirklich unabhängig zu sein. In gewissem Maß lernen sie sich zunächst durch negative Abgrenzung kennen, zu Beginn zumindest.

JOHN Sie lernen ihre Unabhängigkeit kennen, indem sie *nicht* tun, was die Eltern wollen, oder tun, was *diese* nicht wollen, aber nicht, *indem* sie tun, was sie selbst wollen.

ROBIN Zumindest zu Beginn ist das so. Weil sie sich vielleicht noch nicht darüber klar sind, was sie tun *wollen,* was für ein Mensch sie eigentlich sind. Ihre Identität ist noch nicht klar. Muskeln bilden sich auch nicht, indem man sich entspannt oder Hindernisse umgeht, oder? Man geht gegen diese Hindernisse an, macht Kraftübungen und boxt gegen Übungsbälle. Mit dem Willen ist es genau dasselbe und mit Charakterstärke und Selbstvertrauen ebenso.

JOHN Sie brauchen also etwas, gegen das sie sich stemmen können, um unabhängiger zu werden. Vielleicht reden diese Teenagerrevolutionäre deshalb dauernd über die »Notwendigkeit zu kämpfen«. Es hilft ihnen, erwachsen zu werden.

ROBIN Witzbold! O.k. Wenn die Eltern die Notwendigkeit dieser Machtkämpfe akzeptieren und die Grenzen genau festlegen, so daß sich die Kinder daran reiben können, ist das eine große Unterstützung. Natürlich müssen diese Grenzen von Zeit zu Zeit überdacht und geändert werden, denn die Kinder werden älter und unabhängiger, und dem muß Rechnung getragen werden. Aber es ist wichtig, daß die Eltern sich nicht im alltäglichen Kleinkrieg verheddern und die auftauchenden Probleme sofort und für immer lösen wollen oder sogar Angst haben, etwas falsch gemacht zu haben. Wenn sie versuchen, den Forderungen der Teenager nachzugeben und sie zufriedenzustellen, werden sie mit sich selbst am Ende nicht oder nur recht dürftig zufrieden sein können und die Kinder in die falsche Richtung gelenkt haben. Der springende Punkt dieser Entwicklungsphase ist, daß der Teenager etwas sucht, das er bekämpfen kann. Wenn die Eltern ihm ständig nachgeben, muß der Teenager zu immer verzweifelteren Aktionen schreiten, um auf Gegenwehr zu stoßen, und der Konflikt wird weitergetrieben, *bis* die Eltern endlich einen Schlußstrich ziehen oder aber die Kinder das Haus anzünden.

JOHN Es ist faszinierend, daß man einen Schritt zurücktreten soll, um das Verhalten besser einschätzen zu können, anstatt sich in die Details des Streits verwickeln zu lassen. Was meinst du zu Kleidervorschriften?

ROBIN Das hängt von den Eltern ab – einige sind großzügiger als andere. Aber es wäre ausgesprochen schlecht, wenn überhaupt keine gemacht würden oder wenn die Eltern verlangten, daß die Kinder genauso angezogen sind wie sie selbst. Es ist übrigens witzig, daß es Kindern, kurz bevor sie in die Adoleszenzphase kommen, äußerst peinlich ist, wenn die Eltern zu Anlässen wie Schulfesten oder Sportfesten nicht ganz durchschnittlich und unauffällig angezogen sind. Ich erinnere mich, wie meine Tochter über meinen Schlips schimpfte, der drei Streifen hatte anstatt zwei. Aber sobald die Adoleszenz anfängt, haben die Jugendlichen großen Spaß daran, die Eltern mit einem möglichst wilden Aufzug zu schockieren.

JOHN Um ihnen zu helfen, sollten die Eltern daher auf gewissen Grenzen bestehen.

ROBIN Ja. Sie müssen Grenzsteine setzen, an denen die Kinder sich reiben und messen können; sie nehmen an, was ihnen gefällt, und weisen zurück, was sie nicht mögen. Und dazu muß man wissen, *wo* der Grenzstein steht.

JOHN Deshalb müssen die Eltern eine eindeutige Haltung einnehmen, auch wenn die Kinder nicht damit übereinstimmen. Ja, sie sollten verstehen, daß die Kinder sehr wahrscheinlich überwiegend anderer Meinung sind und sie als Tyrannen, als diktatorische Geistesgestörte ansehen werden.

ROBIN Richtig. Wenn die Eltern diese Rolle akzeptieren können und sich trotzdem weiterhin an ihrem eigenen Leben freuen, werden sie wahrscheinlich gar kein »Teenagerproblem« bekommen. Forschungen über durchschnittliche Familien haben gezeigt, daß fünfundachtzig Prozent aller Teenager ihre Eltern mögen, sie respektieren und sich gut mit ihnen verstehen. Ihr sehr lebhaftes Forscherinteresse wird von den Eltern überhaupt nicht als »Problem« eingestuft.

JOHN Hast du dann diese »Kampfsituation« nicht überbetont?

ROBIN Ich denke, es ist für alle Eltern beruhigend zu wissen, wie normal dieser Konflikt ist, denn er kommt doch immer etwas überraschend. Viele Leute werden sich fragen, ob es richtig ist, auf Richtlinien zu bestehen. Selbst Eltern, die durch die momentan gängigen liberalen Haltungen beeinflußt sind, werden vielleicht strikter handeln, wenn sie erkennen, daß dieser Konflikt absolut notwendig ist.

JOHN Du hast oft gesagt, wie sehr du gegen diese grundsätzliche Liberalisierung in der Erziehung bist, weil die Kinder einfach klare Grenzen brauchen – aber auf dem *sexuellen* Gebiet bist du doch nicht dagegen, oder?

ROBIN Was meinst du damit?

Phantasievorstellungen

JOHN Ich habe den Eindruck, daß du es begrüßt, wenn junge Leute mit verschiedenen Partnern so manches ausprobieren, damit sie emotional und, wenn sie wollen, sexuell Erfahrungen sammeln.

ROBIN Ja, das stimmt. Solange es nicht gegen bestimmte religiöse oder moralische Grundsätze der Betroffenen verstößt.

JOHN Warum, meinst du, tut ihnen das gut?

ROBIN Es gibt ihnen ein solides Fundament für die Ehe.

JOHN Sprichst du da aus beruflicher Erfahrung?

ROBIN Ja. Ich sehe immer wieder verheiratete Menschen im mittleren Alter, die in der Jugend diese Erfahrungen nicht gemacht haben und nur wenige Freunde oder Freundinnen des anderen Geschlechts hatten. Sie verstricken sich in pubertäre, außereheliche Affären mit unrealistischen Erwartungen. Oder, was noch schlimmer ist, die meiste Zeit gaukelt ihnen die Phantasie einen anderen Partner vor, mit dem sie meinen, viel glücklicher sein zu können.

JOHN Sie meinen wohl, sie würden alt, ohne die Freuden des Lebens ausgekostet zu haben?

ROBIN Sie haben nur einfach wenige Beziehungen gehabt, daher glorifizieren sie sie. Sie haben die Wirklichkeit von Affären nicht erlebt und bilden sich ein, die Kirschen in Nachbars Garten schmeckten soviel besser … Aber ob sie nun wirklich untreu sind oder nur in Phantasien schwelgen, sie vergleichen unentwegt den eigenen Partner mit ihrem perfekten Traum – und, o Wunder, die Ehe entspricht bei weitem nicht ihrer Vorstellung.

JOHN Ihre Erwartungen sind unrealistisch?

ROBIN Unerreichbar, ja. Aber das können sie nicht wissen, denn das haben sie nicht erfahren können. Menschen, die ihre Erfahrungen gesammelt haben, wissen um die Schwierigkeiten einer guten sexuellen Beziehung und daß sie zum großen Teil von der Qualität der gesamten Beziehung abhängt. Sie haben erfahren, daß man sich Mühe geben und das Interesse und die Energie eher in die Ehe als in Träumereien über andere Partner stecken muß.

JOHN Warum sagst du eigentlich, daß das Träumen von der Untreue »schlimmer« ist als die wirkliche Untreue?

ROBIN Weil diese Träumerei die Ehe zerstört, ohne dem Träumer die Gelegenheit zu geben, die *tatsächlichen Komplikationen* einer Affäre zu erkennen.

JOHN Weil sie nie erfahren, wie schwer es ist, zwei Beziehungen nebeneinander zu haben, wie wahr in dieser Hinsicht die französischen Boulevardkomödien sind.

ROBIN Mehr als das. Sie erhalten nie die Chance zu sehen, daß dieselben Probleme, die sie mit ihrem Ehepartner haben, letztendlich auch in ihrer Affäre auftreten werden.

JOHN Hätten sie wirklich eine Affäre, würden sie es bald merken?

ROBIN Ja. Und dann fänden sie vielleicht die »alte« Ehe gar nicht so schlecht.

JOHN Ja, aber nehmen wir an, die bestehende Ehe ist wirklich furchtbar?

ROBIN Ah, in dem Fall bringt die Phantasie gerade soviel Erleichterung, daß die Ehe aufrechterhalten werden kann, obwohl es mitunter besser für beide Partner wäre, von vorne anzufangen, solange sie noch etwas Neues aufbauen können.

JOHN Mich erleichtert, wie du Phantasievorstellungen beurteilst, denn sie vermiesen uns so oft das Leben, deshalb finde ich sie gemeingefährlich. Damit meine ich nicht spielerische Träumereien, darauf kann man sich einlassen oder auch nicht, wie man will. Ich spreche von diesen lächerlichen Assoziationen, die den Begriff »romantische Liebe« begleiten. Ich glaube, es gibt nicht eine einzige Idee, die die Menschen längerfristig unglücklicher macht. Mir scheint es fast so, als ob jemand eine Liste sämtlicher Merkmale der Depression gemacht und sie dann heiliggesprochen hätte: Es ist wundervoll, sich anzuklammern; es ist höchst moralisch, abhängig zu sein; es ist verwerflich, von mehr als einer Quelle Hilfe in Anspruch zu nehmen; das wohl löblichste Gefühl ist die immerwährende Erwartung von Verlust; jemanden zu vermissen erfüllt mit Lebensgefühl; Leiden überhaupt garantiert ein erfülltes Leben. Aber meine Ansichten zu diesem Thema sind nicht sehr populär. Viele Leute sind stolz darauf, romantisch zu sein. »Ich fürchte, ich bin ein kleiner Romantiker«, sagen sie und lächeln mit einer unnachahmlichen Miene geistiger und moralischer Überlegenheit. Und sie können äußerst böse werden, wenn man sie fragt, warum selbstverursachte Schmerzen denn so gut tun. Das gilt besonders für Frauen, die sich an diese romantische *Idee* zu klammern scheinen, obwohl sie meist viel entschlossener und scharfsichtiger in ihren Beziehungen zu anderen sind.

ROBIN Ich glaube nicht, daß es so viele Unterschiede zwischen Männern und Frauen in dieser Hinsicht gibt. Männer phantasieren genausoviel, wenn nicht mehr, aber sie geben der Sache einen besseren Namen, zum Beispiel »Politik« oder »Philosophie«. Früher haben die Frauen sie noch dazu ermutigt, um sie von der Küche fernzuhalten, wo sich die wichtigen Dinge abspielten.

JOHN Das beste, was man also mit Illusionen tun kann, ist, sie abzuschaffen.

ROBIN Nicht unbedingt. Das soll jeder selbst entscheiden. Ich *persönlich* ziehe es vor, Illusionen loszuwerden und in der Realität zu leben, aber ich empfehle das deshalb nicht allen. In meiner Arbeit bemerke ich auch, daß die Patienten, die ihre Illusionen loswerden wollen, am meisten von der Behandlung haben, aber es ist ein schmerzhafter Prozeß.

JOHN Eine Illusion zu verlieren kann genauso schmerzhaft sein wie etwas Reales zu verlieren?

ROBIN Ja. Und nicht jeder kann oder will das ertragen. Daher helfe ich ihnen nur, sie zu erkennen und vielleicht soweit abzuändern, wie es für sie notwendig ist. Aber mehr als das wäre nicht gut, denn man sollte eine Illusion nur dann zerstören, wenn die betroffene Person sie durch etwas anderes, besseres, ersetzen kann.

JOHN Du findest es also richtig für Jugendliche, ein bißchen zu experimentieren, weil sie daraus lernen, ihre Illusionen über Beziehungen zu verlieren, und über sich selbst, ihre Bedürfnisse und das andere Geschlecht mehr erfahren. Das hebt ihre Chancen beträchtlich, später einen Partner auszuwählen, mit dem sie eine gute, erfolgreiche Ehe führen können.

ROBIN Genau. Ich akzeptiere sexuelle Freiheit vor der Ehe, weil ich eine stabile Ehe sehr wichtig für die Familie finde und weil ich Treue und Bindungsfähigkeit bejahe und als wertvoll empfinde. Paare *wählen* diese Werte eher, wenn sie selbst entdeckt haben, daß lockere, kurzlebige Affären ihnen weniger geben und längst nicht so befriedigend sind. Obwohl sie natürlich Vergnügen machen, sind sie letztlich nicht mit einer wirklichen Partnerbeziehung vergleichbar. Aber die meisten Menschen akzeptieren etwas leichter, wenn sie es selbst erlebt haben, als wenn sie es lediglich von anderen übernehmen sollen.

Sexuelle Probleme kurieren

JOHN Fassen wir doch noch einmal den Verlauf der verschiedenen Entwicklungsstufen zusammen, denn wir sind ja jetzt schon fast bei der Ehe angelangt. Also: Das Bewußtsein unserer sexuellen Identität entwickelt sich normalerweise im Alter zwischen zweieinhalb und drei Jahren, wenn das Kind seinen Platz auf der männlichen oder weiblichen Seite des Ufers einnimmt. Dann kommt die ödipale Phase – die erste Liebesbeziehung mit dem andersgeschlechtlichen

Elternteil, so zwischen drei und sechs Jahren. Darauf folgen sechs Jahre der Latenz, das Interesse ist zwar noch da, aber nicht mehr so offensichtlich. Daran schließt sich die Adoleszenz an, wenn die Hormone alles in Aufruhr bringen und die ödipale Phase wiederholt wird, diesmal aber mit wirklichem sexuellem Kribbeln. Danach können die jungen Leute eigene Erfahrungen sammeln, die sie später bei der Wahl eines Ehepartners brauchen werden. Jetzt erhebt sich die Frage, was man machen kann, wenn irgendwo etwas falsch gelaufen ist.

ROBIN Das hängt sehr davon ab, wo genau das Problem entstanden ist, das heißt in welchem Entwicklungsstadium. Je später, desto eher ist Hilfe möglich. Heutzutage ist die Prognose für solche Probleme wie Impotenz, Frigidität, vorzeitige Ejakulation sehr verbessert. Unsere neuen Behandlungsmethoden lösen in *Wochen*, was früher Jahre brauchte.

JOHN Aber nehmen wir mal an, das Problem stammt aus einer Zeit *vor* der ödipalen Phase. Mit anderen Worten, was ist, wenn es mit sexueller Identität zu tun hat.

ROBIN Tja, da kann man oft recht wenig tun. Und bei den meisten Transsexuellen und Homosexuellen würde ein Psychiater gar nicht erst gefragt werden, um diese Abweichung zu behandeln, da diese Menschen sie akzeptiert und sich angepaßt haben. Daher stellt sich die Frage gar nicht.

JOHN Aber Veränderungen sind *möglich*?

ROBIN Ja. Aber wo das geschieht, geht diese Veränderung sehr langsam voran, es ist eine sehr harte, oft schmerzliche Arbeit, denn wir ändern ja den Kern der Persönlichkeit. Es ist *alles* betroffen in diesem Menschen – alle Aspekte müssen abgeändert werden. Das ist wie ein massiver Umbau in einer Altbauwohnung. Daher muß jeder selbst entscheiden, ob die Anstrengung und der Schmerz sich auch lohnen. Für viele lohnt es sich nicht, für manche ist es sogar gefährlich, es zu versuchen. Hier muß es die Aufgabe des Psychiaters sein, die Verwundbarkeit des einzelnen zu erspüren und seine Ansichten zu respektieren. Manchmal spüren Patienten besser als der Psychiater, was sie brauchen. Wenn also so ein Mensch in Therapie kommt, um irgendein anderes Problem zu lösen, können wir ihm gut aufzeigen, wie er sein Leben verbessern und mehr Freude haben kann, ohne dabei seine sexuelle Identität anzutasten.

JOHN Ich habe gemerkt, daß du das Wort »Deviation«, Abweichung, benutzt hast!

ROBIN Früher hat man von »Perversionen« gesprochen. Aber dieses Wort ist mit einem sehr negativen Beiklang beladen aus einer Zeit, als jeglicher außereheliche Sex mit strengen Strafen verfolgt wurde. Daher gebrauchen wir jetzt lieber »Deviation«.

JOHN Ja, aber viele Homosexuelle mögen dieses Wort absolut nicht. Sie ziehen »Variation« vor, um zu betonen, daß eine sexuelle Ausrichtung so »normal« ist wie die andere.

ROBIN Ich bejahe deren Recht, das so zu sehen und auch ihre Gedanken zu propagieren, wenn sie sich denselben Regeln unterwerfen wie alle. Aber ich meine eben, daß verschiedene sexuelle Orientierungen am besten im Vergleich mit der normalen Entwicklung gesehen und verstanden werden können. Diese Schemata sind nicht nur in sich logisch und wurden bestätigt durch meine klinische und andere berufliche Erfahrung, sie helfen uns auch dabei, Verhalten und Funktionen effektiver zu verändern. Aber wenn andere Leute meinen, Deviationen kommen aus der Luft, ohne jede Erklärung – und diese Einstellung ist natürlich verständlich, wenn sie sich nicht ändern wollen –, dann bin ich auch zufrieden damit. Meine Schemata der Entwicklungsphasen wollen ja auch nicht *moralisieren,* weder Mangel noch Tadel gehen daraus hervor. Wir sagen nicht, daß man anders sein *sollte,* als man ist.

JOHN Es ist also schwer, sexuelle Identitätsprobleme zu behandeln, auch wenn der Patient das will, weil seine Persönlichkeit auf dieser Identität beruht und daher große Rekonstruktionen notwendig würden. Und wie ist das mit Problemen, die später entstanden sind?

ROBIN Nehmen wir Frigidität, Impotenz und vorzeitige Ejakulation, die man allgemein »sexuelle Dysfunktionen« nennt. Diese Schwierigkeiten sind entstanden, nachdem die sexuelle Identitätsphase erfolgreich absolviert worden ist. Bei den Deviationen ist der Zug aufs *falsche* Gleis gefahren. Bei den Dysfunktionen ist der Zug zwar auf dem richtigen Gleis, steht aber vor dem roten Signal still. Der Therapeut muß also das Signal auf grün umstellen.

JOHN Das rote Licht hindert diesen Menschen daran, seine Sexualität in der ödipalen Phase voll zu entwickeln?

ROBIN Ja. Nehmen wir die Frigidität. Wenn dem Vater die romantischen Gefühle des kleinen Mädchens zu schnell peinlich werden und er negative, verschämte Signale aussendet, dann wird sie bald meinen, diese neuen Gefühle, die sie gerade entdeckt hat, seien »falsch«. Deshalb wird sie versuchen, sie abzuschalten. Wenn sie erwachsen ist, hat sie sich schon so daran gewöhnt, sie dauernd abzuschalten, daß sie sie kaum wieder anschalten kann.

JOHN Dasselbe wäre passiert, wenn der Vater zu positiv reagiert hätte?

ROBIN Ja, dann hätte sie diese Gefühle abgeschaltet, um sicher zu sein, daß ihr nichts passiert. Das kann auch geschehen durch Umwelteinflüsse, zum Beispiel durch strikte Anti-Sex-Einstellungen in der Gemeinschaft. Natürlich ist der Grund auch manchmal in einem Trauma zu suchen, einem scheußlichen Geschehen im Kindesalter.

JOHN Und Impotenz kommt auf dieselbe Weise zustande? Nur hat die Mutter hier falsch auf die Annäherungen des Jungen reagiert?

ROBIN Genau. Aber es ist wichtig zu betonen, daß jeder Mann zeitlich begrenzte Impotenz erleben kann, das heißt also, er kann keine Erektion bekommen oder sie läßt nach beim Vorspiel oder beim Verkehr. Das ist oft verursacht durch Streß, Krankheit oder durch bestimmte Drogen oder Alkohol. Oder auch, wenn ihm besonders daran liegt, daß alles gut geht, wenn er zum Beispiel zum ersten Mal mit einer Geliebten zusammen ist. Das kann schnell zu einem Teufelskreis führen, wobei seine steigende Angst vor Versagen zu immer schlechterer Leistung führt und das zu noch mehr Angst vor Versagen. Das alles kann dann zu permanenter Impotenz führen, bis eine verständnisvolle Frau oder eine Therapie oder auch nur einfach ein bißchen Glück diesen Teufelskreis zerbricht.

JOHN Aber du sagst doch, die Chancen für eine Behandlung von Frigidität und Impotenz sind gut, egal, welche Ursachen sie haben.

ROBIN Ja. Die einfachsten und glücklicherweise zahlreichsten Fälle von Impotenz werden verursacht durch diese Wechselbeziehung von Versagen und daraus resultierenden Befürchtungen, ausgelöst durch außergewöhnliche Umstände in einem sonst normalen Mann. Das passiert üblicherweise eher jemandem, der schon vorher Sex etwas peinlich fand, die Gründe haben wir eben schon genannt. Dasselbe betrifft auch die Frigidität der Frau.

JOHN Und wie ist das bei der vorzeitigen Ejakulation? Ist das auch eine Art Versuch abzuschalten, Sex zu beenden, bevor er richtig begonnen hat?

ROBIN Nein, das hat damit, glaube ich, nichts zu tun. Es gibt verschiedene Theorien, warum die neuen Behandlungsmethoden so wirkungsvoll sind. Aber der grundlegende Gedanke ist hier, daß Männer, die, wie man so sagt, zu schnell »kommen«, *nicht* allzu überempfindlich sind, sondern genau das Gegenteil davon. Sie können sich nicht richtig kontrollieren, weil sie ihr eigenes sexuelles Fühlen nicht stark genug erleben, sie spüren ihre eigenen körperlichen Veränderungen während des Vorspiels und des Verkehrs nicht deutlich. Daher ist das so ungefähr wie in dem Beispiel, das wir schon einmal benutzt haben: Der Mann ist wie ein Autofahrer, der seine Hände vom Lenkrad genommen hat und auf den Rücksitz geklettert ist – dabei ist das Auto der Penis und das Lenkrad seine Verbindung dazu, sein *Bewußtsein* der *Gefühle* im Penis. Daher gerät die Erregung außer Kontrolle, und so wie das Auto einfach losfährt, macht das auch der Penis.

JOHN Du denkst also, die »Erregung« ist nicht richtig verknüpft mit den Körperempfindungen des Vergnügens? Er muß das Vergnügen besser erfühlen, um sich kontrollieren zu können?

ROBIN Richtig. Deshalb machten diese altmodischen Sexfibeln das Problem noch schlimmer, denn normalerweise empfehlen sie Methoden zur *Minderung* der Empfindung: an etwas anderes denken, das Einmaleins aufsagen oder so etwas. Wenn er also schon auf dem Rücksitz war, verfrachtete ihn das endgültig in den Kofferraum!

JOHN Warum hatte der Mann sich denn eigentlich von seinen physischen Empfindungen abgeschnitten?

ROBIN Wahrscheinlich aus denselben Gründen, über die wir schon gesprochen haben – die Familie reagierte auf erste Sexualgefühle peinlich betroffen, besorgt, ängstlich. Daher hat er als Kind gemeint, daß es »nicht brav« ist, einen gesunden sexuellen Appetit zu haben, lüstern zu sein und Spaß am Sex zu haben.

JOHN Aber du hast gesagt, in den letzten zehn Jahren hat die Behandlung dieser »Dysfunktionen« erstaunlich gute Resultate erzielt. Woher kam dieser plötzliche Fortschritt?

ROBIN Das hat eigentlich mit der Arbeit von Masters und Johnson in den USA angefangen. Sie behandelten beide Partner anstatt nur das »Sorgenkind«. Und die beiden Therapeuten arbeiteten ebenfalls zusammen. So waren manchmal alle vier beisammen. Und anstatt nur über die Ursachen des Problems – Kindheitserlebnisse und so weiter – zu *sprechen*, gaben sie Ratschläge und stellten Aufgaben. Mit anderen Worten, sie halfen dem Paar in ganz bestimmter, aber liebevoller Weise dabei, es *noch einmal zu versuchen und sich nicht zu sorgen, wenn es zunächst nicht klappt.*

JOHN Sie konzentrierten sich nicht auf die Ursache des Problems, sondern veranlaßten das Paar zum Üben.

ROBIN Genau. Das hat sich über die Maßen gut bewährt, auch bei anderen Problemen.

JOHN Was für Ratschläge und Aufgaben werden erteilt?

ROBIN Wenn zum Beispiel ein Paar unter Frigidität oder Impotenz leidet, sie also beide sehr nervös sind und kaum noch daran glauben, daß es je wieder klappen wird, dann muß der Therapeut zunächst ihr Vertrauen gewinnen und ihnen Selbstvertrauen geben und sie dazu bringen, miteinander zu reden. Dann rät man ihnen, zunächst den Verkehr zu unterlassen, während sie sich daran gewöhnen, sich auf ganz einfache Weise am Körper des anderen zu freuen.

JOHN Indem du Verkehr »verbietest«, reduzierst du natürlich Versagensängste. Welche Aufgaben stellst du denn?

ROBIN Man könnte vorschlagen, daß das Paar sich abwechselnd eine halbe Stunde lang berührt und streichelt, überall, ausgenommen die Geschlechtsteile. Derjenige, der gestreichelt wird, soll sich dabei einfach entspannen und es genießen und offen seine Wünsche äußern. Es sollte für beide so genußvoll wie möglich sein.

JOHN Das ist eine Art Verhaltenstherapie, oder? Man fängt mit etwas Leichtem an, das keine Ängste verursacht, geht schrittweise auf das Ziel zu, hält jedoch ein, wenn etwas Angst macht.

ROBIN Genau. Auf diese Weise baut man die Leistungsangst ab, denn es darf ja weder Verkehr noch ein Berühren der Sexualteile geben.

Das Paar kann zum Kennenlernen zurückkehren, einen neuen Anfang machen. Und wenn sie dazu ermutigt werden, sanft und zärtlich miteinander umzugehen, dann werden sie meist offener miteinander, manchmal sind sie sogar wie frisch Verliebte.

JOHN Und arbeiten dann ganz langsam auf den Geschlechtsverkehr hin?

ROBIN Ja, nur in dem Maß, in dem sie sich dazu bereit fühlen. Wenn also zum Beispiel das Problem Impotenz vorlag, dann sollte der erste Schritt – nachdem sie sich mit nicht-sexuellen Berührungen entspannt haben – für die Frau sein, die Genitalien des Mannes zu streicheln, ihm mit Kitzeln und Necken Spaß zu machen, ohne eine Erektion zu erwarten. Meist klappt die Mechanik schon bald wieder, denn die Tatsache, daß der Leistungsdruck fehlt und sie ihn zwar aktiv stimuliert, aber keine Eile zeigt, macht ihn oft ungewöhnlich begehrlich. Hat er sein Selbstvertrauen zurückgewonnen, können sie es mit Penetration versuchen, wieder ohne zu erwarten, daß er die Erektion beibehält. Wenn das nicht richtig klappen sollte, kehren sie zu einer früheren Phase des Prozesses zurück, sind aber nicht entmutigt, und der Teufelskreis bleibt durchbrochen. Normalerweise ist Sex schon nach ein paar Wochen wieder ganz normal, und die Freude und der Spaß, den sie jetzt wieder haben, verstärkt die Heilung.

JOHN Was passiert denn, wenn das Paar etwas vorschnell handelt und Verkehr versucht, bevor ihnen dazu geraten wird?

ROBIN Macht nichts. Wenn's klappt – und das ist häufig so, denn die »Aufgaben« haben sie oft so erregt, daß sie nicht mehr warten können –, dann läuft der Prozeß eben nur schneller ab. Wenn es *nicht* klappt, nehmen ihnen die Grenzen, die man ihnen gesetzt hatte, das Gefühl des Versagens. Sie fühlen sich anstelle dessen wie kleine Rebellen und etwas verrucht.

JOHN Du hast gesagt, auch andere Therapeuten finden diese Methoden wirkungsvoll. Gibt es da viele verschiedene Behandlungsweisen?

ROBIN Eine ganze Menge. Aber sie haben alle gemeinsam, daß *sofort Erfahrung* gesammelt wird, das heißt, Ratschläge werden sofort in Handlung umgesetzt.

JOHN Die Aufmerksamkeit des Paares wird auf seine Gefühle gerichtet.

ROBIN Ja, auf das »Hier und Jetzt« der Erfahrung miteinander. Sie lernen, ihre sexuellen Gefühle und die Empfindungen, die sie ausgeschaltet hatten, zu verbinden und sie lebhafter und tiefer zu erleben. Und das Prinzip, das dies ermöglicht, ist die Aufgabenstellung, das heißt, man fordert, daß Patienten gewisse Aufgaben erfüllen und *versuchen*, etwas zu verändern.

JOHN Und man verbringt gar keine Zeit damit, die Ursache des Problems zu erarbeiten?

ROBIN Zur Zeit fangen einige Therapeuten damit an, diese neuen Methoden mit der traditionellen psychoanalytischen zu verbinden und so ein Verstehen der zugrundeliegenden Ursachen zu ermöglichen. Wir haben festgestellt, daß wir so noch mehr Dysfunktionskrankheiten heilen können.

JOHN O.k. Wenn also die Probleme sexueller Identität in der Kleinkindphase entstehen, die Dysfunktionen in der ödipalen Phase oder später, woher kommen dann Masochismus, Sadismus, Fetischismus und so weiter?

ROBIN Auch diese Menschen sind in ihrer sexuellen Entwicklung steckengeblieben. Vielleicht sind sie schon so weit gekommen, daß sie sich ihrer sexuellen Identität ziemlich sicher sind, und doch nicht weit genug, um eine liebevolle, vertrauensvolle Beziehung mit dem anderen Geschlecht eingehen zu können, in der sie sich ganz entspannen. Ihre frühen Erfahrungen verursachen Angst und Mißtrauen und stellen sich in den Weg. Daher ist die merkwürdige Art sexueller Befriedigung, die diese Menschen vorziehen, das Nächstbeste, an dem sie sexuell Spaß haben, und sie können sich dabei gleichzeitig gegen diese Angst schützen.

JOHN Angst wovor?

ROBIN Im wesentlichen Angst davor, daß jemand die Offenheit und Verwundbarkeit ausnutzen könnte, die doch für wirklich befriedigenden Sex notwendig ist. Ihre frühkindlichen Erfahrungen haben sie mit Mißtrauen gegenüber allen engen Beziehungen erfüllt. Sie haben Angst vor Liebe oder engen Bindungen. Daher wollen sie Sex, der das vermeidet und dessen Bedingungen Nähe nicht zulassen. Sie wollen ihr Vergnügen ohne Risiko.

JOHN Aber Sado-Masochismus in milder Form ist doch gar nicht so ungewöhnlich, oder? Viele Paare machen einander doch Knutschflecken oder werden ein bißchen rauh, wenn sie in Stimmung sind, nicht?

ROBIN Natürlich. Ein bißchen Necken, Beißen, Dominieren-wollen und Beherrscht-werden macht vielen Paaren Spaß, zumindest manchmal. Solange beide Freude daran haben, ist das auch völlig in Ordnung. Es wird erst abnormal, wenn sie einander nicht vertrauen und sich nicht entspannen können, das heißt wenn es *Ersatzhandlungen* für Liebe und Zuneigung sind, wenn man sexuelle Erregung von der gefühlsmäßigen Nähe trennt, die normalerweise damit einhergeht.

JOHN Es ist abnormal, weil es Sex ohne Liebe ist?

ROBIN Ja. Ohne Liebe, sogar in dem Sinn, daß man im anderen nicht einmal einen *Menschen* sieht. Wenn systematisch nur Schmerz zugefügt wird als Vorbedingung für Spaß am Sex, dann für gewöhnlich aus zwei Gründen. Einmal entsteht die *Illusion großer Nähe und Intimität,* so als ob wirklich Liebende sich einander anvertrauen, sich bewußt der Macht des anderen überlassen und sich vom Gefühl der Liebe ohne Einschränkung tragen lassen. Aber der Sado-Masochismus schafft eine *unüberbrückbare Distanz* zwischen den Partnern. Der Sadist sieht im Partner ein Objekt, ein Ding, das man mitleidslos, ohne jedes Mitgefühl ausbeutet. Der Schmerz, den er dem Opfer zufügt, ist ein Ersatz für Liebe und Vertrautheit, die der Sadist zwar wünscht, aber nicht riskieren kann, da er sich sonst der Macht des Opfers ausliefern würde. Das masochistische Opfer andererseits ist desgleichen vor einer wirklichen Bindung geschützt, denn Angst und Schmerz zwingen es zu einer sicheren Distanz gegenüber dem Sadisten. Auf diese Weise sind sie beide vor Ver-

trautheit und Nähe sicher und können eine gewisse Befriedigung aus der sexuellen Betätigung gewinnen.

JOHN Ist dieser Selbstschutzmechanismus auf das ganze Spektrum der sado-masochistischen Praktiken anwendbar?

ROBIN Ja, ich glaube schon.

JOHN Am einen Ende steht das Quälen, und am anderen ...?

ROBIN In abgeschwächter Form zeigt es sich bei Männern, die Frauen schockieren wollen, indem sie sich entblößen, oder bei Voyeuren. Übrigens funktioniert ein Großteil der Pornographie ähnlich: Sex wird von Liebe getrennt und sexuelle Erregung ohne jedes Gefühl von Wärme oder Zärtlichkeit gesucht.

JOHN Was Sadismus, Masochismus, Fetischismus, Voyeurismus, Exhibitionismus gemein haben, ist also die Furcht vor innerer Bindung.

ROBIN Weil diese Leute mit Liebe *und* Sex zusammen nicht klarkommen. Sie haben Angst, anderen zuviel Macht über sich zu geben – was ja auch *stimmt,* denn das ist ja gerade das Geheimnis der Liebe. Aber sie können das nicht ertragen, weil sie schlechte Erfahrungen gemacht haben mit jemandem, der ihre Gefühle in der Kindheit mißbraucht hat.

JOHN In dieser Weise schützt sie ihre Perversion also vor einer *weiteren* Gefahr?

ROBIN Richtig. Ihre Sexualität war in ihrer Kindheit bedroht worden, daher mußten sie sie verstecken, um sie sicherzustellen und damit sie niemand entdeckt, schon gar nicht der, der sie verletzt hat. Damit die Liebesgefühle nicht wieder ausgebeutet werden, kann sich Sexualität nur noch in entstellter Weise ausdrücken.

JOHN Und das Problem wird natürlich noch größer, weil die Gesellschaft diese »sicheren« Ausdrucksweisen verdammt.

ROBIN Es belastet sie als »schuldhaftes Geheimnis«, und doch können sie nicht davon lassen, weil es ja die einzige ihnen mögliche Art von Sex ist. Die praktizieren sie dann, soweit sie sich trauen.

JOHN Suchen sie Hilfe?

ROBIN Nur wenige. Und wenn sie zur Therapie kommen, um sich zu verändern, dann wollen sie meist ausklammern, wovon sie sich eigentlich wegentwickeln wollen, weil sie sich schuldig fühlen oder schämen. Aber wir müssen natürlich mit dem *Hier und Jetzt* anfangen, wenn wir uns wirklich *verändern* wollen.

JOHN Du meinst, sie wollen eine »normale« Sexualität finden, aber ohne aufzudecken, was sie versteckt haben.

ROBIN Ja. Das ist so wie ein Mann, der seine Schlüssel verliert und dann unter einer Straßenlaterne nach ihnen sucht, weil das Licht da besser ist. Und das ist auch der Grund, warum es so sinnlos ist, diese Menschen zu ermutigen, einfach normale sexuelle Praktiken auszuprobieren. Wenn wir dort beginnen können, wo der Sex jetzt versteckt ist, ihn befreien, dann kann derjenige aus dieser Lage entkommen und sich normale Bahnen suchen, die stärker mit anderen normalen Gefühlen in Verbindung stehen und so ein Gleichgewicht erreichen. Daher muß man zu Beginn der Behandlung immer danach suchen, wo der Sex versteckt ist. Und sobald man ihn gefunden hat, kann man dem Patienten helfen, ihn in dieser Form zu akzeptieren, sich an diesen Phantasievorstellungen zu erfreuen, die ihm bislang solche Sorgen machten.

JOHN Sich daran freuen! Machst du Witze? Die Leute kommen doch zu dir, um sie loszuwerden!

ROBIN Ja, das klingt merkwürdig! Und ich meine damit auch nicht, daß man die Leute dazu ermutigt, diese Phantasien an anderen auszuprobieren. Aber was auch immer die Phantasievorstellung sein mag, genau da liegt der Schlüssel zur normalen Liebesfähigkeit. Daher wird man sie nie finden, wenn man der abweichenden Form nicht ins Auge schaut. Aber wenn man den Betreffenden unterstützt, diese Erregung wirklich ganz zu fühlen, die er bei dieser

Vorstellung spürt, dann werden ganz langsam auch die darunterliegenden Gefühle zum Vorschein kommen. Sobald sie freigesetzt werden, fließen sie im normalen Strom mit, so daß diese Person schließlich auch normalen, liebevollen Sex erleben kann.

JOHN Helfen die neuen Methoden nach Masters und Johnson auch bei diesen Problemen?

ROBIN Nicht direkt. Wie gesagt, diese Art Abweichungen sind irgendwo zwischen den sexuellen Identitätsproblemen und den Dysfunktionen angesiedelt. Man kann sie wahrscheinlich leichter ändern als Homosexualität, wenn der Betroffene das wirklich will. Dennoch, sie sind viel komplizierter als jene, wo man nur das Signal von rot auf grün umstellen muß. Dafür braucht man meist reguläre, analytische Behandlung über mindestens ein Jahr, manchmal mehrere.

Unsere eigenen schlimmsten Feinde

JOHN Wenn ich so an all die Probleme denke, die normale Leute mit ihrem Sexualleben haben – obwohl Sex ja heute überall bejaht wird, man geradezu ermutigt wird –, dann wird mir erst richtig klar, wie furchtbar schwer es für Leute mit solchen Deviationen sein muß. Denn das einzige, was sie sexuell tun können, wird ja verurteilt und als beschämend befunden.

ROBIN Und diese verurteilende Haltung schadet auch der Gesellschaft selbst.

JOHN Wie denn?

ROBIN Denk doch zum Beispiel an die Homosexuellen. In intoleranten Gesellschaften werden sie in den Untergrund verbannt, zu Außenseitern abgestempelt; sie können dann oft gar nicht anders, als sich mit anderen Minderheitsgruppen zu identifizieren, sozusagen in Selbstverteidigung gegen die ganze Gesellschaft. Sie werden erst zu Feinden einer Gesellschaft, die sich ihnen gegenüber feindlich verhält.

JOHN Sie werden dazu gezwungen, alles »Normale« zurückzuweisen, anstatt sich frei zu nehmen, was gut für sie ist.

ROBIN Und das hilft niemandem, weder ihnen noch der Gesellschaft. Umgekehrt funktioniert das auch. Und noch etwas zur Homosexualität: Wenn es ein mächtiges Tabu gegen sie gibt, geraten auch ganz normale Leute schnell in Sorge, daß einige Aspekte *ihres* Verhaltens eventuell »homosexuell« sein könnten.

JOHN In dem Sinn, wie du schon erwähnt hast: Wir alle können gleichgeschlechtliche Menschen attraktiv finden und diese Gefühle genießen?

ROBIN Aber wenn man sich mit diesen Gefühlen nicht wohl fühlt, wird man versuchen, sie zu unterdrücken und sie unter den Teppich kehren.

JOHN Und danach einen Horror davor haben, Leute auch nur zu berühren, denn das könnte ja bedeuten, man ist andersrum ...

ROBIN Da steckt noch mehr dahinter. Da dieselbe *Energie* unsere hetero- und homosexuellen Gefühle antreibt, drosseln wir, wenn wir ein Gefühl einzuzäunen versuchen, auch das andere. Und das bedeutet natürlich, diese Menschen können sich nicht gehenlassen und so viel Spaß mit dem *anderen* Geschlecht haben wie die, die sich mit all ihren Gefühlen wohl fühlen.

JOHN Genau das habe ich erlebt. Ich war eine Zeitlang mit einer jungen Frau befreundet, und wir hatten eine sehr gute sexuelle Beziehung. Eines Tages entdeckten wir, daß uns sehr ähnliche Gefühle störten. Sie arbeitete gerade mit einer Frau zusammen, die angefangen hatte, mit ihr zu flirten, und das störte sie sehr. Und ich sagte ihr, wie sehr ich mich über einige junge Männer ärgerte, die in meinem Fitneß-Center Sport trieben und deren elende Fitneß mir auf den Nerv ging. Wir versprachen einander, zu versuchen, diese Situation von jetzt an positiv zu sehen. Sie fand schon bald heraus, daß sie ganz gut zurückflirten konnte, es war ihr gar nicht mehr so unangenehm. Und ich biß die Zähne zusammen und versuchte, diese jungen Götter erfreulich zu finden. Eine Zeitlang war mir die Situation äußerst peinlich, wahrscheinlich weil ich Angst hatte, zu einer alten Tunte zu werden – aber wupps: Auf einmal sahen die Kerls wirklich gut aus. Es machte mir sogar Spaß, sie anzusehen – und selbst ihr leichter Narzißmus ärgerte den steifen Briten in mir nicht mehr. Und innerhalb von Tagen bemerkten meine Freundin und ich einen dramatischen Aufschwung sexueller Energie, und wir hatten viel mehr Spaß im Bett. Das hatte wohl einen Teil unserer Energie freigesetzt, die von dieser Furcht eingesperrt worden war.

ROBIN Genau darum geht es bei wirklich liebevollem Sex. Man muß sich ganz der Erfahrung hingeben können, sich ganz dem anderen überlassen. Maß muß frei sein, sich gehen lassen, weder sich noch den Partner kontrollieren wollen, sondern nur aufeinander reagieren in dieser Kettenreaktion aus Freude und Liebe. Das kann man einfach nicht, wenn man glaubt, sich vor einer Reaktion des Partners schützen zu müssen. Und das geht auch nicht, wenn man Angst hat, daß ein eigenes Gefühl unpassend ist. Das gilt natürlich nicht nur für Homosexualität, sondern für das ganze Spektrum. Denn im Idealfall vergessen wir unsere Entwicklungsphasen nie ganz, wenn wir erwachsen werden, und das ist ja das Schöne am Sex, daß wir alle diese Phasen durch ihn weiter ausdrücken können. Was auch immer das Paar tut, es ist gut. Vielleicht spielen sie gerne Baby und bemuttern einander, oder sie machen auf Herr und Diener oder kehren einfach die gewöhnlichen Rollen um und spielen einander. In einer liebevollen Beziehung sind alle diese Spiele erlaubt, weil alle Bedürfnisse der beiden Persönlichkeiten so Ausdruck finden. Auf diese Weise können Erfahrungen, die vorher verpaßt wurden, nachgeholt werden, und gleichzeitig wird Energie freigesetzt für ein Maximum an Vergnügen, an Sex, aneinander, am Leben.

JOHN Die Idee des »Spiels« scheint wichtig. Im Spiel ist es irgendwie einfacher, sich gehenzulassen, etwas zu riskieren, freier zu sein, nicht?

ROBIN Ja. Aber vergiß nicht, daß jedes Spiel seine Grenzen hat, das heißt, es findet an einem bestimmten Ort und zu bestimmter Zeit statt – und alle Spieler wissen, wann es beginnt … und wann es aufhört und der Alltag wieder anfängt. Die meisten Leute können sich nur dann gehenlassen, wenn sie wissen, daß sie durch eine Grenze geschützt sind. Wenn es eine stabile Barriere gibt, kann man alle anderen Abgrenzungen aufgeben, sich total entspannen, verschmelzen.

JOHN Und man weiß, man kann da auch wieder hinaus, wenn man will?

ROBIN Genau. Die Forschung hat gerade das als sehr wichtig herausgestellt. Diese Fähigkeit, zwischen großer Intimität und Distanz wechseln zu können, scheint eines der wichtigsten Merkmale von gesunden Familien zu sein. Man ist sich manchmal sehr nah, aber es macht auch nichts, wenn man zuweilen ganz weit voneinander weg ist. Mir scheint das auch ein Hauptgedanke für eine glückliche Ehe zu sein, denn man kann doch nur verschmelzen, wenn man weiß, daß später die Grenzen wieder da sind.

JOHN Du meinst, man hätte sonst Angst, sich zu nahe zu kommen, so nah, daß man seine unabhängige Existenz nicht wiederbekommt.

ROBIN Solche Probleme entstehen, wenn man gewisse Entwicklungsphasen nicht mit Hilfe der Eltern abgeschlossen hat und steckengeblieben ist. Diese Leute können ihre Eltern nicht wirklich verlassen. Entweder bleiben sie in ihrer Nähe, anstatt ihrem Ehepartner zu folgen, oder wenn sie entkommen und eine räumliche Distanz zwischen sich und ihren Eltern schaffen, bringen sie trotzdem all diese unverarbeiteten, nicht beendigten Gefühle gegenüber ihren Eltern mit und spulen diese Gefühle bei ihrem Partner und den Kindern ab, als ob *die* die Eltern seien. Das ganze ist dann wie die Wiederholung eines immer gleichen Fernsehprogramms.

JOHN Was uns genau zu dem zurückbringt, was du am Anfang gesagt hast – Partner wählen einander aus, weil es *»ungelöste Aufgaben«* gibt, unbeendete Kapitel.

ROBIN Das ist der Schlüssel. Aber wir müssen damit fertigwerden, wenn wir wirklich erwachsen sein wollen. Um wirklich unabhängig zu werden, müssen wir unsere Eltern verlassen, das heißt, wir dürfen nichts mehr von ihnen erwarten. Was natürlich nicht bedeutet, daß wir sie und ihre Freundschaft und Liebe zurückweisen sollten. Es gibt auch keinen Grund, uns nicht einen Ehepartner auszusuchen, der unserem Vater oder unserer Mutter ähnlich ist, sexy oder gutaussehend wie unser Bruder oder die Schwester oder unsere Großeltern – vielleicht auch alle zusammen.

JOHN Das ist ein sehr befreiender Gedanke.

ROBIN Finde ich auch. Man erkennt oft nicht, wie sehr die Partnerwahl durch unsere Gefühle für Familienmitglieder beeinflußt wird, *bis* man weiß, daß es in Ordnung ist, den Partner so auszusuchen.

JOHN Weißt du, das wirft ein völlig neues Licht auf diese Sache. Eine Menge Eheprobleme wären ganz unnötig. Vielleicht schalten einige Leute sexuell ab, weil sie nicht wissen, daß es in Ordnung ist, dem Partner dieselben guten Gefühle entgegenzubringen, die sie für ein Familienmitglied empfanden. Wenn der Grund für diese Attraktion hinter der Jalousie verborgen ist, könnte einem die Beziehung inzestuös *vorkommen* und deshalb sehr unangenehm, obwohl sie natürlich gar nicht inzestuös ist.

ROBIN Ganz genau. Viele Ehe- und sexuelle Probleme sind in diesem inzestuösen Gefühl begründet. Sex mit dem Partner kommt einem wie Inzest vor, eben weil es diese Verbindung zum Familienleben, die Ähnlichkeit des Partners mit einem Familienmitglied gibt. *Natürlich* ist das nicht wirklich inzestuös, es handelt sich nur um eine Verwirrung, man ist ein bißchen durcheinander. Und Leute, deren Eltern Sex als unangenehm oder peinlich betrachteten, werden eher verwirrt sein. Das macht deutlich, warum ein gutes Sexualleben zwischen den Eltern notwendig ist, um die Verwirrung auszuschließen und ganz klarzustellen, wo der reale Sex stattfindet. Deshalb ist eine gute sexuelle Beziehung der Eltern so wichtig für die Kinder. Sie tun *allen*, nicht nur einander, einen großen Gefallen dadurch, daß sie viel Spaß im Bett haben.

JOHN Dann ist das allgemeingültige Prinzip genausogut auf Sex anwendbar wie auf alles andere: Wenn wir unverarbeitete Sachen hinter der Jalousie hervorholen können, können wir sie mit unserem Ehepartner lösen. Das heißt, sofern wir erkennen, was *wirklich* läuft!

ROBIN Ist es nicht witzig: Diese ganzen Probleme, die uns soviel Kopfschmerzen bereiten, sind nur Hirngespinste! Weißt du, wenn Patienten mit der Therapie fast fertig sind, endlich verstanden haben, wie sie diese Probleme laufend selbst verursachen, ohne sich darüber bewußt zu sein, dann fragen sie mich fast immer, warum ich ihnen das nicht *vorher* gesagt habe. Natürlich habe ich das alles bei nahezu jedem Termin gesagt – und sie waren jedesmal wütend auf mich, weil ich es sagte!

JOHN Und in dem Moment, falls ich mich recht erinnere, lachst du dann lauthals!

ROBIN Und dann, wenn sie mit mir über sich selbst lachen, weil die Angelegenheit wirklich lächerlich ist – sind sie am Ende ihrer Therapie angelangt.

JUNFERMANN

Unser Eßverhalten wid offensichtlich nicht nur durch bewußte Faktoren gesteuert. Es gibt auch andere Faktoren, die unser Eßverhalten maßgeblich beeinflussen. Diese unbewußten Faktoren werden aber weder von der Medizin noch von der Ernährungswissenschaft in Betracht gezogen.
Dieses Buch mit CD vermittelt Ihnen auf entspannende Weise Möglichkeiten, wie Sie unbewußte Faktoren Ihres Eßverhaltens beeinflussen können. Es werden Ihnen Wege angeboten, die das NLP entwickelt hat, um Menschen dabei zu unterstützen, ihr gewünschtes Gewicht zu erreichen.

1996, 160 S., kart.
DM 39,80, Fr 37,–, ÖS 291,–
ISBN 3-87387-309-5

NLP einmal ganz anders
1997, 132 S., kart.
DM 29,80, Fr 27,50, ÖS 218,–
ISBN 3-87387-345-1

In diesem Buch finden sich Geschichten in der Geschichte. Schon in der Einleitung ist eine NLP-Technik versteckt. Das Buch wurde geschrieben für jede/n, die/der sich selbständig – im großen wie im kleinen – (ver)ändern möchte. In jeder Geschichte, in jedem Märchen sind Techniken, Denkstrategien eingebettet, die einen Weg zu erfolgreicher Veränderung aufzeigen. Man kann sie lesen, und es dabei bewenden lassen, oder – auf eine vielleicht andere Weise – darüber nachdenken. Wer NLP kennenlernen will, kann es hier praktisch erleben.

Zwei Welten und ein Königreich ist ein Plädoyer für die Wiederentdeckung einer alten Lehr- und Lernform.

JUNFERMANNVERLAG • Postfach 1840
33048 Paderborn • Telefon 0 52 51/3 40 34

JUNFERMANN

1995, 456 S., kart.
DM 39,80, Fr 37,–, ÖS 291,–
ISBN 3-87387-131-9

In ihrem internationalen Bestseller „...Familie sein dagegen sehr" haben die beiden Autoren die psychologischen Aspekte von Familien und deren Zusammenwirken allgemeinverständlich herausgearbeitet.

Sie erörten Familientabus sowie verleugnete Emotionen und untersuchen die zerstörerische Wirkung verdrängter, unter den Teppich gekehrter Gefühle. Sie erklären, wie diese Gefühle in andere Menschen „projiziert" werden können, in Partner oder einen anderen Sündenbock innerhalb der Familie.

Im vorliegenden Buch führen die Autoren diese Überlegungen weiter. Sie gehen auf die Faktoren ein, die für die Gesundheit der Menschen und Familien wichtig sind und beleuchten, neben klinischen Erfahrungen, die wenig bekannte Untersuchung über außergewöhnlich gesunde Familien (!!!). Über den familiären Kontext hinaus werden diese Überlegungen ausgedehnt auf unser Verhalten am Arbeitsplatz, die Funktionsweise von Unternehmen und Organisationen, das Zusammenspiel in Gesellschaften und sozialen Gruppen. Dies ist ein Buch über geistig seelische Gesundheit von Einzelnen und von Gruppen, von der kleinsten Einheit bis zur größten.

Die Autoren diskutieren die Verbindung von Humor und Gesundheit, die veränderte Familiensituation durch die weit verbreitete Berufstätigkeit von Frauen, die immer größer werdende Spanne zwischen arm und reich und die Stellung vom Tod im Leben.

„...Familie sein dagegen sehr" und „Life" sind zwei Teile eines Projektes – die erste komplexe Darstellung einer Familientherapie für den „Endverbraucher". Den Leser erwartet wieder ein heiterer Dialog zwischen Robin Skynner, dem bekannten Familientherapeuten und John Cleese, dem Monty Python-Darsteller – auch bekannt aus dem Film „Ein Fisch Namens Wanda".

JUNFERMANNVERLAG • Postfach 1840
33048 Paderborn • Telefon 0 52 51/3 40 34

Selbst die Eltern wissen manchmal nicht mehr weiter

Die ersten Jahre deines Kindes
Ein Handbuch für Eltern
Von Penelope Leach
dtv 36005

Was tun, wenn Babys schreien? – Was essen Einjährige? – Was spielt man bei Regenwetter? – Was tut man bei Windpocken?

In diesem zuverlässigen Handbuch gibt Penelope Leach Antwort auf Fragen, die in den ersten Jahren des Elterndaseins immer auftauchen. Sie stellt die Entwicklung des Kindes in den ersten fünf Lebensjahren dar – von der Geburt bis ins Vorschulalter – und befaßt sich ausführlich mit Ernährung, Wachstum, Schlaf, Schreien und Trösten, Hygiene, Krankheiten, Kleidung usw. Dabei macht sie immer wieder deutlich, wie Eltern ihrem Kind auf dem Weg in die Selbständigkeit am besten helfen können, ohne dabei die eigenen Bedürfnisse zu vernachlässigen.

Der große Erziehungsberater
Von Abhängigkeit bis Zuhören
Von Jane Nelsen, Lynn Lott
und H. Stephen Glenn
dtv 36012

Kinder, Kinder – manchmal rauben sie ihren Eltern den letzten Nerv: Das Kleinkind will nicht essen, schlafen gehen oder sauber werden, die Größeren raufen und quengeln, und die Teenager tun überhaupt nur noch, was sie wollen. Umgekehrt machen es aber auch die Eltern ihren Kindern nicht immer leicht: Sie reden statt zu handeln, handeln dann anders, als sie reden, entmutigen statt zu motivieren, mißtrauen statt zu vertrauen.
Anhand von über hundert konkreten Beispielen zeigen die Autoren, wie man mit den kleineren und größeren Schwierigkeiten, die das Familienleben nun mal mit sich bringt, besser zurechtkommt.

Liebe – Ehe – Partnerschaft im dtv

Aaron T. Beck
Liebe ist nie genug
Mißverständnisse überwinden, Konflikte lösen, Beziehungsprobleme entschärfen · dtv 35082

Renate Daimler
Wie's den Männern mit den Frauen geht
und mit sich selbst, wenn sie ehrlich sind · dtv 30522

Rudolf Dreikurs
Die Ehe – eine Herausforderung
dtv 35061

Barry Dym
Michael L. Glenn
Liebe, Lust und Langeweile
Die Zyklen intimer Paarbeziehungen
dtv 35132

Erich Fromm
Die Kunst des Liebens
dtv großdruck 12262

Erich Fromm
Liebe, Sexualität und Matriarchat
Beiträge zur Geschlechterfrage · dtv 35071

Karl Grammer
Signale der Liebe
Die biologischen Gesetze der Partnerschaft
dtv 30498

Hugh Mackay
Warum hörst du mir nie zu?
Zehn Regeln für eine bessere Kommunikation
dtv 36546

Anne Wilson Schaef
Die Flucht vor der Nähe
Warum Liebe, die süchtig macht, keine Liebe ist
dtv 35054

Peter Schellenbaum
Die Wunde der Ungeliebten
Blockierung und Verlebendigung der Liebe
dtv 35015
Das Nein in der Liebe
Abgrenzung und Hingabe in der erotischen Beziehung · dtv 35023
Aggression zwischen Liebenden
Ergriffenheit und Abwehr in der erotischen Beziehung · dtv 35109

dtv

Christine Nöstlinger im dtv

»Der Mensch soll sich nicht allzu ernst nehmen und über sich selbst lachen können!«

Haushaltsschnecken leben länger
Mit Illustrationen von Christiana Nöstlinger
dtv 10804 und
dtv großdruck 25030

Das kleine Frau
Mein Tagebuch
dtv 11452

Manchmal möchte ich ein Single sein
Mit Illustrationen von Christiana Nöstlinger
dtv 11573

Einen Löffel für den Papa Einen Löffel für die Mama
Mit Illustrationen von Christiana Nöstlinger
dtv 11633

Streifenpullis stapelweise
Mit Illustrationen von Christiana Nöstlinger
dtv 11750

Salut für Mama
Mit Illustrationen von Christiana Nöstlinger
dtv 11860

Mit zwei linken Kochlöffeln
Ein kleiner Kochlehrgang für Küchenmuffel
Mit Illustrationen von Christiana Nöstlinger
dtv 12007

Management by Mama
Mit Illustrationen von Christiana Nöstlinger
dtv 12229

Werter Nachwuchs
Die nie geschriebenen Briefe der Emma K., 75
dtv 20049 und
dtv großdruck 25076

Liebe Tochter, werter Sohn!
Die nie geschriebenen Briefe der Emma K., 75
Zweiter Teil
dtv 11949 und
dtv großdruck 25136

Bei dtv junior sind zahlreiche Kinder- und Jugendbücher von Christine Nöstlinger lieferbar.

dialog & praxis
Märchen – psychologisch gedeutet

Eugen Drewermann
Lieb Schwesterlein, laß mich herein
Grimms Märchen tiefenpsychologisch gedeutet
dtv 35050

Eugen Drewermann
Rapunzel, Rapunzel, laß dein Haar herunter
Grimms Märchen tiefenpsychologisch gedeutet
dtv 35056

Verena Kast
Mann und Frau im Märchen
Märchen psychologisch gedeutet
dtv 35001

Verena Kast
Wege zur Autonomie
Märchen psychologisch gedeutet
dtv 35014

Verena Kast
Wege aus Angst und Symbiose
Märchen psychologisch gedeutet
dtv 35020

Verena Kast
Märchen als Therapie
dtv 35021

Verena Kast
Familienkonflikte im Märchen
Märchen psychologisch gedeutet
dtv 35034

Gerlinde Ortner
Märchen, die Kindern helfen
Geschichten gegen Angst und Aggression und was man beim Vorlesen wissen sollte
dtv 35065

Gerlinde Ortner
Neue Märchen, die Kindern helfen
Geschichten über Streit, Angst und Unsicherheit, und was Eltern wissen sollten
dtv 35103

Ingrid Riedel
Die weise Frau
Mythen und Märchen
dtv 35098

dtv

Abservierte Männer, Kinder ohne Väter – Opfer eines hunderttausendfachen Scheidungskrieges

Karin Jäckel
Der gebrauchte Mann
Abgeliebt und abgezockt – Väter nach der Trennung
dtv premium 15103

»Meine Anklage gilt nicht den Menschen, die ihre Ehe oder eheähnliche Beziehung auflösen. Ich prangere nur das Wie an.«

Jede dritte Ehe in Deutschland wird geschieden, und in knapp der Hälfte gibt es gemeinsame Kinder. In der Regel bleiben diese bei den Müttern, und die Männer werden zu Besuchspapas und Zahlvätern degradiert, die sich den ersehnten Kontakt zum eigenen Sprößling bitter erkämpfen müssen.

Wie diese in Scheidungsfällen ganz alltägliche Situation von den Betroffenen erlebt wird, dokumentiert Karin Jäckel in dieser Sammlung authentischer Lebensgeschichten, die den Blick vom Leid der Frauen an zerbrochenen Familien auf das der Männer und der gemeinsamen Kinder lenkt.

»Karin Jäckels schockierender Sozialreport macht darauf aufmerksam, daß hier sozialer Zündstoff entsteht, der uns alle angeht – nicht nur ein paar zornige Mütter, verletzte Väter und verzweifelte Kinder.«
Eva Herold-Münzer

Angelika Schrobsdorff im dtv

»Die Schrobsdorff hat ihr Leben lang nur wahre Sätze geschrieben.«
Johannes Mario Simmel

Die Reise nach Sofia
dtv 10539
Sofia und Paris – ein Bild zweier Welten: Beobachtungen über Konsum und Liebe, Freiheit und Glück in Ost und West.

Die Herren
Roman
dtv 10894
Ein psychologisch-erotischer Roman, dessen Erstveröffentlichung 1961 als skandalös empfunden wurde.

Jerusalem war immer eine schwere Adresse
dtv 11442
Ein Bericht über den Aufstand der Palästinenser, ein sehr persönliches, menschliches Zeugnis für Versöhnung und Toleranz.

Der Geliebte
Roman
dtv 11546

Der schöne Mann und andere Erzählungen
dtv 11637

Die kurze Stunde zwischen Tag und Nacht
Roman
dtv 11697
Jerusalem – Paris – München: Städte, mit denen die Erzählerin schicksalhaft verbunden ist.

»Du bist nicht so wie andre Mütter«
Die Geschichte einer leidenschaftlichen Frau
dtv 11916

Spuren
Roman
dtv 11951
Ein Tag aus dem Leben einer jungen Frau, die mit ihrem achtjährigen Sohn in München lebt.

Jericho
Eine Liebesgeschichte
dtv 12317

Grandhotel Bulgaria
Heimkehr in die Vergangenheit
dtv 24115
Eine Reise nach Sofia heute.